经典与解释(62)

亚当·斯密：商业生活的立法者

■古典文明研究工作坊 编
顾问／刘小枫 甘阳
主编／娄 林

华夏出版社

古典教育基金·蒲衣子资助项目

目　　录

论题　亚当·斯密：商业生活的立法者

2　斯密与卢梭的"立法者科学" …………………… 汉利

41　斯密论廊下派、审美协调与想象 ………… 格里斯沃尔德

80　市场的修辞：斯密论承认、话语以及交换
　　　………………………………… 卡里瓦斯、卡兹尼尔森

116　斯密和观念史 ……………………………………… 怀特曼

古典作品研究

154　霍布斯与斯宾诺莎的自然权利论 ………………… 贺晴川

思想史发微

177　施拉姆与统治标志 ………………………………… 马蒂卡拉

旧文新刊

237　荀子學說 …………………………………………… 胡樸安

评　论

265　评《战争的语言——尼采对虚无主义的克服》
　　　………………………………………………………… 布鲁克斯

论　题
亚当·斯密：商业生活的立法者

斯密与卢梭的"立法者科学"

汉利（Ryan Patrick Hanley）撰

康子兴 译　广莫 校

最近，美国外交政策重新呼唤人们对民族［国家］（nation）建设方法与合法性的关切，这是一个具有强烈迫切性的关切，尤其是关于这一点：要用稳定的民族认同建构自治民主，合众国可以扮演何种适当角色。[①] 然而，关于民族认同的起源，以及如何最好地实现民族融合的问题，强烈的分歧妨碍了与这些主题有关的辩论。有些人支持恢复本土文化特征，其他人则设想了一种更加人为的民族认

[①] James Dobbins, et al., *America's Role in Nation-Building: From Germany to Iraq*, Santa Monica, CA: RAND, 2003; Noah Feldman, *What We Owe Iraq: War and the Ethics of Nation Building*, Princeton, NJ: Princeton University Press, 2004; Francis Fukuyama, ed., *Nation-Building: Beyond Afghanistan and Iraq*, Baltimore: Johns Hopkins University Press, 2006.

同制作（fabrication）。① 基于此类分歧，当代民族建设者们可能想要知道，哪里才是最好的引导方向。本文认为，这一辩论有助于我们重新思考启蒙运动时期两位思想领袖亚当·斯密与卢梭的贡献，尤其是他们的"立法者科学"概念。

于是，有两个问题驱使我写作本文。第一个问题具有比较明确的政治性：斯密与卢梭为当代民族建设者们提供了什么洞见？第二个问题则更学术，即：既然众所周知，他们在现代性与商业自由主义上的地位很不相称，那么，我们如何比较卢梭与斯密关于立法者科学的视野呢？本文对第一个问题的答案意味着，我们需要重新思考某种特定的启蒙概念。我们接受的那种启蒙政治思想视野，主要关注理性、普世规范的正当性；与此相反，斯密与卢梭的民族建设路径最有价值的遗产在于它们怀疑性地讨论了审慎（prudence），在于调和民族道德与文化中"激情与偏见"的必要性，以及为民族持久的道德、文化繁荣提供制度安排的必要性。

至于第二个问题，比较二者立法者科学的概念让我们有机会重新考虑标准的对立说法：卢梭被认为是原始主义或古典共和主义的捍卫者，斯密则被视作商业现代性的信使。关于这个问题，下文首先给出的论断是，卢梭与斯密关于真实立法者科学的视野在一方面紧密并行，在另一个方面又截然分开。本文前两节表明，斯密与卢梭都赞同最佳政制与可能的最佳政制之间的古典区分；他们也都坚

---

① 对当代关于民族主义和民族建设原始的、建构主义的，以及工具主义视角的评论，这篇论文尤有助益。Lowell W. Barrington, "Nationalism and Independence." In *After Independence: Making and Protecting the Nation in Postcolonial and Postcommunist States*, AnnArbor: University of Michigan Press, 2006, pp. 3 - 30, 尤参 pp. 13 - 14。

持认为，民族建设者们的根本任务是设计节制、审慎的机制，根据特殊环境下的紧急情况加以剪裁，以便在既定条件中例示普遍的政治规范。随后一节将要考察，这一意图如何影响了卢梭讨论科西嘉与波兰的实践性作品。我认为，卢梭在这些作品中实现了他的承诺：顺应紧急状态，尤其是顺应现代性的境况与邪恶——卢梭在《论不平等》中对现代性的境况与邪恶作出了著名的论断。这些实践性作品具有审慎节制的品格，《社会契约论》中描述的立法科学则颇不节制，它们之间存在张力。第四节将转向这一张力，并论证：将卢梭与斯密在这些问题上区分开来的界线不应溯及现实主义、理想主义的不同标签，而应溯及他们的"自然正义"和"政治正确"概念，溯及他们例示的具体理想。结论部分考察了这些分析对当代民族建设者的明确含义；本文尤其认为，斯密与卢梭最大的遗产在于：他们澄清了今日民族建设者需要的"节制"与"理性"能力。

自然正义与特殊环境：斯密论立法者科学

启蒙运动至少为政治哲学研究者提供了两种"立法者科学"视野。[①] 至今为止，斯密和休谟确立的"立法者科学"视野更加为人熟知。这两位哲人是商业现代性计划的首要阐释者和辩护者。众所

[①] 关于十八世纪立法者的其他变量，参 Lieberman, David, "Blackstone's Science of Legislation", *Journal of British Studies*, 27（2），1988, pp. 117 – 149; Knud Haakonssen, *Natural Law and Moral Philosophy: From Grotius to the Scottish Enlightenment*, Cambridge: Cambridge University Press, 1996; 以及下文第 7 页注释①引用的研究。

周知，休谟和斯密试图教导读者中的潜在立法者如何设计政治经济制度，使之能够顺应人的自私激情，然后予以改良，将之转化为社会稳定与增长的动因。① 客观地说，首先，如果将卢梭视为此计划的贡献者，即便不能称之为乖张之说，起码也有些奇怪。比如，在波兰、科西嘉和日内瓦论述中，卢梭对民族建设立法者的建议与斯密相悖，他倡导抵制贸易，倡导自由个人主义，恢复基于古典共和观念的共同善的承诺。然而，在《社会契约论》早期手稿中，正是卢梭提出了"立法者科学"的另一版本（《日内瓦手稿》I. iv, 168；II. i – vi, 179 – 194)，他在别处则称其为"真正的立法者科学"（《致达朗贝尔的信》, 66)。我们首要的任务是注意如何比较这两种视野。

作为"自然自由体系"的捍卫者——亦即自我调节经济体系的捍卫者，斯密在今天闻名遐迩。自我调节的经济体系似乎不怎么需要政治行为干预，也没有政治行为干预的空间。此外，据传，斯密还倡导"无形之手"之类的机制，以及自生自发或无计划秩序理论。这更进一步表明，斯密的政治哲学维护或导致了政治机构重要性的

---

① Edward S. Cohen, "Justice and Political Economy in Commercial Society: Adam Smith's 'Science of a Legislator'", *Journal of Politics*, 51, (February) 1989, pp. 50 – 72, esp. p. 51, 54, 59, 62; Knud Haakonssen, *The Science of a Legislator: The Natural Jurisprudence of David Hume and Adam Smith*, Cambridge: Cambridge University Press, 1981; Peter McNamara, *Political Economy and Statesmanship: Smith, Hamilton, and the Foundation of the Commercial Republic*, Dekalb: Northern Illinois University Press, 1998; Donald Winch, *Riches and Poverty: An Intellectual History of Political Economy in Britain1750 – 1834*, Cambridge: Cambridge University Press, 1996, p. 117.

最小化，因此产生了政治学向经济学的"偏移"。① 但是，倘若如此，那斯密为何还要坚持阐发一种立法者科学呢？所以，温奇（Winch）提出了一个颇有帮助的问题：如果斯密的确想要教导我们，在由自然引导而非受"有目的地塑造事件与结果的积极政治家指导时，也能够有更好的政治，那么，这种情况下，立法者能够发挥什么样的积极作用呢？"②

斯密的答案依赖于他对两种不同的政治家类型的区分。他认为，一种政治家应排除在政治行为之外，但另一种则对系统的正常功能至关重要。③ 他在关于立法者的一项核心讨论中阐述了这种对比。一种政治家受"立法者的科学"指导，这种"立法者的慎思应受普遍原则统治，而普遍原则总是相同的"。另一种则是"被称为政治家或政客的阴险狡诈的动物，其政务会受到时刻变动的事务引导"。这是斯密对两者的区分（《国富论》，IV. ii. 39）。基于此，立法者科学的显著特征是它对那些普遍原则的允诺；这些普遍原则可以防止政治堕落为粗俗的马基雅维利主义。斯密在其他地方重复了这一论断。他甚至注意到对普遍原则潜在的滥用。他提示说：

---

① Joseph Cropsey, *Polity and Economy*: *With Further Thoughts on the Principles of Adam Smith*, South Bend, IN: St. Augustine's Press, [1957] 2001; Peter Minowitz, *Profits, Priests and Princes*: *Adam Smith's Emancipation of Economics from Politics and Religion*, Stanford, CA: Stanford University Press, 1993.

② Winch, *Riches and Poverty*, p. 94.

③ 关于斯密对立法者科学的理解，如下论述很大程度上追随了下述文献的核心论题：*The Science of a Legislator*, pp. 83 – 98; Jerry Z. Muller, *Adam Smith in His Time and Ours*: *Designing the Decent Society*, Princeton, NJ: Princeton University Press, 1993, pp. 84 – 92, 139; Winch, *Riches and Poverty*, pp. 90 – 123; 更加具体的影响和展开详参下文。

为了指导政治家的观点，必然需要某些普遍的甚至系统性政策与法律的完美观念。(《道德情操论》，Ⅵ.ii.2.18)

但是，当斯密建议对"普遍原则"的关注应当统治政治思考时，他心中的确切想法是什么呢？格里斯沃德（Charles Griswold）注意到，斯密坚持认为，"普遍原则"应当统治立法者科学；这"无疑回应了"他在《道德情操论》结尾几段关于"法律和政府普遍原则"的讨论。在那几段论述中，斯密预告将要出版一本论自然法理学的著作。[1] 在那里，他区分了实定法体系与"独立于所有实证制度的自然正义法则"；实定法体系是在特定历史时期为特定国家而设计的。关于"可以适当地称为自然法理学，或贯通于一切民族法律并为其基础的普遍原则的理论"，他有一个写作计划，这个计划意在聚焦"自然正义法则"——对这样的研究与关于"任一国家具体制度"的研究，他有着严格的区分。（比较《法理学讲义》，A Ⅰ.i；《法理学讲义》，B 1-3）。这反过来又使斯密承诺"论述法律与政府的普遍原则，以及它们在不同世纪和社会时期经历的不同的革命"（《道德情操论》，Ⅶ.Ⅳ.36-37）。[2] 虽然这一计划没有落实，但斯密的实质论题却很清晰：他对自然正义原则的重要认识是立法者科

---

[1] Charles L. Griswold, *Adam Smith and the Virtues of Enlightenment*, Cambridge: Cambridge University Press, 1999, p.36, n59.

[2] 格瑞斯沃德正确地注意到，用他自己的话来说，斯密只是部分实现了他的计划（《道德情操论》，Ⅲ），参 Griswold, *Adam Smith and the Virtues of Enlightenment*, pp.31-37；比较 Samuel Fleischacker, *On Adam Smith's Wealth of Nations: A Philosophical Companion*, Princeton, NJ: Princeton University Press, 2004, esp. pp.145-148; Ian S. Ross, "'Great Works upon the Anvil' in 1785: Adam Smith's Projected Corpus of Philosophy", *Adam Smith Review*, 2004, 1(1): 40-59, pp.45-46。

学的"脊椎"。①

通过将立法者科学奠基于普世正义原则,斯密意图提供一种机制——它能够提升治国术(statesmanship),超越阴险狡诈的"政客"以利益为特征的政治。然而,斯密也真正意识到,治国术若以抽象的自然正义原则为基础,它本身也容易受到另一种滥用的影响。他自己未能写作关于自然正义理念的论著,这一事实本身就表明了原则确立之难。但是,由于缺乏对这些原则的清晰定义,富有野心的政客就很容易代之以对他们自己更为便利的抽象论述。

斯密曾对"体系人"(man of system)作过一番著名描述,这便是他在其中诊断的确切问题。体系人首先是一个被理想驱动的人:"他倾向于认为自己非常明智",他"经常倾心于自己理想政府计划假定的美,甚至不能忍受对其任何部分的偏离"(《道德情操论》,VI. Ii. 2.17)。的确,他被其乌托邦想象的狂热激发了政治热情,因为当这种"系统精神"与某种"公共精神"混合时,它便"经常烈火烹油,甚至使之走向狂热的疯癫",这反过来又令所有沉湎于"这一理想体系想象之美"的人激动狂喜(《道德情操论》,VI. ii. 2.15)。这些空想家们沉湎于这种炫目的美当中,他们力图在实践中"将其完全地在所有部分中建立起来,既不顾及任何大的利益,也不考虑可能与之相反的强烈偏见"。这形成了斯密对体系性政治改革者(systemic political reformer)的著名批判:这些体系性政治改革者"似乎想像,他们能够像随手安排棋盘上不同的棋子一样,轻易地安排大社会中的不同成员";他们不关心或不注意如下事实:

---

① Haakonssen, *The Science of a Legislator*, p. 151.

在人类社会大棋盘上，每一个单独的棋子都有自己的运动法则，甚至完全不同于法律选择强加于它之上的那些法则。（《道德情操论》，VI. ii. 2. 17）

但是，一个好的政府需要政治家的手不要偏离无形之手探索的道路。在论证其自然自由体系时，斯密一再坚持这一教训，声称人民应当总是有追求他们利益的自由，因为他们总是能够比任何一个上级都更好地了解这些利益（比如《国富论》IV，v. b. 16；IV. v. b. 43；IV. ix. 51）。

所以，立法科学便是给体系论改革家的一剂解药。然而，这自身又引起一个明显的问题：既然"自然自由体系"自身便是一种体系，斯密如何能够保证，以此体系为名去行动的立法者不会被"体系精神"征服？他认识到，立法者的巨大能力使他能够导致"人类处境和观点中……最大的革命"（《道德情操论》，VI. iii. 28）。在分析如何理解政治环境的重要性时，斯密给出了他为这一潜在狂热开出的药方。其实，在发泄自己面对"体系人"的挫败感时，斯密也同意这一点：这种人不仅呈现出"最高程度的傲慢"，更爱"幻想自己是国内唯一明智、有价值的人，"但是，他更会认为，"他的公民同胞应该调整自己，迁就于他，而不是他调整自己去迁就他们"（《道德情操论》VI. ii. 2. 18）。然而，如果现实中的各个民族想要摆脱政治理想主义倾向的狂热，那么，在它们的建设过程中，斯密所确切呼吁的，就是在利益与偏见之间找到某种协调。

那么，斯密的要求就在于，立法者必须用他对服务于其中的具体语境的理解缓和他的理想主义承诺。只有这样，他才会针对人民调整他的计划，而不是强迫人民调整自己的计划。但是，这一要求为立法者设置了高度的障碍，因为它强迫立法者培育出一种政治智慧或政治理解力（understanding）——它不同于能够领会（comprehension）自然正义原则的智慧和理解力。哈康森（Haakonssen）很好地抓住了这两种领会之间的差异，区分了"系统知识"与"语境知识"，区分了关注于体系原则的知识与使人能够理解真实给定的政治条件的知识。①这表明，立法者科学需要一种"高超的审慎"（Superior Prudence）；若有人要对现实民族进行规范性立法干预，立法者科学就需要理解其限制与潜能（《道德情操论》，VI. i. 15）。②这种审慎很有价值，因为它使立法者能够针对环境塑造其理想，更好地确保一个政治共同体将在事实上收获有意追求的立法利益。

斯密继续解释说，由于政治现象的不完美，理解（appreciation）这些环境，不仅有可能节制理想主义，也可能理解政治的限度，并因此而理解立法的有限性。③在历史上，梭伦是斯密最喜欢的立法者榜样。梭伦因其如下能力而备受称颂：他能够在不完美与自己能力的范围内立法，为这些条件锻造次好的路径。所以，斯密所认可的现代政策，基于他的观察：

> 尽管并不完美，但我们或许可以像评论梭伦的法律一样来评论这种次好路径，即，尽管就其自身而言它并非最好，但却是

---

① Haakonssen, *The Science of a Legislator*, pp. 19 – 82, 89；亦可参看 McNamara, 1998, pp. 87 – 91；Winch, 1983, pp. 510 – 511。

② 哈康森的观察在这里很有帮助："斯密批评政治中过度理性主义或乌托邦主义的意图并不是让理性退位"，而是要"理性地认识其限度"（Haakonssen, *The Science of a Legislator*, 页92）。

③ Griswold, *Adam Smith and the Virtues of Enlightenment*, pp. 301 – 310；Winch, *Riches and Poverty*, p. 123.

利益、偏见与时代性格能够容许的最好状态。(《国富论》,IV. v. b. 53)

因此,① 梭伦的榜样本身就是斯密推荐用来治疗体系人的理想主义的例子。② 所以,最好的立法者

> 会尊重已经确立的权力与特权,甚至是个人的特权,或者国家分化而成的大阶层、大团体的权力与特权。尽管他可能认为其中某些权力在一定程度上被滥用,但是,那些使用巨大暴力才能拔除的东西得以节制,这一点会令他满意。即便他不能用理性和说服克服人民根深蒂固的偏见,他也不会尝试用武力来制服;但他会虔敬地遵守西塞罗所谓的柏拉图圣则(divine maxim of Plato),绝不对自己的国家使用武力,就像他绝不能对父母使用暴力一样。他将尽可能地根据人民已有的习惯与偏见来调整自己的公共安排,而由于人民不愿意服从管理而产生的

---

① 在此语境中,参见 Lauren Brubacker 对斯密的梭伦式审慎的卓越讨论,Brubaker, "Adam Smith on Natural Liberty and Moral Corruption: The Wisdom of Nature and Folly of Legislators?" In *Enlightening Revolutions: Essays in Honor of Ralph Lerner*, ed. Svetozar Minkov, Lanham, MD: Lexington Books, 2006, pp. 191 – 217, pp. 201 – 205,另参 pp. 191 – 192, 200, 212 – 213。在这里,斯密的立法者与卢梭的不节制的"道德主义"有着明显的距离。关于梭伦的意图,参 Emily Anhalt, *Solon the Singer: Politics and Poetics*, Lanham, MD: Rowman and Littlefield, 1993, pp. 11 – 14, pp. 135 – 139。Anhalt 研究了梭伦有意识地自我表现为诗人立法者。关于立法者应该努力"说服而非强迫"的论断(《社会契约论》,II. vii. 10),他的研究是一种有用的观点。此外,尤参 Christopher Kelly, "'To Persuade without Convincing': The Language of Rousseau's Legislator", *American Journal of Political Science*, 1987, 31 (2): pp. 321 – 335, 326 – 331。

② Winch, *Riches and Poverty*, pp. 96 – 97, 104 – 105.

不便，他也会努力克服。即便他不能够建立起正确的东西，他也不会拒绝改善错误之事；而是像梭伦一样，当他不能建立起最好的法律体系时，他就会努力建立人民能够接受的最好体系。（《道德情操论》，VI. ii. 2. 16）

斯密在此教导说，政治谦逊是立法者科学的前提。与体系人的倨傲、超然相反，斯密赞颂了政治家的谦逊——他们在一个民族的偏见与先决条件中工作，而不是反对它。斯密进一步坚持称，这些政治家知道他们智慧的限度，充分意识到他们缺乏神的全能，他们反而再现了更有限的"人类政治智慧的完美"。[①] 与恺撒和亚历山大不同，这些立法者们绝不会屈从于欺骗与"过度自我崇拜"的符咒，因为这种符咒暗示了直接的神启（《道德情操论》，VI. iii. 28）。所以，一个恰当的科学立法者在自然正义理想与真实条件现实之间求得平衡，并在科学管理的骄傲自大与理想主义的狂热之间为航程掌舵时采取一种有益的节制态度。[②] 斯密强调要尊敬已有的习惯和偏见，这事实上复活了最佳政制与最合适的、可能最好的政制之间区

---

① Griswold, *Adam Smith and the Virtues of Enlightenment*, p. 308.
② 这一计划尤其回应了休谟与孟德斯鸠的立法方法；参 David Hume, *Essays, Moral, Political, and Literary*, ed. Eugene F. Miller, Indianapolis, IN: Liberty Fund, 1985, pp. 260 - 263, 280, 512 - 513; Donald Winch, *Riches and Poverty*, p. 75; Donald Winch, "Science and the Legislator: Adam Smith and After", *Economic Journal*, 1983, 93（371）pp. 501 - 520, p. 506; Montesquieu, *The Spirit of the Laws*, Trans. Anne M. Cohler, Basia C. Miller, and Harold S. Stone, Cambridge: Cambridge University Press, 1989, XIX. 5, 6, 14; XXXVI. 23; Thomas L. Pangle, *Montesquieu's Philosophy of Liberalism: A Commentary on The Spirit of the Laws*, Chicago: University of Chicago Press, 1973, pp. 273 - 277。

别的古代概念。①

在转向卢梭之前,我们要注意斯密立法者科学路径的最后一个方面。斯密坚信,在公民或经济事务中只能进行有限的政治干预,由于这一观点名重于世,所以,他似乎应该也持有一种有限的观点:在一个秩序井然的国家里立法者应该存在于一个恰当的领域之中。的确,如果在事实上,"把国家从最低级的野蛮引领到最高程度的富裕,除了和平、宽和的税收,以及可容忍的正义管理之外,我们很少需要其他东西,其他一切都会通过事物的自然过程产生"②,那么,似乎就没有留给立法者的空间了。但是,在别的地方——尤其是在《道德情操论》一个少有人注意的段落,关于道德立法,斯密采取了一个更为强硬的立场:

> 国家行政官(civil magistrate)不仅受托有权使用受限制的不正义来保卫公共和平,还有权通过建立好的纪律,通过劝阻每一种邪恶与不合宜来增进国家的繁荣。所以,他可以制定法则,不仅用来禁止公民同胞之间相互的不义,也能在某种程度上控制相互的善行……然而,在立法者的所有职能中,这可能要求更多手腕(delicacy)与审慎才能执行得合宜又富有判断力。我们若完全忽视它,将使国家暴露于许多重大混乱和令人震惊的罪恶;若将其推之过远,则又将破坏一切自由、安全与正义。(《道德情操论》,II. ii. 1. 8)

---

① 参亚里士多德《政治学》,1269a30,1337a10; Griswold, *Adam Smith and the Virtues of Enlightenment*, p. 305.

② Dugald Stewart, "Account of Life and Writings of Adam Smith, L. L. D." In *Essays on Philosophical subjects*, ed. W. P. D. Wightman, Indianapolis: Liberty Fund, 1982 [1793], pp. 269 – 351, p. 322.

对于此类判断行为，斯密并没有提供确切的法则，但从上述评论来看，他明显认为：好的立法需要在自由主义和绝对主义的中间地带奠定基石。尽管斯密对这个问题保持沉默，但卢梭却着意去努力确定这个中间地带。

现实主义、理想主义与卢梭的"立法者科学"

斯密研究一度由著名的"斯密问题"所主宰，即如何协调斯密对道德生活中同情的分析与他对经济生活中自利的分析。① 但是，卢梭似乎也遭遇了他自己的问题。② 卡西尔（Cassirer）最先提出了一个问题：我们更应该把卢梭视为古典幸福论者还是康德式的义务论者（deontologist）？但在这个问题之外，还有一个更富有政治意味的问题，即我们更应该把卢梭理解为宪政民主的朋友，还是绝对主义的朋友？③ 这个问题不太可能很快得到解决，我也无意在此进行努

---

① 我并不想在此处理这一问题。关于这个问题的相对重要性，近期的优秀论述，参 James Otteson, *Adam Smith's Marketplace of Life*, Cambridge：Cambridge University Press, 2002；Leonidas Montes, *Adam Smith in Context：A Critical Reassessment of Some Central Components of His Thought*, London：Palgrave Macmillan, 2004。

② 这条建议当归功于 Eric Mac Gilvary。

③ Ernst Cassirer, *The Question of Jean－Jacques Rousseau*, Trans. Peter Gay, New York：Columbia University Press, 1954。关于卢梭绝对主义的经典资源仍为 Isaiah Berlin, *Freedom and Its Betrayal：Six Enemies of Human Liberty*, Ed. Henry Hardy, Princeton, NJ：Princeton University Press, 2002；Jacob L. Talmon, *The Origins of Totalitarian Democracy*, New York：Praeger, 1960。在卢梭思想中发现自由主义的最近的努力，参 David Lay Williams, "Modern Theorist of Tyranny? Lessons from Rousseau's System of Checks and Balances", *Polity*, 2005, 37（4），pp. 443－465。

力,但是,关注立法者科学这一概念,并与斯密的立法者科学进行对比,这有助于揭示卢梭思想中某种节制面向,尤其是他调和现代性诸种典型偏见的意愿。

我首先要指出,卢梭思想中存在某种节制和调和这种说法,乍看起来似乎显得古怪。在卢梭的作品当中,关于立法者最著名的论述出现于《社会契约论》第二卷第七章,它似乎确实可以解读为对斯密科学中许多根本原则的挑战,如果不是拒绝的话。首先,在大众印象中,立法者与神圣事物有着亲密的联系,卢梭论证了这种大众印象对于立法来说大有助益,他由此而公然提问:神圣事物与政治是否应当分离?此外,关于试图将外在于本性的原则"烙印"于人的努力,斯密心怀戒备,但卢梭却似乎明确赞同这种努力,因为他宣称,民族建设的立法者首要且最重要的任务便是"改造"人民:

> 任何人若敢于为一个民族立法,他必须感到能够改变人性;能够将每一个完全独立的个体转变为更大整体的一部分,使个体好似从中获得其生命与存在;有能力削弱人的构成,以使之变得更为强大;有能力用一部分的道德存在来替换我们从自然中获得的独立的物理的存在。总之,他必须从人身上获得自己的力量,以赋予外在于他的、没有别人帮助就不能使用的力量。这些自然力量越衰亡、被摧毁得越多,获得的力量就越大越持久,其制度也就更为坚固和持久。(《社会契约论》,II. vii. 3;《日内瓦手稿》,II. ii, 179–180;比较《论政治经济》,12–13)

我们很难想象比这更令斯密厌恶的立场。卢梭的立法者不仅要消除斯密的立法者所尊敬的偏见,他还试图改造人性本身。卢梭在《爱弥儿》中阐释了他在这方面的意图。他解释说，此种去自然化是必要的，由于斯密所辩护的那种文明化机制，人性已经遭受暴力伤害。由于文明人或资产阶级的腐败，我们有必要"改造人性，取走其绝对存在，以便给予其一个相对的存在，并令我融于共同体"（《爱弥儿》，40）。然而，在寻求重塑人性这一点上，现代立法者们并不孤单。卢梭表明，古时最伟大的立法者也有类似野心。所以，有人告诉我们，当吕库戈斯为斯巴达立法时，他"重新塑造了他们，使之成为胜过人类的存在"；摩西"大胆地将奴性的流民牧群转化为一个政治社会，一个自由民族"；努玛（Numa）则通过

> 将强盗转化为公民……通过温和的约束机制将他们每一个人与其他人绑定在一起，将他们所有人与土地绑定在一起，从而赋予罗马力量。（《论波兰政府》，6-7）

这些立法者与斯密的立法者之间的比较，没有什么助益，似乎也不节制。

但是，卢梭对"改造"［人性］的呼吁难以穷尽他的立法者概念，因为在这一宏伟愿景旁边还有另一个较为温和的愿景。在《社会契约论》的发表版本中，这一温和愿景采用了一种尽量和缓的形式，即力图用"政治原理"（Maxims of politics）缓和副标题所谓的"政治权利原则"（principles of political right）（《社会契约论》，III. xviii. 3）。就像梅尔泽（Arthur Melzer）与马斯特（Roger Masters）已经表明的，《社会契约论》的要义是力图在两项原则间建立平衡，即以下两方面的平衡：一方面，它诉诸"普遍正义"的抽象原则（《社会契约论》，II. vi. 2）；另一方面，使计划得以实现的政治实践

原则。①

卢梭在《社会契约论》第二卷第七章描述了立法者的形象，而在此前一章，他对立法者目的的研究已经清晰地揭示出：这种平衡是必要的，若只探求普遍正义而缺失实定法，我们便不能确保建立真正的正义；因此，卢梭提醒说，当"所有正义都来源于神，唯有神才是其源头"，正义若要实现，就需要一系列实定的制度，所以，"为了将权利与义务结合在一起，为了实现正义，习俗和法律就有必要"（《社会契约论》，II. vi. 2）。这个说法让我们想起，斯密曾在《道德情操论》的结尾努力平衡自然正义与实定法。但更关键的是，卢梭致力于在"最好（the best）"与"最可能好（the best possible）"之间建立一种平衡，这种努力也有助于缓和卢梭就"立法者及其改造（天性）的诸种义务（transformative duties）"的问题所做的那些评论——这些评论极富修辞力量——的极端主义外观。这样，卢梭的立法者概念又回到斯密的立法者概念，因为，在"普遍正义"与"政治原则"之间建立平衡的努力，也对应着斯密在"自然正义"的普遍原则与"具体语境知识"（contextual knowledge）之间维持平衡的努力。

当我们转向卢梭对立法者科学的明确说法时，这种平行对应获得了扩展。卢梭最早且最完整的论述出现于《社会契约论》的初稿，

---

① 尤其参见 Kelly, "'To Persuade without Convincing': The Language of Rousseau's Legislator", p. 322; Roger D. Masters, *The Political Philosophy of Rousseau*, Princeton, NJ: Princeton University Press, 1968, pp. 290 – 293, 301 – 313; Masters, "The Structure of Rousseau's Political Thought" In *Hobbes and Rousseau: A Collection of Critical Essays*, ed. Maurice Cranston and Richard S. Peters, Garden City, NJ: Doubleday, 1972, pp. 401 – 438, 412 – 418; Arthur M. Melzer, *The Natural Goodness of Man: On the System of Rousseau's Thought*, Chicago: University of Chicago Press, 1990, pp. 114 – 119.

即《日内瓦手稿》之中。正如马斯特所详言,卢梭对作品的这一部分作了全方位的修订,对立法者科学的持续探究曾占据《日内瓦手稿》第二卷的大部分篇幅,但相比之下,这部分在《社会契约论》中只剩下了第二卷第七章。在最终发表的版本中,卢梭不再提及"立法者科学"。① 然而,卢梭的确在《致达朗贝的信》中清晰提及"真正的立法者科学"。他在这里解释说,单纯搭建或写作立法的任务并不困难:

> 总而言之,法律制度并非此种令人惊异的事物,乃至任何理性、公正的人都不能轻易发现那些如被遵循便会对社会最有益的事情。

立法的挑战不只在于写下好的法律,还在于写下适合一个民族的法律:

> 各种法律的力量有其尺度,它们所压制的各种恶的力量也有其尺度。只有当我们比较了这二者的总量,并发现前者胜过后者时,法律的执行才有其基础。对这些关系的认识构成了真正的立法者科学。(《致达朗贝的信》,66)

此处的中心论点是:我们不能抽象地评价立法好坏,而只能依据它与民族的适合程度,以及与它致力解决的问题的适合程度来评价。

卢梭坚持说,明智的立法者应当努力使其法律适合民族的天性和国家的需要,由此,卢梭从"改造"(transform)或"去自然"

---

① Masters, *The Political Philosophy of Rousseau*, pp, 301 - 313; Masters, "The Structure of Rousseau's Political Thought", pp. 413, 417.

(denaturing)的乌托邦式坚持中撤回了重要的一步,尽管他在别处对此大加提倡。当他给我们提供了一个实践"真正立法者科学"的历史榜样时,这种回撤还在继续。《致达朗贝的信》中提出的榜样是梭伦。梭伦不是单纯写作了一部法典,卢梭解释说:

> 关键问题是,要使这部法典适应为之制定的民族,适应它用以规范的事物。其适应性要达到这样的程度:就好像法律的执行顺从了这多重关系相交合的节点。按照梭伦的方式,要加诸人民的与其说是最好的法律本身,不如说是既定环境所允许的最好的法律。(《致达朗贝的信》,66)

在回应(或预见)斯密对梭伦的认可时,卢梭坦陈,立法者科学是一种关于次好之事的科学(a science of the second-best)。[1] 的确,在整篇《致达朗贝的信》中,相比于理想主义,人们更多发现的是一种现实主义式的坚持——坚持让提议切合实际情况:"我们不要寻求完美的幻想,而要依据人与社会构造的本性来追寻最好的可能。"(《致达朗贝的信》,110)

在《日内瓦手稿》中,卢梭将进一步探索这种梭伦式的或者说"追求次好"的立法方式的方面。他在《日内瓦手稿》通篇传达的教诲始终是:

---

[1] 关于卢梭对"梭伦式"立法及其对他的"语境主义"之影响的论述,参考这两篇分析精彩的论文:Fonna Forman-Barzilai, "The Emergence of Contextualism in Rousseau's Political Thought: The Case of Parisian Theatre in the *Lettre a d'Alembert*", *History of Political Thought*, 2003, 24 (3): 435-463, p. 445); David Williams, "Radical and Relative Indeterminacy in Montesquieu and Rousseau," Presented at the annual meeting of the American Political Science Association, Chicago, 2007, pp. 17-18, 25-27, 29-31。

在每个国家里,所有这些好制度的普遍目标都应该依据源自当地制度与居民性格的各种关系来得到塑造;正是以这些关系为基础,每个民族都必须分配一种最好的立法体系,它本身或许并非最好,但对其意图治理的国家却是最好的。(《日内瓦手稿》,II. vi, 193;《社会契约论》,II. xi. 4;比较《爱弥儿》,34-35)

在展开这种主张时,卢梭表明,立法者必须使具体的政策适应特定习俗和环境的迫切需要。在《日内瓦手稿》中,这种对立采取了一种区分的形式——一方面是"权利/正当"(right),另一方面是"每种好制度都无从摆脱的权宜事务"(《日内瓦手稿》,II. iii, 183)。发表的版本删掉了权利/正当与权宜之间的明确区分,但重复了这种区分所引入的那种根本主张,即:

就像一个技艺高超的建筑师一样,在建造一幢建筑之前,他会观察并测试地基,看它是否能够承担重负,所以,明智的奠基者不会从随意起草法律开始,而是要首先考察他意图为之立法的民族是否适于承受它们。(《日内瓦手稿》,II. iii, 183;比较《社会契约论》,II. viii. 1)

每一种情况下的教诲都是:立法者必须把人们理解为他们实际的样子,才能开始努力改善他们。[①] 这导致卢梭坚持声称,人们总是应该在自己被给予的材料这个语境下努力工作:

他不应试图改变一个已经顺从法律之民族的制度,更不应努

[①] Masters, "The Structure of Rousseau's Political Thought", p. 429.

力重建已遭废除的制度,或复兴丧失生气的机制。(《日内瓦手稿》,II. iii, 188)

进而言之,明智立法者的任务不仅要如实地看待人民,还要如实地看待他们的状况,所以,卢梭呼吁立法者照顾到"他要为之立法的人民的位置、气候、土壤、道德、邻人及其所有的特殊关系"(《论政治经济》,12)。如此看来,立法者科学便缓和了理想主义,否则,一味强调改造天性(transforming)或去除天性(denaturing)则可能鼓励这种理想主义。①

在转向其实践的政治写作前,我们还需要回顾卢梭立法者科学的最后一个方面。我们已在上文论述,卢梭和斯密的科学所共有的是:二者都坚持使立法适应于时代病症的必要性。但是,从我们即将考察的实践政治写作来看,这一看法会有一个尤其重要的后果和一种独特的特质。为了一探究竟,我们转向卢梭关于"与语境相适应"之重要性的最后一个论证。卢梭坚称,这种适应颇为必要,因为一个特定社会的独特病症本身就包含了和解的钥匙。这一点在《日内瓦手稿》中尤其清晰。

> 不过,尽管在人们中间并无一个自然和普遍的社会,尽管人们在社会化中变得不幸福、邪恶,尽管无论对生活在自然状态之自由中的人还是臣服于社会状态诸需要中的人来说,正义与平等的法律都毫无意义,但是,与其认为此间既无德性也无幸福可言,认为上天已经放弃我们,让我们毫无资源,致使物

---

① Masters 注意到,这种努力也会区分卢梭的方案与那些"价值中立"的社会科学,同上,页419。斯密对实证社会科学的批评也是 Fleihacker 的论题之一,参氏著 *On Adam Smith's Wealth of Nations*。

种难以存活,不如让我们努力从这疾病自身当中寻求救治之道(remedy)吧。如果可能,让我们使用新的联合来纠正普遍联合的缺陷。让我们暴烈的演讲者(violent speaker)本人来评判它的成功。让我们用经过改善的(perfected)技艺向他展现,由于技艺的产生而在自然中造成的诸种疾病能够获得补救。(《日内瓦手稿》,I. ii, 162)

斯塔罗宾斯基(Starobinski)所谓"卢梭政治哲学的根本洞见"便藏身此中,即如下观念:最有效的政治治疗,恰恰是对所治疗之疾病进行顺势(homeopathic)或者内在的治疗。[①] 但是,这种顺势疗法需要采取何种确切形式呢?并且,更直接地说:"由于技艺的产生而在自然中造成的诸种疾病又是什么呢?"卢梭对此问题最直接的讨论出现于《论不平等》。在描述从纯粹自然状态到文明状态的腐败之间的转变时,卢梭找到了一个中间位置,其特征恰恰就是将技艺与自然分离开来的最初的疾病。他将这个(中间阶段)描述为"人类能力发展中的那个时期,恰好占据了原初状态之慵懒与我们自爱(amour propre)的乖戾行为之间的中道"——在此状态下,"思虑的观念"苏醒,获得了初始形态,并且"公共尊敬也要求有一个价格"(《论不平等》,II. 16 – 18)。

我将在下文中论证,卢梭认识到,若加以适当的指导,早期的思虑之爱具有文明化的潜能,正是这点构成了卢梭向科西嘉和波兰提出的那些审慎建议的独特性。卢梭论称,对于科西嘉和波兰的疾病,其治疗手段并不在于粗暴地连根拔除构成其腐败迹象的激情和

[①] Jean Starobinski, *Blessings in Disguise*, *Or*, *The Morality of Evil*, Cambridge: Polity Press. 1993, pp. 118 – 131, p. 127; Forman – Barzilai, "The Emergence of Contextualism in Rousseau's Political Thought", pp. 462 – 463.

偏见,而在于重新引导这些激情和偏见,使之导向更为有用的目的。因为,如果今天"每个人都想要受到崇拜",那么我们就必须"激发起欲望,并且铺设道路,用德性来引起人们如今只能用财富吸引到的崇敬"(《卢梭全集》III, 502 – 503;比较《论波兰政府》, 17)。

实践中的立法者科学:科西嘉和波兰

前一章力图揭示,卢梭在理论写作中对立法者进行了极端的描述,但在此极端描述之下,却有一种更为节制的主张:明智的立法者远非要去除或"改造"(transforming)公民的天性,而是要顺应其实际的立场。我们在卢梭关于科西嘉和波兰的实践写作中也能找到这组相同的张力。[①] 在其中的每一部作品里,卢梭极端的共和修辞都令人震惊。但是,经过更细致的考察以后,这些作品并非揭示卢梭在倡导以政治的方式去除天性,或者倡导恢复据说古人具有的那种舍弃利益(disinterestedness)的品质,相反,这些写作展现了一条更加审慎的立法路径。在每一篇论文中,卢梭都通过诉诸和鼓励这些政体特有的激情和偏见,来为既存政体的各种问题设计解决方案。它们本身就构成了卢梭努力践行立法者科学根本任务的例证,即"从疾病自身中得出救治的药方"。然而,将卢梭的方式与斯密的方式联系在一起的并非只有这个普遍的公式(general formulation)。

卢梭在每个民族中诊断出的主要病症,恰恰都是一种原初的自私类型,这种原初的自私恰恰是《论不平等》中诊断出来的现代性

---

① 参 Ryan P. Hanley, "From Geneva to Glasgow: Rousseau and Adam Smith on the Theater and Commercial Society", *Studies in Eighteenth – Century Culture*, 2006, 35 (1), pp. 186 – 211;此文认为,卢梭也曾将下文描述的涉及波兰和科西嘉政治秩序的相同策略运用于日内瓦。

的标志特性（尤参《论不平等》II，27，52，57）。此外，在每一篇作品中，卢梭提出的药方都并非简单地拔除自爱，而是重新引导它，以提升公共之善。① 所以，斯密与卢梭的立法者科学分享了一个共同的目标：阐明如何引导虚荣，使之有助于社会稳定、提升公共福利。两人的科学的差异在于，它们各自的立法者训练人们关注自私的形式有所不同：斯密的立法者所想的似乎是对经济自利的审慎规范，②而卢梭的立法者似乎更关心对荣誉和虚荣的适当调节。但是，两人都极为敏锐地认识到了主宰现代性的意见帝国，也都认识到，现代立法者的核心任务是培育现代性所鼓励的各种恶，并由此重新为之确定方向。《社会契约论》关于监察官的讨论展示了这个策略：

> 要在民族道德及其尊敬对象之间作出区分毫无意义；因为这一切都源自相同的原则，并必然会聚集在一起。在世界上的所有民族中，意见而非自然决定着他们的快乐选择。重塑人的意见与道德将会净化他们自身。人们总是热爱好的或他认为好的事物，但他却在这样的判断中犯下过错，所以我们要对此判断加以规范。评价道德的人裁断荣誉，评价荣誉的人则将意见视若法律。③

卢梭恰恰将此策略运用于他对现实国家的建议。在卢梭《致达

---

① N. J. H. Dent, *Rousseau*, Oxford: Basil Blackwell, 1988, p. 225; Masters, *The Political Philosophy of Rousseau*, pp. 380–382.

② Cf. Muller, *Adam Smith in His Time and Ours*; Nathan Rosenberg, "Some Institutional Aspects of *the Wealth of Nations*", *Journal of Political Economy*, 1966, 8 (6), pp. 557–570.

③ 《社会契约论》，IV. Vii. 3；比较 Masters, *The Political Philosophy of Rousseau*, p. 385。

朗贝的信》向日内瓦提出的建议中，这一点也许最为明显。《致达朗贝的信》的表面故事是，在尚未腐败的纯净状态下，日内瓦应该放弃剧院，并因此保留其共和式的单纯。但是，真实的故事总是在表面之下呈现：腐败在日内瓦已然有了深远进展，对于已然不及救治的（疾病），也许更应该把功夫花在尝试改善这些疾病上来。所以，就在向我们介绍了"真正的立法者科学"之后，卢梭径直问道：

> 政府能够通过何种方式掌控道德？我的回答是，通过公共舆论。如果我们在隐居中的习惯源于我们自己的情感，那么我们在社会中的习惯则源于他人的意见。当我们不是生活在我们自己当中，而是生活在他人当中时，他们的判断就引导着一切。凡公众认为不好且不可欲的，一切便都显得是不好且不可欲的了；为大多数人所知的唯一幸福便是广为称道的幸福。（《致达朗贝的信》，67）

卢梭非但没有像一个理想主义者那般充满希望地倡导改造人性，相反，为了荣耀其祖国，他最坦率的建议是要求迁就所有腐败中最坏的那一种，即自爱的帝国（empire of amour–propre）。换言之，他所知晓的最好国家无法获得绝对意义上的最好之物，他必须满足于把注意力集中在改造一个品味已遭败坏的民族上。事实上，在卢梭的诸多作品中，这一建议都有其连贯性。他知道，"可能会有人告诉他，任何不得不统治人们的人都不应超越人们的天性，去寻求一种他们无力实现的完美。"然而他仍乐观地认为："教人们去爱一个而非另一个目标，去爱真正好的事物而非畸形的事物，这并非不可能"，所以，"将我们一切邪恶之源的危险倾向转变为高贵德性也并非不可能。"（《论政治经济》，36）这一建议将成为他给波兰与科西嘉提出的实践立法建议的基础。①

卢梭的《科西嘉宪政规划》（*Plan for a Constitution of Corsica*）有一种拒绝适应（人的天性）的外表，其实是肯定那种改造天性的政治。读起来，此文的导言像是明确拒绝对急迫环境加以适应。卢梭注意到，政府与人民间的分裂正是科西嘉的困难之源。卢梭于是解释说，在此种情形中，明智的人"遵从诸种适宜的关系，为民族而塑造政府。然而，我们仍有一些更好的事情要做，即为政府而塑造民族"（《科西嘉宪政规划》，123）。卢梭很清楚科西嘉应怎样最好地追求这一道路。在全篇论文中，卢梭不吝言辞地告诫科西嘉人，不要鼓励商业。他并不倡导科西嘉适应更加广泛的欧洲贸易网络，反而要求科西嘉采取一切可能的方法来确保经济自足。他们不仅必须抑制对金钱的依赖，也必须抑制大城市中心的增长，鼓励能够提升民族与公民自足的农业，由此拔除懒惰、自私以及"市民阶级愚蠢的傲慢"（《科西嘉宪政规划》，131）。

当然，在推荐这一道德单纯和经济自足的道路时，卢梭看起来与斯密向英国提出的实践性建议截然不同。② 不过，随着论文（即《科西嘉宪政规划》）的推进，卢梭在开篇时写下的那些共和主义警句中的极端主义得以缓和；他修改了最初的声明，宣称自己不希望"绝对摧毁私人财产，因为那不可能，而是要把财产限制在最狭窄的

---

① 若将卢梭视为一羽翼丰满的立法者，而非一个只是提供立法建议的人，会涉及种种困难之处。关于这些问题，尤参 Christopher Kelly, *Rousseau as Author: Consecrating One's Life to the Truth*, Chicago: University of Chicago Press, 2003, pp. 78–81。

② 与此同时，卢梭对金钱和财富的区分（《科西嘉宪政规划》，140；比较《论波兰政府》，73），以及国民财富由可行的劳动构成的论断（《科西嘉宪政规划》，125–126）也同样是斯密在《国富论》卷四中的反重商主义论述的核心论题。

范围之内"(《科西嘉宪政规划》,148)。卢梭还希望,如果不能彻底消除金钱,"那么至少可以使之降低为一种微不足道的东西,以确保腐败难以产生"(《科西嘉宪政规划》,147)。随后,卢梭还表明,他没有忘记自己早先的教诲,即让计划适应具体的情形。卢梭提醒我们注意,"每个国家的自然品质与土壤"都有一些性质,能够决定某种最好地与之适合的政府形式(《科西嘉宪政规划》,127),而且,明智的立法者必须首先思索"民族品格"的原则(《科西嘉宪政规划》,133)。卢梭由此提醒我们,他仍然明白自己不是在为一个新的民族立法,而是在为一个具有各种文化传统、制度和习惯的民族立法。

此外,卢梭也清晰地认识到,科西嘉是一系列具体历史环境的产物。他在《社会契约论》中赞美科西嘉说,由于"活力与坚定,这个勇敢的民族能够恢复和守护其自由"(《社会契约论》,II. x.6),因此,科西嘉乃是唯一有能力接受立法的欧洲国家。在卢梭那个时代,由于其自足、独立、适度的财富和公共情感(civic affection)(《社会契约论》,II. x.5),科西嘉是"适合立法"的最好国家模式。但是,当卢梭从一位潜在立法者的观点来重新考察科西嘉时,他发现了什么呢?现在,卢梭解释说,塑造科西嘉人的一个根本事实是:科西嘉被热那亚人占领,热那亚人成功侵入科西嘉,使之堕入可鄙的贫穷、依附境地。他观察到,尽管科西嘉仍然保留着一些原初德性,但它在奴役中感染了非用极端手段不能铲除的巨大的邪恶(《科西嘉宪政规划》,137)。

那么,卢梭又如何回应这种初始的腐败呢?事实上,他开出的药方是顺应(accomodating),而非他在开篇的修辞中提到的可能引人期待的内容。卢梭努力使自己的政策适应在科西嘉已被鼓动起来的主要激情——这大概是由于经商的热那亚人掌控占领的结果;有趣的是,在《论不平等》中,其著名诊断恰恰依赖这同一种激情:

所以，为了唤醒一个民族的活力，有必要为它提供引发行动的强烈渴求、希望和动机。经过彻底检查会发现，推动人们行为的强大动力可以约减为两种——可感的快乐和虚荣。不仅如此，如果从前者中祛除一切属于后者的成分，那么最终你会发现，一切几乎都已约减为纯粹的虚荣。（《科西嘉宪政规划》，153）

从此前的论述来看，这一论断非同寻常。因为，卢梭在这里不仅承认，他为科西嘉的立法计划是在次好而非绝对最好的视野内构想出来的；他还建议说，成功的关键在于审慎地引导主要的现代性激情。卢梭继续解释到，他在此说的虚荣"不过是自爱（amour-propre）的两个分支之一"，即《论不平等》所关注的现代道德之失败。但是，他在此建议说，与其连根拔除自爱，立法者不如引导它离开虚荣（即自爱的更低劣形式），走向骄傲（不那么低劣的形式）（《科西嘉宪政规划》，153-154）。① 令人震惊的是如下事实：尽管卢梭明确倡导要令现代科西嘉人的道德状况变得高贵，但是他所设

---

① Cooper 很好地处理了卢梭教育自爱的方法，从而使自爱从低劣的形式发展至更高贵的形式。参 Laurence D. Cooper, *Rousseau, Nature, and the Problem of the Good Life*, University Park: Pennsylvania State University Press, 1999。我在 2008 年的文章（"Commerce and Corruption: Rousseau's Diagnosis and Adam Smith's Cure", *European Journal of Political Theory*, Forthcoming）中比较了斯密和卢梭在此领域中的方法。关于《论波兰政府》与《科西嘉宪政规划》如何诉诸由自爱所激发的对意见的欲望问题，Putterman 提供了富有帮助的论述，尽管他没有把这些意图与卢梭的立法者科学联系起来。参 Ethan Putterman, "Realism and Reform in Rousseau's Constitutional Projects for Poland and Corsica." *Political Studies*, 2001, 49 (3), pp. 481-494。关于卢梭在《论波兰政府》中的意图的大为不同的论述，Jeffrey Smith 论称，卢梭非但没有顺应现代性的各种状况，反而直接追求"培育古代德性"，参 Jeffrey Smith, "Nationalism, Virtue, and the Spirit of Liberty in Rousseau's *Government of Poland*", *Review of Politics*, 2002, 65 (3), pp. 409-437。

想的上升，却是从自爱的一种形式到另一种形式之间的有限而节制的上升。

相比于给科西嘉的建议，卢梭给波兰的建议颇有雷同之处。迄今为止，《论波兰政府》最引人注目的特点是，它热衷于恢复共和的单纯。然而，经过细致阅读后会发现，它不只是简单倡导拒绝腐败；卢梭想要鼓励波兰人发现一种解决方法，来对付从初始的腐败中浮现出来的邪恶。卢梭在此方面的建议在实践上沿用了他在《科西嘉宪政规划》中描述的引导虚荣的计划。然而，这可能再次显得是个奇怪的起点。在呼吁理想制度、拒绝对具体语境加以适应方面，尤其是当其涉及现代性时，《论波兰政府》似乎与《科西嘉宪政规划》一样坚决。

当卢梭强迫波兰人在农业与商业之间做出选择时，这种刺耳的声音尤为明显。"如果你们只是想变得喧嚣热闹、光彩照人，"他建议说，"那么就请培养科学、艺术、商业和工业吧。""但是，如果你们想要成为一个自由、和平而明智的民族，你们就必须恢复更加古老的习俗和品味，让金钱受到鄙视,若有可能，要使之变得无用。"① 然而，人们必须在这两条道路中选择其一："既然我谈到的两种行动方案在很大程度上彼此排斥，那么你们就不能把它们结合起来。"(《论波兰政府》，67 - 68) 所以，不仅一种节制的适应显得不可能，卢梭在这里也表明，他偏爱古典德性甚于现代德性——这种偏爱与他对波兰人的号召一致：他号召波兰人"抓住现今事件提供的机会，使灵魂上升到古代灵魂的高度"(《论波兰政府》，12)。而在这么做的时候，也绝不能陷于温软。禁奢法令不足以使人们的

---

① 然而，我们应该注意，卢梭在这部作品的其他地方修正了这些极端论断，就像他在《科西嘉宪政规划》中所做的那样。

灵魂高贵,也不足以"驱逐奢侈":

> 你必须进入人们的心灵深处,通过在那里种植更为健康和高贵的品位,才能将之拔除。(《论波兰政府》,18)

在这里,计划再一次显得很清楚:我们若要击退、驱逐腐败,那么节制而非极端措施才是必要的。然而,卢梭在别的地方提醒我们,他并未忘记立法者科学的审慎。在此书开篇,卢梭提醒我们注意理性(sensitivity)对环境(context)的重要性。"除非一个人彻底理解他要为之工作的民族,"否则最终的产物"无论自身如何优秀,在运用上总会存在欠缺"(《论波兰政府》,1)。表面上,卢梭的计划是为波兰人量身打造,因而是其时代普遍存在的泛欧立法体系的例外;他非但没有摹仿他者,反而寻求打造适于波兰自身的立法(《论波兰政府》,11,80,82,86)。但是,当他转向相关的民族时,他发现了什么呢?真相是,波兰并不比科西嘉更适合作为他要为之立法的理想国家的模本。很难说波兰是那类小的民族——其公民情感纽带确保了民族自身的认同与团结;相反,波兰是一个大国,受到内在派系纷争的破坏,毗邻辽阔、强大的邻国(《论波兰政府》,10,31;比较《日内瓦手稿》,II. iii,183-184;《社会契约论》,II. x. 5)。此外,与其他欧洲国家相比,波兰并不能更好地免于现代性所特有的腐败。所以,就在考察这三位古代大立法者之前,卢梭描述了古代人和现代人的差异:

> 是什么阻止我们不能成为像他们一样的人物?是我们的偏见,我们的卑劣哲学,对蝇头小利的激情,这一切和利己主义一起,被荒谬的制度堵塞到所有人的心里。而在这些制度中没有任何天才之手的痕迹。(《论波兰政府》,5)

当然，这里可以有诸多不同解读。一方面，我们可以把它视为对现代立法者的召唤，呼唤其努力赶上着力改造腐败民族的古代立法者。另一方面，当卢梭坚持说今天的"我们"由"偏见"和"对蝇头小利的激情"共同塑造时，他想要清楚地提醒我们，在我们与古代共和主义那种明显对利益毫不在意的态度之间存在距离。的确有人将他对波兰民族主义的倡导追溯到了这一事实。① 但是，这种设想也使卢梭更接近斯密；两人都强调了那个备受忽视的事实：立法的任务主要是照料这些既存的偏见和激情。② 此建议的确与卢梭更早时的告诫完全一致："一旦习俗确立起来，偏见扎下根去，那么我们想要碰触它们就是危险且莽撞的。"（《日内瓦手稿》II. iii, 184）

随着我们继续阅读，至少如下内容会变得清晰：卢梭关心并诉诸现代激情，如果这些激情并非"狭隘的自私激情"的话。有趣的是，卢梭使用古人的事例来引入这条在关键层面属于现代的路径。卢梭由此解释说，希腊立法者寻求塑造诸民族的主要目的是"用竞争精神点燃他们的激情"，这"使他们与祖国紧密联结起来"（《论波兰政府》, 8）。也就是说，卢梭的古典共和德性概念本身建立的基础是：通过竞争适当疏导自爱，而非恢复那种对利益的毫不关心（disinterestedness）。但是，这里令人震惊的与其说是卢梭对古代方法的认可，不如说是他的感受，即这些方法可能特别适合现代的波兰。因为，在表明竞争和"爱荣耀"将被证明为塑造波兰人内心与思想的最好方式时，卢梭倡导一种诉诸对自我之关切的审慎方式，

---

① Pierre Hassner, "Rousseau and the Theory and Practice of International Relations" In *The Legacy of Rousseau*, Ed. Clifford Orwin and Nathan Tarcov, Chicago: University of Chicago Press, 1997, pp. 200 – 219, p. 209.

② John Danford, "Adam Smith, Equality, and the Wealth of Sympathy", in American Journal of Political Science 24 (4), pp. 674 – 675; pp. 694 – 695.

这种对自我的关切不仅对于古人的荣誉之爱具有根本意义,而且对现代人承认的爱也是根本性的(比较《国富论》,V. i. f. 4;比较《道德情操论》,I. iii. 2)。

在寻求鼓励竞争时,卢梭的目标是引导波兰人心中本土的荣誉之爱,使之为公共的善而工作。在此意义上,它类似于《科西嘉宪政规划》中的教诲。在《科西嘉宪政规划》中,卢梭的目的并非放弃自爱(amour-propre),而是促使虚荣上升到骄傲,或使自爱更卑劣的形式上升到不那么卑劣的形式。在《论波兰政府》中考查自私时,卢梭也提议了同样的这种上升的运动:

> 只有通过利益驱动才能让人行动,这一点我知道。但是金钱利益是所有利益当中最糟糕、最卑劣并最易于败坏的,而且我也可以自信地重申并一直坚持,这种利益在任何理解人的心灵的人看来,是最微不足道和最脆弱的,在所有人的心中很自然地蕴藏着巨大的热情……让我们学习如何煽动这些激情,学会如何开启不需要金钱就能直接获得满足的道路,在这条道路上,金钱将很快丧失其价格。(《论波兰政府》,70)

这一段具有双重后果。首先,卢梭明确让自己的立场远离了那种寻求克服自私的理想主义;其立法性的提案更依赖于很好地掌控自利,而非尝试超越它。第二,卢梭清楚阐释了自己想要如何掌控自私的方向,也就是说,将之导向爱荣耀,远离爱财富。卢梭坚持说,唯有通过这样的方式,典型的现代性之恶——对意见的爱——才能被用来恢复那些现代性所丢失的品质。所以,药方很可能会成功:

> 在一天中的所有时刻,每一个公民都会感受到同伴们打量他的目光;这样,除了通过公共的认可,没有人能够获得提升

或成功；每一个职位和工作都会按照民族的愿望来充任；并且，每一个人——从最低阶的贵族，甚至从最卑微的农夫，一直到高高在上的君王，如果那是可能的——都将如此彻底地依赖公共的尊敬，以至于，如果没有公共的尊敬，他们做不了任何事情，得不到任何事物，也实现不了任何成就。在所有公民中引发的竞争将产生一种酵素，它反过来又将唤醒使人超越自身的爱国热情——除它以外，没有任何东西能够使人超越自身。（《论波兰政府》，87）

提升波兰人道德品质的关键在于面对他们的处境。卢梭非但不再坚持应该根除因自爱而产生的意见之爱，还把它用作超越性的根源。对尊重的极端渴望已经腐化了波兰人，他们最好的希望便在于彻底臣服于意见。市民们（bourgeois）在其个人幸福与对那种总能使之超出自身的公共尊重的渴念之间存在着分裂；将对尊重的渴念当成幸福的唯一来源，便可纠正上述分裂。

要让他总能意识到，其行为的所有细节都受到同胞公民的观察和评价，他迈出的每一步都被注意到，他所有的行为都不会被忽视，他所行的善与恶都被张贴在一张严谨而精确的收支平衡表上，这张平衡表将会影响其生活的每个时刻。（《论波兰政府》，88）

所以，寻求公共承认的战斗就必然成为好公民唯一的关注（《论波兰政府》，15，22，64，102）。卢梭希望，对荣誉和公共尊重的竞争最终将使每个人"令其努力导向追求国家的荣耀与繁荣"（《论波兰政府》，52）。以此方式，其立法科学经过一整个圆环，走回了斯密的立法科学；因为那些对斯密的市场而言为真的内容，对卢梭的波兰而言也是正确的：并非对德性的无私之爱，而是彼此之间的竞争（在此竞争当中，每个个体都欲求尊敬这一外在之善，并受其驱策），成了提升整体普遍善好的机制。

"自然正义法则"与"政治权利原则"

我已经在上文论证，卢梭与斯密两人的立法者科学视野都致力于提升节制。他们都强调，有必要用一种对于既定政治语境中的迫切之事的敏感，来缓和献身于普遍正义原则的努力。然而，对权宜或节制的这一强调本身产生了一个迄今尚未应对的问题：卢梭被隐藏起来的节制如何与《社会契约论》第二卷第七章中的政治不节制（political immoderation）符合？① 本文余下的内容将要回答这个问题。然而，这就要求提出第二个问题。上文已经论述，斯密和卢梭都致力于调和理想与现实，但是我们并不清楚，他们对于所需调和内容的概念是否相同。也就是说，我们不清楚，斯密对"普遍原则"或"自然正义原则"的看法与卢梭对"普遍正义"或"政治权利原则"的看法是否彼此相称（commensurate）。所以，我们可能会问：既然为了给他们各自的政治理想列举实例，他们都认为调和的努力是必须的，那么，他们自己又如何理解那些原则呢？

我们从斯密开始。在其致力于维护"自然正义原则"之存在的努力中，我们发现了斯密自然自由体系的基础。斯密的数位评论者正确地提出了这一问题：事实上，斯密阐述的那种怀疑论式的认识论是否允许他宣称自然正义原则能真实地为人类所认知？以此观之，那种为了探究自然正义的首要原则所必需的"人类视野之外的立场"

---

① 感谢 Louis Hunt 促使我提出这个问题。

是不可获得的。① 斯密的怀疑主义是否与其存在自然秩序的信念相协调？这个问题很重要，需要独立对待。

但对我们而言，这里最重要的问题与其说是由斯密自然秩序概念提出的潜在的认识论问题，不如说是如下问题：这个概念在斯密的自然自由体系中实现了何种实在的政治目标。的确，在某种意义上，对斯密而言，"自然正义的普遍原则无法得到综合认知"这个事实具有的政治重要性无与伦比。在《国富论》中，斯密对个人自由所作的首要辩护并非基于诉诸自然权利，而在于他为 Griswold 所谓的"治国术的认识论边界"所列举的证据之中。② 斯密在以他的方式介绍立法者的科学时，其主要的规范性意图之一显然在于引起我们的谦逊，从而让我们更加克制；而他采取的方式则是对我们的如下提醒：我们理解自然秩序的能力并不完善，这种不完善应该限制我们的干预。

唯有当我们确认自然自由的体系确实能在最少的外在干预下运转时，这种立法路径才会有效。斯密许多实在的政治方案的基础是：自然秩序比人的建构更为有效。这种观点本身似乎建基于斯密相信存在神意或目的论自然秩序的信念之上。③ 换言之，斯密批评富有野心的立法者对人类利益的操纵，而这种批评的基础在于：不需要广

---

① Griswold, *Adam Smith and the Virtues of Enlightenment*, pp. 256 – 258; Griswold, "On the Incompleteness of Adam Smith's System." pp. 182 – 186; Fleischacker, *On Adam Smith's Wealth of Nations*, pp. 166 – 169.

② Griswold, *Adam Smith and the Virtues of Enlightenment*, pp. 302 – 304.

③ James Alvey, "The Secret, Natural, Theological Foundation of Adam Smith's Work", *Journal of Markets and Morality*, 2004, 7: 335 – 361; LisaHill, "The Hidden Theology of Adam Smith", *European Journal of the History of Economic Thought*, 2001, 8 (1): 1 – 29; Waterman, "Economics as Theology: Adam Smith's Wealth of Nations", *Southern Economic Journal*, 2003, 68 (4): 907 – 921; Haakonssen, *The Science of a Legislator*, p. 77.

泛的人为干预，人类利益就可以自然地自我调整，并能够提升整体的共同利益。然而，卢梭最着力于挑战的，恰恰是这一论断。尽管卢梭曾多次明确求诸自然秩序，但他一再否认自然秩序能被认知，或能用来引导政治秩序。基于这种怀疑主义，根本的立法任务就不是模仿自然秩序，而是创造一种人为秩序来取代颇为不可知的自然秩序。而且，在其可被认知的程度上，自然秩序也显得有损于正义。

在这个前沿阵地上，卢梭的一贯主张——事实上，正是这个主张使《社会契约论》中广泛的政治方案有了必要性——乃是，未受规范的自然趋向于不义。所以，卢梭对斯密自然正义的有力反驳便是，自然在不受规范时会增强不义："私利与公共的善之间没有同盟，它们在事物的自然秩序中甚至相互排斥。"（《日内瓦手稿》，I. ii, 160）所以，卢梭论称，如果政治必须人为地创造出在自然中所缺乏的正义，那么自然就不能用来引导政治。① 卢梭由此与斯密分道扬镳：斯密认为，为了普遍利益的缘故，自然秩序有能力让私人利益进行自我规范，而他的"自由主义"也在这个信念中获得了根基；而卢梭则认为，恰恰由于自然在这个方面的不足（nature's insufficiency），我们需要用人为秩序取代自然秩序。此即休谟"明智的无赖问题"（sensible knave problem）的卢梭版本。

卢梭坚称，如果交给自然，人必然会追随其自私直觉，正因此，我们才有必要创造一个综合的习俗性秩序，其唯一的目的便在于重新引导个人，使之从对"明显利益"的追求转向对"得到正确理解"的利益的欣赏（《日内瓦手稿》，I. ii, 163）——也就是说，政

---

① 《日内瓦手稿》, I. ii, 158 – 160；比较《论政治经济》, 6；参 Arthur Melzer, "Rousseau's Moral Realism: Replacing Natural Law with the General Will", *American Political Science Review*, 1983, 77(3), pp. 633 – 651, p. 639, 645。

治必须致力于"用正义替代直觉"。① 那么,正由于卢梭在"自然正义是否存在"这一问题上的悲观主义,他才会提出,应当通过习俗来创造"理性自然权利的各种法则",来取代"可被正确地称为自然权利"之物,而这种自然权利"仅仅基于一种虽然真实却很模糊的情感,这情感常常被我们的自爱所窒息"(《日内瓦手稿》,II. iv, 191)。由此看来,卢梭实定主义(positivism)的基础就在于拒绝斯密力图确立的自然正义原则。之所以"法律先于正义,而非正义先于法律",是因为自然利益的不义要求如此:"所以,正义与不正义的真实原则必须在'所有人最大的好处'的根本且普遍的法律中寻求,而非在人们彼此间的私人关系中寻求,并且,没有哪一种特殊正义原则不能很轻易地从那第一条法律中推导出来。"② 这又反过来成为立法者的任务。由于认识到自然正义缺位,立法者便有责任用实定法取代自然法。③

---

① 《日内瓦手稿》,I. ii – iii, 163 – 165;《社会契约论》,I. viii. 1。这一论断与如下建议结合起来:明智的立法者应该"将其智慧归于诸神"(《日内瓦手稿》,II. ii, 182;《社会契约论》,II. viii. 4, 9;比较《论政治经济》,19)。这个论断促使人们好奇,《社会契约论》II. vi. 2 中的正义论述究竟是由一位向潜在立法者言说的政治哲人所发,还是由一位向一个民族言说的立法者所发。

② 《日内瓦手稿》,II. iv, 190 – 191;比较《日内瓦手稿》,I. vii, 178;《论政治经济》,19;参 Melzer, *The Natural Goodness of Man*, pp. 640 – 642。

③ 《日内瓦手稿》,I. iii;《社会契约论》,I. i. 2。由此得出了卢梭的反基础主义(anti – foundationalism):"因为,政府的科学不过就是根据时间、地点和环境来进行结合、应用和排除的科学。"(《致米拉波的信》,1767 年 7 月 26 日,载于 Gourevitch, *Later Political Writings*,页 269)。关于对卢梭的"实定主义"解读的重要挑战意见,尤其参《社会契约论》;参 John Scott, "Politics as the Imitation of the Divine in Rousseau's *Social Contract*", *Polity*, 1994, 26 (3): 473 – 501; David Williams, "Justice and the General Will: Affirming Rousseau's Ancient Orientation", *Journal of the History of Ideas*, 2005, 66 (3): 383 – 411。

结论：启蒙与当今的民族建设

那么，应该如何比较斯密和卢梭的立法者科学概念？我已经论述，他们的根本一致在于，他们都坚持认为，立法者必须克制自己把普遍原则设立为制度的努力，审慎且节制地感受他们工作于其中的各种状况和语境。尤其是，他们需要理解为之立法的民族原有的各种"激情"和"偏见"，同时还要了解，在多大程度上，这些固有的激情和偏见因为接触到了其他来源的激情和偏见而得到了改变。那么，他们的区别就不在于他们在是否需要顺应现代性的各种状况这个问题上的立场——他们对此拥有共识。毋宁说，两人的区别在于，在关于这种顺应所意欲为之提供示例的那些理想方面，他们有着不同的概念。卢梭的立法者科学致力于创造政治权利的诸原则，在这个方面，它与斯密的立法者科学有着强烈的冲突。在斯密寻求保存自然正义之处，卢梭则力图创造正义，来医治自然若不受规范则会带来的挑战。斯密的节制的目标在于限制政治生活的各种诉求，由此允许自然在社会中的持存，相比之下，卢梭的立法性的节制则致力于实现那种相对不节制的目的，即超越自然所特有的不义和混乱。

通过关注斯密与卢梭的一致和分歧，当代的民族建设者们可能会有所收获。如果我们认为，政治哲学史上的任何思想家都能为我们的问题提供现成的答案，这会是危险的看法。就当前的讨论而言，尝试从历史文本中提取当代教益的做法尤为糟糕，因为当前的话题中所探讨的文本教导人们的只是，在各种分化的情况中，对细微差别和特殊性的理解最重要，同时，也有必要抵制那种通过强加理想范本的方式所体现的立法冲动。与此同时，至少由于两个原因，启蒙运动的立法者科学概念值得我们关注。首要的是，在当前关于民族建设（nation building）的辩论中，尽管存在内部分歧，但这些辩论都一致认可如下看法：美国很可能在一段时间内致力于民族建设；同时它们也一致认为，迄今为止，我们远未建立起一个充足的框架来应对其（民族建设）挑战。① 在当代，明晰性的缺乏也证明我们应该重返启蒙。然而更重要的是，启蒙运动关于立法者科学的概念也使我们能够更好地理解（两个问题）：第一，民族建设者需要具备何种性情。第二，民族建设者如何才能最有效地培养起一种对于人民各种性情的感受能力——正是这些人民构成了有待建设的民族，而这种感受能力的必要性非同小可。

关于前一个目标，斯密与卢梭描述了一种性情（disposition），这种性情比我们今天常常看到的那些性情更为持久，也更为成功。晚近以来，美国人在民族建设方面的努力具有两种突出的特征：最初的改革者充满热情和理想主义，回望过去的批评者则充满悲观主义和绝望。面对这两种极端，提出"节制"的建议虽然很容易，但这又将错失斯密和卢梭所推荐的那种特别的节制的精微之处。最重要的是，他们的节制强调了政治干预的限度，呼吁拥抱次好的解决方案。但是，将问题留在这一层面也就等于推荐一种被抽空（干瘪）的现实主义，而非真正的节制。使得他们的立法者科学的视野与众不同的方面在于，这种科学结合了对理想主义的约束和对普遍原则的坚定遵循。斯密与卢梭认识到，如果强硬否弃普遍原则，就很可能堕落为马基雅维里主义；同样，如果迫切拥抱此类原则，则很可能走向肆心的狂热。他们的节制的天才之处在于，这种节制努力在理想与具体语境之间建立了一种平衡，从而使得立法者能够在"毫不妥协的实践性"这个斯库拉岩礁

---

① Dobbins, *America's Role in Nation-Building*, xiii – xxix; Fukuyama, *Nation-Building: Beyond Afghanistan and Iraq*, pp. 8 – 12.

(Scylla of unmitigated practicality)与"无节制的理想主义"这个卡律布迪斯漩涡(Charybdis of immoderate idealism)之间顺利航行。

斯密和卢梭还提供了理解各种实践方法和当代民族建设之精神的洞见。虽然在某个层面上此言非虚,但是,如果认为两人都强调有必要收集那种人们常说的、在我们当前民族建设的各种方案中所缺乏的"理智"的话,那么这种看法便太过轻易了。他们的主张更加具体。他们呼吁立法者体察他们要为之立法的诸民族的各种激情和"偏见",此时,他们的目的是鼓励(立法者)体察这些民族当前的心理状况,同时还要体察他们的政治经验塑造这种心理的方式。尤其是,斯密与卢梭建言,立法者首先和最重要的任务就是抓住某个特定民族的各种具体的爱的本性,然后设计出能够诉诸这些爱的立法行动,无论近日的经验如何败坏了这些爱。这种教益尤其适用于那些寻求建立民主民族的民主民族建设者们(democratic nation-builders seeking to build democratic nations)。美国如今的民族建设计划在很大程度上都发生于从非民主甚至是极权处境中出现的各种民族之中。如果关注斯密和卢梭提出的立法者科学,将会明白:虽然自由和民主性的自治仍然是这些努力的崇高和适宜的目标,但是,若要直接诉诸这样一个民族对自由的热爱,本身却很难成功。此外我们还需要做的是,去直面这样一个民族(people)当下的各种实际的爱和需要,而非仅仅(关注)人们可能想要让这个民族具有的爱和需要。[①] 也就是说,斯密与卢梭仍然可以提醒"我们当今那些只想到强力和惩罚的立法者们",如果他们忘记了关键的问题乃是"如何触及人心"的话,他们将会错得多离谱。(《论波兰政府》,4)

[①] Cf. Williams, "Radical and Relative Indeterminacy in Montesquieu and Rousseau", pp. 30 – 31.

斯密论廊下派、审美协调与想象

格里斯沃尔德（Charles L. Griswold, Jr.）撰

苏光恩 译

首先，一切人类事务显然都像阿尔喀比亚德（Alcibiades）的西勒诺斯那样，有着两个全然不同的面相。因此，"乍一看来"（按他们的说法）似乎是死的，仔细检视一番，原来却是生的；反之亦然，生的原来却是死的；美会变成丑；富会转为穷；臭名昭著会变为名声显赫；博学变为无知；强变弱；高贵出身变为卑贱；欢乐变为悲伤；成功变失败；友谊成寇仇；有用的似乎有害；简而言之，只要你打开西勒诺斯，就会发现一

[译按] 浙江大学历史系副教授张弛通读了译文，并提供了一些修改建议，在此致以谢意。

切都突然颠转过来。

——伊拉斯谟①

"自然"(nature)也许是西方古典伦理和政治学说中最重要的术语。几乎所有的古代学派,无论是哲学的还是反哲学的,似乎都诉诸自然来奠定其伦理和政治学说的基础。自然首先指的是人性(human nature)(区别于习俗塑造之人),不过这一理解在某种程度上处在一个更大的整体,一个更大的伦理相关的框架之下。

《法义》第十卷包含了柏拉图的一个最强有力的陈述,其大意是,自然(即整体)受理性(诸神是其化身)支配,而非偶然或任何人类技艺(即习俗)。我们被责令——其实也就是被要求依照自然生活,即将我们的自爱服从于理性的认识或"整全生活"(903c)。在主张强者理当统治时,卡利克勒斯(Callicles)强有力地诉诸作为习俗对立面的自然(《高尔吉亚》,483a-e)。在《普罗塔戈拉》中,希琵阿斯(Hippias)谈到一种超越了习俗界限的自然的兄弟情谊(337c-d)。在亚里士多德的作品里,《政治学》卷一对自然的吁求或许最引人注目。廊下派、伊壁鸠鲁派、怀疑论者,甚至智术师们都诉诸这同一个观念。在这些古代的对自然的吁求当中,只有一些称得上是对目的论的吁求。② 自然观念的核心地位,经由西塞罗、奥古斯丁、波厄修斯(Boethius)和其他许多人,再经由霍布斯、斯宾诺莎和莱布尼茨,以某种形式一直延续至17、18世纪的部

---

① Erasmus, *The Praise of Folly*, trans. C. H. Miller, New Haven: Yale University Press, 1979, pp. 42-43.

② 对古代伦理学说中"自然"之角色的出色讨论,参 J. Annas, *The Morality of Happiness*, Oxford: Oxford University Press, 1993, ch. 2。

分思想家。①

我之所以说"部分",是因为在斯密的前辈与密友休谟那里,这一观念就开始遭到攻击。休谟在致哈奇森(Hutcheson)的信中写道:

> 我无法接受您的自然感官学说。它建立在目的因的基础之上;在我看来,这是一种十分不确定且非哲学性的思想。因为——请问,何为人之目的?他究竟是为幸福而造还是为美德而造?是为了此生还是为了来世?是为他自身还是为其制作者?您对自然的界定取决于这些问题的解决,而这些问题无穷无尽,且与我的计划相去甚远。②

不过这并没有阻止休谟不断使用这一术语,尽管可能会标上引号。

毫无疑问,康德严厉抨击了这一观念的传统用法。在《纯粹理性批判》第2版序言当中,康德说了一段名言:

> 理性只会看出它根据自己的策划所产生的东西,它必须带着自己按照不变的法则进行判断的原理走在前面,强迫自然回答有关理性自身的决定性的问题,而决不允许其自身仿佛处在

---

① 参 Basil Willey, *The Eighteenth Century Background: Studies on the Idea of Nature inthe Thought of the Period*, London: Chatto and Windus, 1940。

② 1739 年 9 月 17 日信,转引自 D. F. Norton, *David Hume: Common-Sense Moralist, Sceptical Metaphysician*, Princeton: Princeton University Press, 1982, p. 3。在《人性论》(*Treatise* III. i. 2, ii. 1) 中,休谟讨论了该词的不同意涵。"自然"的相关性和其意涵问题,在斯密写作《道德情操论》时已有颇多论述。

自然的牵引之下。(B xiii)①

康德教导我们说，正因为这一禁令，"对自然的研究才走上了一条可靠的科学道路"，而所有传统的、形而上学的对自然的吁求都是教条主义的、没有根据的（B xiv）。《实践理性批判》延续了这一攻击，这次针对的是有别于自由观念的"自然"观念的伦理相关方面。康德的大多数后继者们都继承了这一风格。例如，密尔与西季威克（Sidgwick）便认为，就伦理学而言，"自然"观念不可理解，或毫无用处，这很大程度上是因为"自然"被理解成事实性的、非评价性的纯粹"被给定的东西"（given）。② 既然"不自然"（unnatural）甚至也是自然的，那么这一术语似乎就无效了。

当代的道德哲学家和政治哲学家们往往要么对这一观念置之不理——比如罗尔斯（Rawls）新近的著作中在"自然"之下只有两个相对不重要的条目，要么认为，尽管自然目的论的观念可理解，但已无效——比如内格尔（Nagel）和威廉斯（Williams）的评论。③ 那

---

① Trans. N. K. Smith (New York: St. Martin's Press, 1965)。[译注] 此处译文参考了邓晓芒的译本，译文有修改，参康德，《纯粹理性批判》，邓晓芒译，北京：人民出版社，2004年，第二版序，第13页。

② H. Sidgwick, *The Methods of Ethics*, 7th ed., Indianapolis: Hackett, 1981, bk. I, ch. VI. 2. 西季威克将诉诸自然视为一种由"是"转变为"应当"的方式，并认为这一转变是不可能的（p. 81）。他得出结论说，"总而言之，在我看来，没有哪个已有的关于自然的定义表明，这一观念的确能够提供一个独立的第一伦理原则"（p. 83）。西季威克在第3卷第8章第2节抨击了廊下派"我们要按自然生活"的格言，理由是它既是循环论证，也空洞无物。提到密尔是指他1874年发表的论文"Nature"，该文再版收于 *John Stuart Mill: Nature and Utility of Religion*, ed. G. Nakhnikian, Indianapolis: Bobbs-Merrill, 1958, pp. 3-44。

③ 参 Annas, *The Morality of Happiness*, pp. 137-141。

些连同宗教观念一起辩护的人（我想到的是对天主教教义中的自然的吁求）和那些支持一种"自然化的伦理学"的人是仅有的例外。①

无论如何，最终结果是，对我们来说，在伦理和政治的讨论当中，"自然"这一术语和其同源词事实上已完全失去意义，以至于诸如"自然权利"或"自然与自然之神的法则"（杰斐逊在《独立宣言》中的措辞）这样的观念都开始听上去像来自久远过去的神秘遗迹。不过尽管词汇表会萎缩，我还是怀疑，我们当中很多人会觉得有必要阐明人类在自然中的位置，阐明除我们在偶然的风俗或愿望之外的"价值"的基础。就当代公共舞台而言，前一个问题便处于环保主义的核心，而后一个问题则位居有关公民宗教与公共道德等讨论的核心。

在"自然"的历史当中，斯密似乎占据着一个决定性的位置。一方面，他和休谟一样，对目的论和任何"形而上学"的自然观都持一种怀疑主义态度。在斯密哲学中，理解为事物的"本质""实体"或"形式"的"自然"已经寿终正寝。斯密似乎说，道德规范并非源自自然，而是源自无偏私的旁观者，即源自一种看上去更接

---

① 前一种例证或许可参 J. Finnis, *Natural Law and Natural Rights*, Oxford: Oxford University Press, 1980。"自然化的伦理学"则具有多重意涵。有一些版本——譬如 A. Gibbard 的 *Wise Choices, Apt Feelings* (Cambridge: Harvard University Press, 1990)——在一个"自然化"的框架之内对一种斯密式的视角作了部分恢复。S. Hampshire 则在其著作中评论道：

自然主义在这里指的是这样一种习惯，它把对个人道德力量和弱点的判断描述成在大多数方面都类似于对个人生理力量和弱点的判断，将行为中所显现出来的美德描述成灵魂或心灵的一种完美状态，将恶习描述成灵魂或心灵的一种病态，正如健康是身体的一种完美状态。这是一种更为古典的、亚里士多德式的自然主义。（*Two Theories of Morality*, Oxford: Oxford University Press, 1977, p. 54.）

近康德的"绝对律令"(categorical imperative)的原则,而非某种自然的道德完善观念。另一方面,在斯密的所有作品当中,他对自然及其同源词的使用又极其频繁。"自然"出现在他出版的两本著作的其中一本的标题上,即《国民财富的性质和原因的研究》(*An Inquiry into the Nature and Causes of the Wealth of Nations*,以下简称《国富论》),而且在一些关键性的段落当中,斯密明言"自然"构成了一种标准。例如,在《国富论》中,他为其所谓的"明显而单纯的自然自由(natural liberty)的体系"辩护,批评国家干预对改变资本与劳动的流动所"自然"形成之进程的无效(IV. ix. 50 – 51),并且提出了一种"自然价格"学说(I. iv. 17)。①

在《道德情操论》中,斯密谈到所有之前的伦理体系,他说,"由于它们当中有不少来自某种局部的、不完善的自然观,所以它们当中也有不少在某些方面有错",他暗示,他的体系则因为与自然一致,从而是正确的。② 斯密的道德哲学结束于关于"自然的正义感""自然的正义准则"和"自然法理学"的讨论,而这些显然意指有别于单纯习俗性的东西(VII. iv. 36)。在他的体系当中,甚至目的论也可能扮演着某种角色。这样,斯密便似乎成了最后一批为自然辩护的重要哲学家之一,即便他抛弃了之前某些传统意涵。

在这里,我无法全面讨论他对这一关键术语的使用。相反,我

---

① 我采用的是 Liberty Classics 版的 *Wealth of Nations*, ed. R. H. Campbell, A. S. Skinner, W. B. Todd, 2 vols., Indianapolis: Liberty Press, 1981。后面均简称为 *WN*。

② *The Theory of Moral Sentiments*, Indianapolis: Liberty Press, 1982, ed. A. L. Macfie and D. D. Raphael, VII. i. 1. 后面均简称为 *TMS*。除非另外指明,文中的页码均出自 *TMS*。[译注]对出自《道德情操论》中引文的翻译,均参考了蒋自强等人的译本,并据原文作了一定修改,见斯密,《道德情操论》,北京:商务印书馆,2006 年。

将主要——但不是完全——集中在其中一个用法上,即以自然指"整体""世界"和"宇宙"。这一用法与那个决定性地依赖于这一术语的古典学派——即廊下派——的用法有着密切关联,而后者经由康德对当代哲学产生了重要而复杂的影响。这一用法还允许我检视那些在我看来为斯密的道德哲学所指明的十分有趣的问题,这些问题时至今日仍与我们如影相随。① 斯密是一位不寻常的辩证思想家,同时还在各个不同的层次上写作。我的论文也会相应地带有辩证色彩。每一小节都会力图发掘这一讨论的连续层(layers),对同一个范围进行反复检视,并不断深入。② 或换用前文伊拉斯谟那段引言的意思来说,我的讨论类似于一系列的西勒诺斯,一个套着另一个,但在某种核心意义上它们都彼此形成共鸣。

如主标题所示,本文关切的根本问题是自然与哲学的关系。讨论的第一部分集中于斯密对廊下派的借用。③ 研究者经常强调廊下派

---

① 我集中探讨的"自然"一词的意涵,也是 E. Kohák 著作的中心主题:

在通常意义上,我们所说的"自然"指的是生活经验中所呈现的自然,是人类发现自己置身其中,并且他们的身体与心灵均附属于它的原初给定的宇宙背景……如此理解的自然主义和其对立面之间所争论的并非"自然"的本质(the nature of "nature"),而是人类在宇宙中的位置……(*The Embers and the Stars*: *a Philosophical Inquiry into the Moral Sense of Nature*, Chicago: University of Chicago Press, 1987, p. 8)。

② 关于斯密作品中的"对话"或"修辞"特征,我在 "Rhetoricand Ethics: Adam Smith on Theorizing about the Moral Sentiments" 一文中已作讨论,见 *Philosophy and Rhetoric* 24 (1991): 213 – 237。

③ 我在这里不打算讨论斯密对廊下派的阐释事实上是否准确。他主要探讨了爱比克泰德和马可·奥勒留,对西塞罗与塞涅卡的涉及极少,而且相当有选择性。他忽略了廊下派的逻辑学、形而上学和认识论,主要集中于他所认为的道德哲学。

对斯密的影响，但斯密对廊下派的批评却乏人问津。这一批评可以说是对整个"按自然生活"的观念——进而对一种哲学观——的拒斥。斯密用于取代廊下派观点的方案是，我们应按道德生活而非按哲学理性生活，或应持有一种局部的自然观而非整体的自然观。第二节探讨了这个方案面临的问题。这些问题包括了自然的罪恶与冲突的存在，而要使与自然的协调成为可能，需要某种诸如非自然干预那样的东西。第三节考察了斯密的和谐、美与合目的性的观念，因为这些"美学"观念遍布他的整个思想，并且似乎解释了该如何来理解与自然的协调。这一美学语言可能一开始让我们觉得是柏拉图式的，但实际上在某些层面却是彻底反柏拉图的。明白其缘何如此，有助于我们把握斯密关于协调问题的"美学"解决方案的内在问题，并理解下一步分析——即想象学说——的重要性。结尾部分考察了这一学说，并提出，斯密的自然观、和谐观与哲学观取决于一种认为想象从根本上是"生产性"或"诗性"的观点。因此，事实上斯密对自然的"辩护"可以作为例证，证明"自然"由人类灵魂模仿的原型向想象完全根据其自身要求来塑造的"某物"转变，这一转变对启蒙运动和现代性来说都是关键性的。

一、按自然生活：斯密对廊下派的批判

在所有之前的哲学流派当中，斯密最为关注廊下派。他与该学说的斗争贯穿了《道德情操论》始终，而不是仅仅存在于该书结尾他关于道德哲学史的评论当中。在对《道德情操论》的反复修改过程中，有关廊下派的段落被多次重新编排和更换位置；显然斯密对它们和它们在该书中的位置作了大量思考。廊下派是《道德情操论》中第一个指名道姓的学派，而且在书中出现得很靠前（I. ii. 3. 4）。

斯密写道：

> 古代的廊下派认为，由于世界被一个智慧、强大且善良的神统辖一切的旨意所支配，每一个单独的事件都应当被视为宇宙计划中的一个必要的部分，并且有助于促进整体的一般秩序和幸福；因此，人类的罪恶和愚蠢，正如他们的智慧或美德，成为这一计划中的一个必要的部分，并且通过这一从恶中得出善来的永恒技艺，使其同样有助于伟大的自然体系的繁荣与完善。不过，无论这种思考多么深入人心，它都无法削弱我们对罪恶的自然的憎恨，罪恶的直接后果是如此具有破坏性，而它的间接后果则太过遥远，无法通过想象来追溯。

斯密第一次提及这一学派便是批判性的。那么这一批判究竟是什么？

这一讨论是斯密解释他所谓的憎恨与怨恨这些"非社会性激情"的一部分，他声称，这些激情是我们判断正义与非正义的根本。憎恨与怨恨的激情本身极为有用，因为它们是"正义的守护者"；但我们与其说是根据这一效用来评价它们，不如说是根据这些激情得以显现或与之关联的那一特定情境来评判。我们拒绝聚焦在效用问题上——即它们在一个整体中的角色或功能上，这似乎是非理性的。斯密所主张的是人们可能称为道德情感的情境性的东西。正是在这一点上，斯密作了上述关于廊下派的论断。因为廊下派采取了人们所谓的理性立场，即一种总览全局、无所不包或纯粹哲学性的立场。我们一定要注意，斯密并不否认一个人能够采取一种总览全局的立场，也不否认这么做等于把所讨论的现象给哲学化了。相反，他经常将哲学与这一类全局论（synopticism）相联系，而且他自己有时也以这样的语调"说话"。① 如他所言，根据这一立场，甚至我们的非理性（"愚蠢"）、我们的"罪恶"看上去都在促进"整体的一般秩序与幸福"的过程中拥有一席之地。他似乎同意，根据廊下派崇高的立场，美德与恶习之间并无实际区别；"每一个单独的事件"都"同等地服务于伟大的自然体系的繁荣与完善"。

换句话说，根据自然或整体的立场，道德区分消失了。在前面的引文中，斯密提到"这一从恶中得出善来的永恒技艺"。斯密最著名的说法大概就是"看不见的手"（invisible hand）了，而这一比喻恰恰象征了这一从恶中得出善的进程。"看不见的手"的廊下派背景无可否认；因此，当斯密运用这一比喻时，他是在采用那种观察事物时总览全局的哲学家的立场。《道德情操论》，尤其是《国富论》，不仅充满了非故意后果的例子，也充满了从坏的行为、坏的激情或坏的处境中产生好的后果的例子。"自然"这一术语出现在《国富论》的题目当中，或许便表明了政治经济学在人类生活上一般会假定的那种截然不同的"推测性"立场。

---

① 斯密在 III. 5.7 中写道：

人类与其他所有理性生物的幸福，似乎是自然的创造者创造他们时的最初目的。似乎没有其他任何目的能配得上我们必然认为其无比智慧、极其仁慈的造物主；对其无限完美的抽象思考使我们得出的这一看法，通过对自然的作品的考察得到了进一步的证实，这些作品似乎都倾向于促进幸福、防止不幸。不过在按我们的道德官能的指令来行事时，我们必然会寻求促进人类幸福的最有效手段，因此在某种意义上可以说，我们是同神合作，并竭尽所能促进他的计划实现。

不过在这一声明之后不久，斯密便评论到，自然的情感常常拒斥"事物的自然进程"，并给我们引用了一段出自克莱蒙主教（Bishop of Clermont）的话（后面会讨论），它对刚刚引用的这段陈述中的欢快的乐观主义表示了质疑。

这一段引文的结论是，当放在情境中来感知时，道德区分便重新出现，而且按斯密的解释，道德感知是情感与同情的产物。换句话说，道德区分从局部的立场而非整体的立场中显现自身。斯密在这里声称，没有哪种哲学"沉思"可以削弱我们对罪恶的憎恨或怨恨，或——我们可以推断——对美德的欣赏。推测性的理性宣告无法消除情感的道德判断。因此，斯密在这里是向我们强调认识道德行为者的立场与理论家或哲学家的立场之区别的重要性。他邀请我们加入他对"廊下派的冷漠"（stoicalapathy）的严厉谴责，而这一冷漠便源于对这两者间区别的混淆。①

不过，随着该书的展开，这一图景变得愈发复杂了；我们开始认识到，一个受过廊下派教育——如我们喜欢形容的那样，认为哲学应当是一种"生活哲学"——的人，会相应地塑造其道德情感（VII. ii. 1. 47："毋庸置疑，廊下派哲学对其追随者的品质和行为具有重大的影响。"）。而且，斯密明确认为，这一般而言是一件坏事，因为它可以说是对道德区分之基础的一种侵蚀。他会就此提出，我们不仅通常不会混淆局部的立场与整体的立场，而且也不应该混淆。我们可以在理论上是廊下派，但在实践中不应该是。

---

① 斯密在讨论亲情时提到这一点，他指出，"合宜的情感"绝不要求我们赞成一个对自己的孩子毫无感觉的人，相反，它促使我们指责他缺少这一"特别的感情"。他还说："在这种情况下，廊下派的冷漠从来都不是令人愉快的"，而且"诗人和传奇故事的作者"——他提到拉辛、伏尔泰、理查森（Richardson）、马利佛（Marivaux）和里科波尼（Riccoboni）——都是"比芝诺、克里希波斯（Chrysippus）或爱比克泰德更好的指导老师"（III. 3. 14）。最近的一篇文章对道德行为者立场与哲学家立场之间的区别作了出色的讨论，这一讨论特别契合我对斯密和廊下派的评论，见 B. Williams, "The Point of View of the Universe: Sidgwick and the Ambitions of Ethics", in *Making Sense of Humanity*, Cambridge: Cambridge University Press, 1995, pp. 153 – 171。

斯密对廊下派的讨论，其根本问题涉及哲学与日常道德生活的关系，而他对廊下派的一再讨论表明，刚刚提到的这一论题事实上遍布整部《道德情操论》。正因为斯密接受了廊下派对哲学理性所采取的那种立场——自然或整体的立场——的看法，正因为他接受了廊下派对单纯从这一立场来看道德会是什么模样这一问题的看法，他才既被廊下派深深吸引，又对其严加批判。他推崇一种对哲学全局论的道德模仿，即无偏私旁观者的立场。因为廊下派要求我们从一种超然的视角来看待自己，从而削弱我们对自己的自然爱恋，这有其正确的地方。

在第 2 版至第 5 版的《道德情操论》中，斯密写道："廊下派哲学在这一点上仅仅展现了我们自然的完善观念。"（p.141）但当廊下派坚持认为"人……不应把自己看作某种互不关联的、独立的东西，而应把自己看作一个世界公民，自然的巨型共和国中的一员"（III. 3. 11）时，他们就把我们的自然观念推得太远了。廊下派由此为斯密提供了一份个案研究，它证明了自然的道德情感在受到哲学上的压力时如何被扭曲。我们开始明白，为何斯密会对廊下派抱有一种矛盾的态度。

在该书第七卷有关廊下派的长篇大论中，斯密引述了爱比克泰德的关键问题：

> 在什么意义上，某些东西被说成是遵照自然，而另一些东西则与之背离？是在这种意义上，即在我们把自己看作与一切别的事物都互不关联的、独立的意义上……

作为一个人，你是"整体的一部分，并为了这一整体而存在"（VII. ii. 1. 19；*Discourses* II. v. 24 – 26）。斯密引用的这一段话以对著名的廊下派的冷漠的推崇作为结束，并将这一情感态度与廊下派贤哲坚持从整体的立场来看待自身联系在一起。斯密说，贤哲的幸福在于"沉思伟大的宇宙体系的幸福与完美",在于"履行他的义务",即绝对优先履行神指派给他的宇宙中的任何角色。他完全控制了激情,对可能出现的命运漠不关心,对其行为的任何后果都毫不在意——这些东西都在他的掌控之外,而受"宇宙的至高主宰"的管辖——贤哲可以确信内心平静。如果他的处境因为某种原因而变得不堪忍受,那他始终可以通过自杀来摆脱。

斯密为这一学说作了富于同情且详尽的勾画,但同时他又以严肃的批评作为结束,在该书很早之前表明的一个看法中其实已经隐含了这一批评,其大意是,"廊下派的冷漠"学说是一种"形而上学的诡辩"的结果(III. 3. 14)。在《道德情操论》的末尾,斯密将廊下派的自杀学说形容为"完全是一种精致的哲学"(VII. ii. 1. 34)。为了坐实他对廊下派的指控,斯密完全诉诸自然,不过现在是在某种略为不同的"自然"意涵上。"天性(nature)在处于完好和健全的状态下时,似乎从不会怂恿我们去自杀";天性也不会引导我们去赞成自杀,即便当它的实施是为了避免某种深切的"忧郁"或"痛苦"时(VII. ii. 1. 34)。正如斯密在这里所言:

> ……没有哪种自然的原则,没有哪种对想象中的那位无偏私旁观者的赞同、对我们心中的那个人的判断的关切,看上去会号召我们通过毁灭自身来逃避它[痛苦]。

相反,自杀在"我们"看来是道德上的脆弱,而且为了证明这一点,斯密举了一个他最喜欢的例子,即"美洲的野蛮人"。斯密指出,这些勇敢的人忍受着折磨,他们不仅从不试图自杀,而且对折磨他们的人充满了蔑视(VII. ii. 1. 34)。

总之,斯密认为廊下派对何为按自然生活的理解并不完全正确。它在要求我们从一个一般性的视角,即从一个无偏私旁观者的立场,来审视我们的动机与行为这一点上是正确的。廊下派正确地强调了自我克制、抑制自爱和正确认识自我的重要性（III.3.44，III.3.11，III.3.22 及上下文）。而且，斯密带着明显的赞同之情引用了这一观念，即"每一个人……首先且主要关心他自己"，而且"毫无疑问，在每一个方面，他都比其他任何人更适合也更能够照看自己"（VI.ii.1.1；斯密在这里大概暗指廊下派的属己［oikeiosis］学说）。他还赞同廊下派的真正的幸福"存在于平静和享受当中"这一观念（III.3.30）。

但廊下派学说在这一点上又有误导，即它将该立场比作那种完全思辨性或哲学性，从而要求我们将自己仅仅视为"世界这整台机器"中的齿轮（VII.ii.1.37）。① 廊下派的一切"悖论"皆源于这一混乱，包括冷漠（apatheia）悖论与自杀悖论，或者说这是斯密明确提出的看法（VII.ii.1.38-39）。他坚持认为，当我们无偏私地评估自己的局部性处境，评估我们对之有某种管理和指导之权的那"小小领域"时，当我们受自然赋予我们的道德激情——包括自爱的激情——指引时，我们都是按自然行事。激情和对于激情的超然视角都聚焦于特定情境的要求。无偏私的旁观者考虑"合宜性"（propriety），不是着眼于我们在整体中的位置，或与神相称的绝对的仁爱标准，而是着眼于我们此时此地在整体的这一部分中的位置。因为我

---

① 这让我们想到尼采的评论：

你想要按自然生活？哦，你们这些高贵的斯多葛主义者，这是些多么具有欺骗性的话啊！设想一个如自然一般的存在，无限挥霍，无限冷漠，没有目标和顾虑，没有怜悯和公正，丰饶同时又荒芜、不确定；设想冷漠本身是一种力量——你怎能按这种冷漠来生活？生活——不恰恰想要跟这自然不一样吗？（*Beyond Good and Evil*, trans. W. Kaufmann, New York: Vintage Books, 1966, sec.9, p.15.）

们的情绪主要与这一位置相关联,而伦理区别便产生于在具体情境中发挥作用的这些情绪。整体并不是人们可以感同身受的某个"情境"或"位置",而理性也不是同情性的。斯密对廊下派的批判由此便构成了他的"道德情操论"的另一面。

当然,自然宗教的确给我们提供了一种视整体为神之造物的观点,而且斯密称赞它是支持道德的自然之道。但这与他对廊下派的批判并不矛盾;因为这种整体观实际上是一种"合宜性",它涉及我们想象自己在多大程度上该对被理解为仁爱的设计者的神感到感激、敬畏甚至恐惧(III.5.12)。由于"自然的宗教原则",我们自身的"自然义务感"得以强化,而且这一情感除非"被某个卑鄙的阴谋集团的派性狂热所败坏",否则始终会受具体情境的影响(III.5.13)。因此,自然宗教给我们提供了一个整体论的背景,这一背景增强了我们对此时此地良好品格与正确行为的同情性关切,从而具有一种与廊下派(如斯密所解释的廊下派)截然相反的影响。斯密明确反对将自然宗教转变成这样一种宗教教诲,即坚称:

> 一切对特定对象的感情,均应从我们内心当中清除,某种伟大的感情应当取代所有其他的感情,那就是对神的爱,那种让自己得祂喜爱的愿望,那种在每一方面均根据其意志来指导自己行为的渴望。(III.6.1)

斯密得出结论,"自然为了指导我们的行为而勾画出来的计划和体系,似乎与廊下派哲学全然不同"(VII.ii.1.43)。自然确实把廊下派哲学赋予了我们,以作为不幸时的安慰;但"自然并没有规定我们应将这一卓越的沉思当作人生的伟大事业和工作"(VII.ii.1.46)。而且,自然命令我们从局部的立场来看待整体;在推翻这一自然秩序的过程中,廊下派犯了一个哲学家特有的错误,即把经验中的单一元素转变成了一种支配性的原则。因为自然也命令我们从外部本身来无偏私地看待局部；而这是对一种哲学姿态的模仿。但廊下派对自然教诲的理解太过野心勃勃，并且以仿制品来替换原型。他们所有的"诡辩"和"悖论"都源于一个根本性的错误，即认为自然在理想上应与哲学理性相协调。

斯密可能会同意，我们应当按照无偏私的旁观者——那位"内心中的伟大居民、伟大半神"来生活（VI. iii. 18）。应当指引我们的，与其说是自然，不如说是我们对于自然的态度。略为隐喻性地说，逻各斯优先于存在。或许斯密受廊下派影响最深的正是这一观点。这是一个强调旁观者立场的优先性的问题，这一问题贯穿于斯密哲学（包括他"源于想象"的激情学说）的始终。在本文最后一节，我会回到这一关键点上，即我们对自然的看法优先于自然本身。斯密对廊下派的背离在于他对何为合宜态度的判定。按斯密的解释，廊下派混淆了旁观者的层级。

在摩尔（James Moor）与哈奇森合译的奥勒留的《沉思录》（*Meditations*）（V. 9）里，斯密应该读到过：

> 不要像回到一位严厉的导师那里一样不情愿地回到哲学……记住，除了你的本性所要求的东西以外，哲学不要求任何其他东西。[1]

---

[1] 译文出自 *The Meditations of the Emperor Marcus Aurelius Antoninus. Newly translated from the Greek*: *with Notes*, *and an Account of his Life*, Glasgow: R. Foulis, 1742. 译者的名字（该书的导言提到"该译本的作者们"）扉页上没有印出；但哈奇森的一封信（1742年5月31日）暗示了他和摩尔（后者最终成为格拉斯哥大学的希腊语教授）是该书的译者。关于该信，见 J. Bonar, *A Catalogue of the Library of Adam Smith*, 2nd ed., rpt. New York: A. M. Kelley, 1966, pp. 13 – 14。

斯密不会无条件接受这个建议。这样，受自然指引的道德就不是一个探究哲学理念的问题了——因为再一次地，斯密借助廊下派得出的观点，在他看来也完全适用于哲学。当我们持有这样的理念，并且当斯密将我们的实际目标和行为与它们进行比较时，他并没有一般性地要求我们去缩小两者之间的差距。相反，如我们将要看到的，他让我们有理由将这一差距当作本身就是自然的而接受。不过，在这里我们还是不要操之过急，因为我们正再次谈到一种哲学上与整体或自然的协调，尽管是在一个不同的意义上。

二、自然的冲突与不自然的干预

对上一节的关键结论做下总结：我们无法，也不应该按一种整体的自然观——即按哲学理性——来生活。我们应按恰当的局部自然观——即按道德理性——来生活。我们现在继续发掘第二层。当我们按"我们道德官能的指令"行事时，我们是"与神合作"，并"竭尽所能促进他的计划实现"。斯密马上将这一乐观的评断复杂化了；因为我们也有能力违反那些指令，在这种情况下，我们"宣称我们自己在某种程度上是上帝的敌人，如果可以这样说的话"（III. 5.7）。这一现象证实了我们在这两方面都有行事的能力；但斯密宣称，无论是对上帝之"无限完美"的考量，还是对"自然之作品的检视"，都使我们相信，"自然的作者"想让人类幸福（III. 5.7）。很显然，这里隐藏着古老的有关恶的神学问题。随着斯密对其观点的发展，情况变得愈加复杂。

因为人类经验充分证明了，自然的运作与我们"自然的情感"（III. 5.9）有时候相互冲突。斯密在一个主要涉及其政治经济学与道德理论之关联的段落里坚持了这一观点。他以一个耕种土地的"勤

劳的坏蛋"和一个任土地荒芜的"懒惰的好人"为例。两人当中,

> 谁该收获庄稼呢?谁该挨饿,谁该富足呢?事物的自然进程决定它青睐这位坏蛋;人的自然情感则偏爱那位有美德的人。

斯密说,非人类的自然(Non-human Nature)[自然]的判断是绝对理性和公正的(另见 III. 3. 27),但人性(human nature)却不会也不能够接受自然的判断,人性只会要求一种全然不同的美德与奖赏、恶行与惩罚的比例关系。"这样,人在自然的指导下,会对自然原本的事物分配做一定程度的修改",而且"人就像诗人笔下的诸神那样,不断地用特殊手段介入,以支持美德"(III. 5. 9-10)。这样,自然似乎就自相矛盾,这一问题在斯密后面这句话中十分透彻明了:"事物的自然进程无法完全为人的微弱努力所掌控";我们不仅无法将自然人性化,而且,如斯密在《国富论》中所格外强调的,我们将自然人性化的努力有时候会适得其反。

斯密向我们保证:

> 自然遵循的准则对自然来说是合适的,而人遵循的准则对人来说是合适的,但它们都旨在促进同一个伟大目标,即世间的秩序、人性的完美和幸福。(III. 5. 9)

但他刚刚才向我们表明,这一观点如何让我们轻易地上当受骗。更确切地说,他以娴熟的文学手法,对他刚刚通过毫无征兆地引用"雄辩而富于哲思的克莱蒙主教"而宣称的东西表示了怀疑。斯密引用的这几句话跟任何关于该主题的论断一样尖锐、直接:

> 听任自己创造的世界处在如此普遍的无序当中,听任邪恶的人几乎总是胜过正直的人……这与上帝的伟大相称吗?难道

神处于高贵地位,就应当把这些令人悲伤的事件当做一种新奇的消遣而完全袖手旁观吗?因为祂是伟大的,祂就可以表现出软弱、不公正或残暴来?……啊,上帝!如果这就是您这位至高存在的品质……我就不再承认您为我的父亲……那您将不过是一位懒惰而异想天开的僭主……(III. 5. 11)

斯密让我们既没有为这一情感爆发做好心理准备,也无法给予任何回应。在它之前的几段话暗示,我们在面临"事物的自然进程"的不义时,会为了寻得安慰而求助于上帝。紧随其后的两段话又简单地重申,相信一个"全能的存在"对一种连贯的道德生活的重要性,尽管这段主教的怨言刚刚质疑的正是这位"全能的存在"。这段主教的"哲思"打断——而非证实——了斯密的这一叙事,即自然宗教乃是对我们的道德情感与自然进程之间对立关系的恰当回应。

我们可以从斯密的这段引文中得出结论:我们发现自身处于一种毫无希望的境地。一方面,我们无法按作为整体的自然生活,因为要这么做就得放弃我们的道德考量。另一方面,我们也无法按在我们个人生活中所显现的那种自然生活,因为我们的生活如此频繁地受到一个我们不愿接受也无力掌控或理解的"自然进程"的主宰。我们剩下的只有该主教对一位如此构造万物的上帝的严加指责;但谴责既不是一种生活哲学,也不是对所受折磨的一种慰藉。

我们稍做回顾。斯密清楚地表明,我们需要道德来保护我们免受自然侵害,因为若没有道德情感,我们便沦为了那台"世界机器"中的齿轮。而且,正如我们需要道德,我们的生存也仰赖于技艺(techne)的干预,从农业技艺到法律体系,再到政治经济学这样的智识产物。我们需要道德理性、才智和某些情况下的理论理性来指导人类事务。不过,斯密还进一步提出,这些发明本身便是自然发展的结果，所以他强调了自然的仁慈。我们并没有被自然抛弃。即使人性所要求的那些目标——无论从它们自身的理由，还是相较于人类的经验教训而言——都得不到辩护，这一点也是成立的。

斯密提到的这类例子中，最令人印象深刻的莫过于对财富的追求，在他看来，它为一种由想象施加给我们的"欺骗"所驱使。我们因深受其蒙蔽而相信，通过获得财富并获得声望，我们就会幸福。想象的一个简单把戏，再加上各种激情和斯密所谓的"同情"，要对改变"整个地球表面"和彻底塑造我们个人生活负责，因为由于它，我们强迫自己去工作、创造、竞争和奋斗。这一"欺骗"事实上是件好事。"正是这一欺骗持续不断地唤起和维持人类的勤勉。"（IV. i. 10）当每个人都试图改善自身的处境时，由于一种错误的对何为改善的认识，他不停地劳作，并在无意中为自然的统治、为食品和物资供应的增长、当然也为国民财富做出了贡献。但对财富之爱无法实现他所渴望的幸福；"在大路旁晒太阳的乞丐也享有国王们正为之战斗的那种安全"（IV. i. 10）。

正是在这一段，《道德情操论》里唯一一次提及的"看不见的手"出场了。这一比喻作为一种解释方式而被引入，它要回答不平等的财富积累如何在实际中让整个社会获益。如此一来，自然，恰恰在其整体与局部的分离上，似乎与自身很和谐。不单我们在按一种整体观来生活的无能为力，还有我们在控制事物的自然进程上的无能为力，以及对如何最好地改进我们个人生活的幻想，都有助于被视为一个整体的自然的改善。正如斯密在思考我们在正义判断上的"不规则"时所言：

> 当我们仔细观察，就会发现，自然的每一个部分都同等地证明了其创造者的深谋远虑，甚至在人的脆弱和愚蠢当中，我

们也会钦佩上帝的智慧和仁慈。(II. iii. 3. 2)。①

自然的计划即便在我们拒斥它时也还在执行。整体与局部之间的冲突本身不需要得到纠正；它在道德层面可能会令人惋惜，但在理论层面则无须如此。这是一种体现了某种潜在和谐的自然冲突。同情（Sympatheia）统治着自然的秩序。这类似于斯密的这一评论，即一种"错误的负罪感……构成了希腊戏剧中的俄狄浦斯和伊俄卡斯忒（Jocasta）、英国戏剧中的莫尼米亚（Monimia）和伊莎贝拉（Isabella）的全部不幸"（II. iii. 3.5）。这些角色深切感受到了这种罪责，但它之所以"错误"，是因为他们都不负有责任，而我们会受这一错误的负罪感影响并非什么坏事。类似地，"世界"（或"自然"）就好像一出没有悲惨结局的肃剧。

但这是从哲学家的立场来说的，它并没有消除行为者层次上的哀恸。斯密似乎认为，从那位"雄辩而富于哲思"的主教所处的立场来看，可以说这种哀恸本身就具有破坏性，所以它不应被带到那一层级上，这也是为什么斯密一引用完这位好心的主教的观点就立刻弃他而去，不作任何评论便继续称赞自然宗教（不同于哲学性的宗教），称赞它通过强化我们对一位会赏善罚恶的睿智之神的信任来支持我们"自然的义务感"。不过，通过对这位主教的观点的引用，斯密表明他认识到了问题所在。

---

① 在该书很靠后的地方，当斯密再次讨论命运对我们道德判断所具有的影响时，他用了同样的措辞：

然而，我们道德情感中的这一重大的无序绝非毫无用处；在这里和在其他许多场合一样，甚至在人的脆弱和愚蠢当中，我们也会钦佩上帝的智慧。(VI. iii. 30)

与自然在理论上的协调，或认为自然的冲突体现了一种潜在的和谐，只有在我们认识到我们不会按一种全局性的视角来生活、认识到事物的自然进程无法完全掌握、认识到想象的欺骗无需被纠正时，才有可能。历史当中充满了对这些观点的误解，斯密不仅试图在对廊下派的探讨中表明这一点，也试图在对之前的政治经济学体系的讨论中表明这一点。因此，人们碰巧持有的任何看法或道德体系都是自然的，而且，如果这种看法或体系是不自然的，那我们与自然、与人性的关系，或与这两者的关系便矛盾重重。

正是在这里，哲学家的角色开始显现。哲学会试图区分不自然的态度与自然的态度，不自然的冲突与自然的冲突，并将我们引向后者（例如借助一本论"国民财富"的著作）。哲学家用错误的方式干预日常经验便是一种不自然的态度。斯密对这一点的坚持，使他的道德哲学看上去不像一种道德理论（即一种规范理论，它为尚未呈现在日常道德生活中的行为设定原则），而像现象学与形而上学（即一种有关何为哲学、它应如何与实践发生关联或如何不发生关联的看法）的结合。类似地，与自然的道德上的协调也只有在"自然的宗教原则"没有"被某个卑鄙的阴谋集团的派性狂热败坏"时才有可能。（III.5.13）历史同样充满了这样的败坏。在阐明这一观点时，哲学家也有其作用（例如，借助一本论道德情感的著作）。

不过，事情还要更为复杂，我们正在检视的东西中必定会有另一番图景。因为就其自身而言，自然似乎会产生不自然的东西——阴谋集团，政治空想家们或误入歧途的哲学家们的不当干预，而且自然还无法产生相应的解毒剂，即斯密式的哲学家。因此，就算这位哲学家在两方面都取得了胜利，我们还是只能接受这一令人不安的暗示，即需要哲学家的干预使我们避免对自然的古怪和谐产生误解，或保护我们不受败坏的道德情感的侵害。这本身便证明了在自然当中存在不和谐的可能,无论从理论还是道德视角来看,这种不和谐本身都不能被认为是一件好事。也就是说,斯密式哲学家的存在证明了,在自然当中需要一种所谓的自然之外(extra-natural)的人为干预,譬如斯密所谓的"诗人笔下的诸神"的干预。

这导致了一种可能:既然人类的善实际上似乎并非自然的首要目标,那么便如密尔所言,我们不需要模仿自然,而需要改进自然。[1] 自然要实现其自身的和谐,必须得到帮助。再次强调,这恰恰不是指,所有的腐化、幻想、宗教或自爱都需要被彻底清除,然后代之以一种廊下派的"生活哲学";而是说,总而言之,并不存在某个更深层次的、高屋建瓴的立场,我们可以据此宣称,自然归根结底是一个和谐的整体。冲突对自然来说是自然的。世界的纯粹偶然性,将我们如此渴望的和谐引入世界时的艰难,都似乎只是让这一和谐变得愈发重要。

三、和谐、美与目的性

我们最好沿着我使用"和谐"一词的思路,继续探讨这些彼此关联的哲学与自然论题。因为"和谐"及相关观念是斯密的最爱。事实上,在《道德情操论》中,美便是一个无处不在的主题。斯密

---

[1] 自然的计划从其整体来看,不可能把人类或其他的有感觉的存在的好,作为其主要的甚至唯一的目的。它带给他们的好,大部分是他们自身努力的结果。不管在自然当中存在着怎样的仁慈设计的迹象,它都证明了这一仁慈只能被赋予有限的权力;而且人所当尽的义务要跟那些仁慈的力量合作,不是靠模仿,而是靠持续不断地努力改善自然的进程——并让我们能够学习如何控制的那一部分自然,让它更能够与一种高标准的正义和善相一致。(J. S. Mill, "Nature", in *John Stuart Mill: Nature and Utility of Religion*, p. 44.)

所谓"同情",是"对任何一种激情的同感"(I. i. 1. 5),也是一种情感的"一致"(I. i. 2. 2)。我们以别人的感情是否与我们自身的感情"协调",来判断他们感情的"合宜性"(I. i. 3. 1)。"合宜性"本身根据"比例"(I. i. 3. 6)来界定,而它的道德美则是根据它与我们情感的"和谐"来判定。为使行为者的激情与旁观者的激情"合拍",行为者必须调整"强度","缓和""自然的语调",直至与旁观者达成"和谐与一致",以便足以实现"社会的和谐"(I. i. 4. 7)。斯密一开始便提出,我们自然地对他人的处境和我们情感的一致性有一种无私的乐趣。在该书行将结尾的地方,他评论道:

> 交谈和社交的最大乐趣来自情感与观点的某种一致,来自心灵的某种和谐,这种和谐就好像那么多的乐器都协调一致,相互合拍。(VII. iv. 28)

这些音乐比喻在书中随处可见,它们表明,斯密确信道德生活充满了对美的自发的热爱。① 从该书的第一句话起,斯密便批判了那

---

① 斯密显然是在重拾苏格兰启蒙运动中的一个古老主题。比较沙夫茨伯里(Shaftesbury)的《给一位作者的建议》(*Advice to an Author*):

> 因为和谐便是天然的和谐,不论人们对音乐的评断多么可笑。对称和均衡也在自然之中建立起来,不管人们的喜好被证明是多么野蛮,或他们在建筑、雕塑或其他任何设计艺术上的时尚是多么哥特式。在人们关切的生活和习俗上亦是如此。美德也有同样的固定标准。同样的数量、和谐和均衡在道德中也会有其位置,而且我们能够在人类的特性和感情当中发现它们;正是它们为一种优先于所有其他人类实践和理解的艺术和科学奠定了基础……因为自然不会遭到嘲弄。反对自然的先定之见永远不会长久。她的命令和本能是强有力的,她的情感是天生的。(*Characteristics of Men, Manners, Opinions, Times*, ed. J. M. Robertson, rpt. Indianapolis: Bobbs-Merritl Company, Inc., 1964, pp. 227-228.)

些试图用纯属精明审慎的语言来解释我们对美或和谐的赞许的看法。相应地，他提到"美好"的德性（I. i. 5. 6），提到"德性的自然之美"（VII. ii. 2. 13），提到"优雅得体"的激情或"不优雅得体"的激情（I. ii. intro. 2），提到自我控制所具有的超越于其效用的美（VI. iii. 4），提到"行为之美"（V. 2. 1）。他将道德教育描述成一个过程，通过这个过程，我们一步步认识到这种美或和谐存在于何处。"明智而有德性的人"甚至对一种高标准的人类完善性的"精致而神妙之美"有着"更为深切的迷恋"，并因此在完善自身的过程中"临摹那位非凡的画家的作品"（VI. iii. 25）。

斯密更进一步颂扬人类生活中美所具有的力量。"美"这个词出现在该书第 4 卷的两章标题当中，而这一卷正好是《道德情操论》的中心。这也正是提到"看不见的手"时的上下文背景。斯密首先指出，赋予"任何艺术作品"以美的，并不是它的效用，即并非该作品旨在实现的目的。我们只是单纯地觉得有序的、精心制作或精确构造的东西具有巨大的吸引力，而不管这些特性是否能使它们更好地完成其目标（斯密以表为例，不过他也提到宫殿、花园、服饰和"大人物的扈从"，甚至一间家具摆放整齐的房间）。与道德情感的"和谐"情形相同，我们对事物无目的的目的性有一种无私的乐趣，并很自然地想要占有它们。

而且，我们想象自己在占有它们当中会感到"幸福和宁静"，部分是因为我们意识到，其他人会羡慕这些"没多大用处的小玩意儿"（这一说法斯密在这里用了两回；IV. 1. 6, 8）的拥有者。旁观者的羡慕本身便部分源于他们在审美上对富人所拥有之物的漂亮或精巧的欣赏（IV. 1. 8）。除非一个人生来富贵，否则得到这些东西需要"坚持不懈的勤勉"。因此，我们对美好事物的热爱，连同我们对受人尊重的渴望，和将幸福与对内在令人满足之物的占有相联系，一起维持了"持续不断的人类勤勉"(IV.1.10)。这一想象出来的幸福或宁静与"大人物的排场(oeconomy of the great)"之间的联系,正是我前面所讨论过的自然的"骗局"。

在对财富获取做了这一令人印象深刻的解释之后,斯密评述了"这同样的原则,同样的对体系的热爱,同样的对秩序之美、艺术和发明之美的关切"的影响。他专门指出这一爱美之心对公共精神的影响,并认为更能够激励公共施惠者(包括立法者)的,通常不是对需要帮助的那些人的同情,而是对法律、宪制或经济措施这一如此"漂亮宏伟的体系"的令人愉悦的"沉思"。因此,公共精神可以通过"对政治的研究",即展现了有序的复杂性之美的"思辨作品",来获得改进(IV.1.11)。英雄主义的自我牺牲也可能是受到"这些行为的出乎人们意料的,并因而伟大、高贵和崇高的合宜性"的鼓舞(IV.2.11)。因此,对美的热爱不仅具有重要的道德和经济的效果,还具有决定性的政治效果,尽管在每一种情形当中,我们在根本上并非出于它们的效用而信奉美。

斯密进一步指出,诸如数学这样的"深奥科学"中的作品,不仅仅是因为它们的效用才赢得我们的钦佩,还因为它们的精确和有条理等等(IV.2.7)。在其有关天文学历史与物理学历史的论文中,斯密详尽阐述了这一观念,即好的"哲学"(其意涵宽泛到可以将我们所谓的"科学"也包括在内)之所以吸引我们,是因为其简练、概念上的精细、体系性的编排和依据少许原则解释更多事物的能力。理论上的才智同样为"机器"之美所吸引,而不关心其外部的目的;自然便是一架这样的机器或体系,人性则是另外一架。

《论所谓模仿艺术中存在的模仿的本质》是一篇在他去世后出版的论文,而且据说是他计划中的"人文科学与高雅艺术的哲学史"的一部分,在这篇论文中,与音乐的类比再次出现。斯密描绘了一部

"构思巧妙的器乐"中所有不同乐器的"完美协调或一致",所有声音的"精确和谐","巧妙的节奏变化",因此,

> 当想到那些愉悦、动听的音符的无穷变化,经过和声和音序两方面的安排和整理,构成了一个如此完整规则的体系时,心灵事实上不仅享受到极大的感官愉悦,还有极高的精神愉悦,这种愉悦与从沉思任何其他科学的伟大体系中获得的愉悦并无不同。①

这一类"体系"出色地呈现了《道德情操论》和《国富论》各自的统一性。② 换句话说,在将自然的巨大体系当作一部构思巧妙的协奏曲思考时,理论家想到的并非这一体系对某一更深层目的的效用,相反,他陶醉于这一体系错综复杂到令人难以置信的内在秩序。事实上,斯密认为廊下派哲人便是如此。当然斯密也是如此,而且如我指出的那样,他常常以全局性哲学家的口吻说话,这种哲学家看到了自然在手段与目的之间所创造出的完美比例。

斯密哲学中备受争议的"目的论"问题,应当从他关于我们对一幅和谐的整体图景的渴望来解释,以及他对美的解释来理解——

---

① "Of the Nature of that Imitation which Takes Place in What are Called the Imitative Arts" in Smith's *Essays on Philosophical Subjects*(后面简称为 *EPS*)II. 30, ed. W. P. D. Wightman and J. C. Bryce, Indianapolis:Liberty Classics, 1982, pp. 204 - 205.[译注]出自《亚当·斯密哲学文集》的引文均参考了石小竹、张明丽的译本,略有改动,后不一一说明,北京:商务印书馆,2012 年。
② 在这几行引文的前一段,斯密评论道:

> 节拍和节奏之于器乐,就如同顺序和条理之于语篇一般……借助于这一顺序和条理,在娱乐的过程当中,它[我们的审美感受]跟我们所能记住的一切和所能预见的一切的效果是一样的;而且在结尾部分,它等同于组成整体的各个不同部分效果的联合和叠加。(*EPS* II. 29)

他认为美激发起各个层面的人类努力,从而让诸如"效用"这样的东西成为可能。那种被理解为关于一个有序自然或有序世界的学说的目的论,在这里寄生于(parasitic)某种美学理念当中,而不是寄生于斯密的某种独立的宗教信仰或是某个设计论(argument from design)之中,斯密已从休谟那里了解到了后者的谬误。目的论不是在描摹世界的样子,而是对我们渴望世界拥有的和谐所做的假设。因此,它是一种规制性的理想(regulative ideal),并且是在理论家对体系的要求这一层次上发挥作用。自然统一性学说以合乎斯密期望采用的那种修辞性语调,在各个不同层次上都得到了明确阐述。有时,他以一种相对传统的方式谈到上帝的目的;有时,他以一种略为非传统的方式谈到"看不见的手"与自然的冲突性和谐;还有时,比如在关于天文学历史的论文中,他以一种极其非传统的方式谈到所有作为"想象的发明"的体系(见下文)。它们都源于斯密有关自然与美的学说,而且它们本身都是在美化上所做的尝试。

总而言之,我们似乎被赋予了一种视野,它能看到一个审美上令人愉悦的秩序嵌套在另一个秩序当中,从某一特定情形下道德情感的和谐一路上升到宇宙各部分的和谐,如一种对于自然的精致阐释所清楚表明的。这一阐释看起来是彻底的柏拉图式的,美在其中充当着连续性阶梯的角色,从感官之美上升到最抽象的和哲学性的美。自然的整体完美有序,甚至为克莱蒙主教所阐发的那类表面混乱,本身也是宇宙秩序的一部分。

不过情况还是变得更加复杂,因为斯密的美学是深切反柏拉图的,而且在某种程度上似乎并不支持那种关于一个完美有序的自然整体的学说。按斯密的解释,美既是启迪性的也是欺骗性的,而且在一切层级皆如此。在同情的层级,"情感的一致"会导向一种相互强化的虚荣体系,这也包括了我们对财富的追求;"因为人们倾向于更完全地同情我们的快乐而不是悲伤,所以我们才炫耀自己的财富而隐瞒自己的贫穷"(I. iii. 2. 1)。我们同情"富人和有权者的激情"的倾向是我们接受社会不平等的基础,关于这一点,斯密评论道:

> 认为国王是人民的仆从,人们因公共便利的需要而服从他们、抵制他们、废黜他们或惩罚他们,这是理性和哲学的学说,但它不是自然的学说。(I. iii. 2. 3)

尽管这一"欺骗"在适当条件下很有用处,但斯密还是称之为"我们道德情感败坏的最重要、最普遍的原因"(I. iii. 3. 1)。因为如道德家们一直抱怨的,它使我们远离了美德之路;它让我们重表面而轻实际,更在乎庸众的欢呼而非实际的价值;而这将我们引向腐化的野心。在未加制约的情况下,自然似乎会将美转变成魅惑,从而导致道德的败坏。

类似地,激发起公共精神的对美的热爱也激发了政治上的狂热,斯密对公共精神的讨论以对"体系之人"(man of system)的著名评论作为结束,这种人"如此迷恋于他自己的理想政府方案的想象中的美",以至于他对待人民毫无同情之心,仿佛他们只是"一副棋盘上的棋子"(VI. ii. 2. 17)。那些陶醉其中的统治者们确信"他们自己的判断具有巨大的优越性";由于沉醉于美和自我意识当中,他们变得残酷而不近人情,即便他们从未怀有任何明显的专制思想(VI. ii. 2. 18)。

尽管斯密并没有明说,不过我们还是可以在他有关宗教狂热分子的论述中观察到同样的模式,这些人"错误的宗教观念"导致了"对我们自然情感的扭曲"。因为他们值得赞美的对道德完美的渴望导向了"错误的良心"——这种良心坚持认为,人类生活的每一个方面都需要由一个巨细靡遗的义务或规则的体系来规制,而不是由同情和道德情感来调节（III.6.12）。在这样的体系当中存在美和权威，也存在狂热、不人道和丑陋。就像"政治上的抽象理论家"对体系的陶醉一样，在这里，对美的热爱同样忽略了我们要使之完美的那些人的人性。

最终我们看到，斯密认为全局性的哲思也与美、精练和概念上的和谐的吸引力有关，我们还看到，它在伦理学上如何倾向于扼杀它试图阐明的那些道德品质。在我尚未探讨的其他方面，斯密在讨论哲学家喜欢以尽可能少的原则来解释现象，而不是由现象自身来指引时，察觉到了哲学家对体系的热爱所具有的扭曲性影响（VII.ii.2.14）。因此在这里，美同样在一种意义上为好，在另一种意义上则为坏；它既展示又隐匿。美不仅在每一个层级都既是好的又是坏的，而且各个层级要么并未由一条连续的线索来衔接，要么这种联系是不受欢迎的、具有冲突性的。斯密并没有把从日常的对同情的渴望到哲学家对体系性解释的渴望这一辩证上升过程呈现给我们。如已经指出的那样，他确实看到了我们需求的一种自然——或者，它是不是不自然的？——发展，即我们需要从一个无偏私的立场来观察自己，发展成廊下派所要求的将自己仅仅视为浩瀚宇宙中的一部分；但这是一种需要被抵制的发展。美在任何层面都不是一个可靠的向导，尽管不可或缺。

美的道德暧昧性，不同层级的美之间的冲突，概括了作为一个整体的自然的统一性问题，尽管在一开始它似乎许诺了一个解决方案。甚至当自然赋予各个层级和谐之美时，它对人的敌意似乎仍需要得到不断重申。不过，在这一辩证法中，还有更远的一步要走，而这将把我们带到或许是他对这一问题的看法的基底面前。因为斯密的美学植根于一种关于想象的学说，而这一点正是我们接下来要谈的。在本文的结论部分，随着我们掌控自然的不稳定性、想象所创之美的脆弱性、想象的暧昧性或力量这三者变得越来越明朗，斯密学说中的反柏拉图维度也将变得越发清晰。

四、想象、创制和力量

我所提到的各个层级的美或和谐当中，有一些界定了我们的道德生活，并因而成为斯密所谓"同情"的核心内容，而同情本身是想象的一种特定力量。正是这种力量使我们得以"对任何一种激情产生同感"（I. i. 1. 5）。对自我的道德反思是这种同情的想象在某一特别行为上的运用，得益于这种想象，我们透过他人（有时候是一位想象的旁观者，而非任何实际的旁观者）之眼看到了自己。理论化——无论是关于道德哲学，还是关于一个宗教义务的体系，抑或是天文学——在斯密看来也是想象的一种功能。不过与移情的想象相比，理论上的想象不要求我们设身处地来理解触动他人的那些激情。因此，斯密在该书的一开始便提出，我们对理念或人们关于它们的看法没有"同情"；我们要么赞同，要么反对，而不像我们对他人的情绪和道德评价那样对它们感兴趣。我们对求知欲没有"同情"，因为在斯密看来，并不存在这样的激情。因此道德主要不是一个哲学性、理论性或科学性的问题，而且这些智识追求主要不是伦理性的。才智与同情的分离揭示了美与善的分离，或许我们应该说，它揭示了美的内在分裂。

对斯密来说，虽然同情和理性截然不同，但它们都是想象的功能。斯密十分清楚地阐明，前面所述的各个层级的美均通过想象来理解，而这种美不是对既有形式的被动吸收。想象从根本上来说是创造性的或诗性的。正如斯密在他关于天文学历史的宏大叙事即将结束时所言，"我们试图将一切哲学体系都描述成纯粹的想象的产物"。① 这种作为一架"机器"的自然观念是一个富有想象的比喻，而且在斯密看来，它引导人们假定存在着一位机器的设计者，由此自然模仿了技艺。② 斯密要用一种人为创制的物品——机器——来作为自然统一性或别的统一性的典范，而非某个有机的整体，这本身便暗示了其解释的摇摆不定。③ 统一性是一种人为的虚构。正是对秩序与和谐的想象——简而言之就是对宁静的想象——需要，驱使着我们既渴望"情感的一致性"，又渴望智识的连贯性。④ 不过既

---

① "History of Astronomy" IV. 76, in *EPS*, p. 105.

② 同上，页66：智识"体系在很多方面跟机器类似……一个体系是一架假想的机器"。同样见"History of Ancient Physics" 9, in *EPS* pp. 113–114：

> 此时，宇宙被视为一架完整的机器，一个协调有序的系统，受一般法则所支配，指向总体的目标，即宇宙自身及其中各个物种的保存和繁荣；它与人类技艺所创造出来的那些机器的明显类似，肯定给那些贤哲留下了深刻印象，使他们相信，在世界的初创过程中也必定采用了某种与人类技艺相似的技艺……系统的统一性……暗示了那种原则的统一性的理念，宇宙系统正是通过这种技艺而形成的；这样，正如无知产生迷信，科学则孕育了最初的无神论……

③ 斯密经常使用这一比喻，而有机体的比喻他只使用过一回。我指的是《国富论》IV. ix. 28，他将"政治体"承受政治经济学家错误药方的能力，比作人体承受不良药物的能力。这一幸运的事实归功于"自然的智慧"。比较 *TMS* VII. iii. 1. 2：

> 当我们以某种抽象的、哲学性的眼光来凝视人类社会时，它看上去就像一架绝妙的、巨大的机器，它那有规则而和谐的运动产生了数以千计的令人愉快的结果。

④ "History of Astronomy"，IV. 13, in *EPS* p. 61：斯密试图表明，"想象的平和与宁静是哲学的终极目的"，而好奇与困惑则激发了哲学（这个词在这里包括了科学）。在 I. i. 4. 2，斯密提到"宇宙这架大机器以其隐秘的齿轮和弹簧所产生的各种不断展现的现象"。

然统一性和体系是由想象那永无止息的对秩序的渴望呈现给我们的，那么我们可以说，对斯密而言，作为一个统一的"体系"的"世界"，是由我们自身的想象所赋予我们的。

这样一来，《道德情操论》中所有关于作为一个整体的自然的讨论，本身便是一种"想象的发明"，而廊下派从整体的立场来看待自我的观点，就跟从一位想象出来的无偏私旁观者的立场来看待自我的情形一样，是内在于一个想象出来的参照系中的一种自我塑造（self-characterization）。潜藏在斯密关于实践和理论的学说之下的是一种作为诗性的想象的学说，从而是一种关于理性之限制的学说，因为创造性源于想象。隐含在斯密哲学中的是这样一个"自然"之历史的决定性转折。①

斯密同意，无论在道德层面还是在理论层面，"想象的发明"在感觉上都不像是发明，尤其当这些发明成功完成其任务时。② 毫无疑

---

① 如此一来，斯密的哲学便确证了 D. Lachterman 的论点：

在相当大程度上塑造了现代性——无论是革命的模式还是投射的模式——所包含的那些主题的"格局"的"理念"，是那种构造的"理念"，或更宽泛地说，是那种心灵作为本质上制作、塑造、精心设计和生产的力量的"理念"，简言之，心灵总的来说是*诗性的*，而实践性和理论性不过是次要的或附属性的……制作是心灵的*决定性*"本质"，或是更好地置身或面对"世界"的姿态。（*The Ethics of Geometry*, New York: Routledge, 1989, p. 4.）

② 斯密以一段著名的陈述结束了"天文学的历史"：

"必须承认，他［牛顿］的原理具有一定程度的坚实性和可靠性，而这是我们在任何其他体系中都无法找到的。即使最富有怀疑精神的人也会无可避免地感觉到这一点。……甚至，在我们试图把所有的哲学体系都视为纯粹的想象的发明，是为了将不然会凌乱无序的自然现象衔接在一起时，我们也会不知不觉地受到诱惑，使用这种表达了牛顿的关联律的语言，仿佛它们是自然用来将他的一些活动联结在一起的真正的链条。" IV. 76, in *EPS*, pp. 104–105。

问，他相信这种欺骗有好处，如我前一节的评论所表明的那样。但作为一名哲学家，他承认，想象的发明，包括道德上的发明，仍只是发明。想象在运作之时甚至将自身的工作也美化了。我们在斯密论述财富和权力的激情时也看到过类似的东西，这种激情在某种程度上便是由一种"想象的欺骗"所激发。只有哲学家才会认为这是一种欺骗，而一位斯密式的哲学家还会认为是一种好的欺骗。我们的道德官能"被赋予我们，是为了指导我们在此生中的行为。它们带有这一权威最为明显的标记"（III.5.5）。就它们并不是被设计出来这一层意思而言，这是自然的；由此，自然再次在一定限度之内与我们的幻想友好相处，尽管在我们以全新的眼光来面对它时，它似乎也带有敌意。如前所言，对斯密而言，美与善相互分离。

斯密的"诗性"美学最终将想象变成了诗；我们可以说，它以柏拉图式的以理性理解美这一观点的失败为前提，所以自然在本质上便是美的。① 我们已听斯密说过，"就像诗人笔下的诸神那样，他[人]不断使用特殊手段介入，以支持美德"（III.5.10）；在谈到道德行为者追求完美时，他说，"他临摹那位非凡的画家的作品"（VI.iii.25）。自然，包括人性在内，为想象所美化。那么在关于自然方面，这会将我们抛向何处呢？

我们可以得出结论，自然就其自身而言，含混而不带情感——它是一架机器，我们可能会在一个超然的审美意义上赞美它的引擎，但它的目的却不为我们所理解。一切都将取决于我们如何接受这一相当令人惊恐的事实，从而部分取决于我们采用哪一层级、哪一类

---

① 有关斯密与柏拉图之区别的进一步讨论，见 C. Griswold and D. Den Uyl, "Adam Smith on Friendship and Love", *Review of Metaphysics* 49.3（1996）：609－637。

型的观看视角。对斯密来说,作为"本质""形式"或"上帝意志"之体现的自然无关紧要;如前所述,他抛弃了所有这样的观念。自然将自身烙印在我们身上,它是给定的、无可回避的,不过是以这样一种极其无定形的方式所给定。换个比方,它更像我们无意中碰到的一股不明力量,或者像一个火光昏暗的柏拉图洞穴中的影子。如克莱蒙主教雄辩滔滔的抱怨,自然对我们的根本性冷漠,部分在于我们所描绘的整体的和谐与整体之一部分的善好之间不可化约的分歧,部分在于任何层级的和谐对于指导人类生活的不可靠性,最终在于自然纯粹的晦涩难解和偶然性。

但就自然赋予了我们美化它的能力而言,它似乎也是好的。在笛卡尔的矛盾修饰法里,是打开窗户,让一部分光亮进到洞穴里来,可以想见,如此一来,我们就可以更好地看清和形塑我们投映到墙上的那些画了。[①] 斯密对美在我们生活中的综合性作用——使我们被和谐所吸引的想象的力量——的分析,也是对我们所拥有的界定自然的潜能的一种解释,即便是将其界定为一个"体系"或一架"机器"。而这等同于在一个冷漠的或带有敌意的自然面前,运用力量、自我肯定的一种潜能。这对斯密各个层级的审美感受都有效,从我们形成社会整体和"情感一致性"的能力,到我们对说服从而对讨价还价的热衷,到我们通过创造财富和征服物质自然界来改善自身的欲望,到我们通过一个想象的无偏私旁观者的眼睛来检视自身的能力,再到我们通过科学的体系或诗歌来改进自然的能力。在所有

---

① *Discourse on the Method of Rightly Conducting the Reason and Seeking for Truth in the Sciences*, in *The Philosophical Works of Descartes*, ed. E. S. Haldane and G. R. T. Ross, vol. 1, Cambridge: Cambridge University Press, 1972, p. 125.

层级上,我们对美的本能性的热爱都能够启迪自然,并加以改进。但在每一个这样的情形当中,我们都是在自己启迪自己。它也会导向黑暗;美的模棱两可之善本身便源于想象,因此想象的力量本身在道德上便是模棱两可的。

我已经指出,斯密喜欢用"机器"的比喻来形容解释性的思想体系,不管是宗教体系还是科学体系。当然,一架机器是为了完成某个特定的目的而设计,不管这个目的是大头针的制作(《国富论》,I.i.3),还是对天体之运动的解释。它是一种通往生产的手段,因此它捕捉到了想象根本上的诗性本质。它也是被我们发明来满足我们的欲望和常常被用来操控外部自然的一种人为之物。在将各种类型的组织都视为"机器"时,斯密指明了人类这种动物根本上的"创造性"本质,即便他观察到,我们并不是出于审慎的理由而自然地利用这一机器,而是因为我们发现秩序与和谐具有巨大的吸引力。

生产是理论与实践得以生发的中介。我的意思是说,感悟美所带来的愉悦与这一事实相关:美是我们自身的力量——从而是我们的自由——的一种展现。美优先于效用正是斯密学说的核心;富有吸引力和力量的是前者,而非后者。因此,斯密写作《国富论》的主要目的,并不是要让世界变得安全,从而人们可以平和地、合作性地追求大众德性和财富累积。他的新政治经济学同样证明了他自己对一架格外漂亮的智识机器的迷恋,这架机器清晰地阐明了自由市场的自发秩序之美。

自然受为美所激发的旁观者的指挥,美则受寻求宁静或平衡的想象的指挥,而这一宁静是自我赋权(self-empowerment)理念的具体体现。这种"审美"的自然观体现了理性在想象面前的黯然失色,也是我们是积极的存在而非理性的存在这一学说的具体体现。① 它也与斯密思想中随处可见的理论与实践的分离相一致。知识便是力量,只要这种力量是在其完全的道德和审美层面得到理解,并承认其自身的限制。这一自我赋权理念深深嵌入位于斯密哲学核心的"伦理学"视域中,而且不管他对廊下派有过哪些批评,人们都能够在他的哲学中发现独立、自由和自主这样的廊下派主题。

这一潜在于斯密哲学中的"伦理学"视域,与前面所引的斯密表明其对构思巧妙的协奏曲的深切钦佩的那些段落形成了共鸣,而且它有助于解释,他为何因纯器乐的非"模仿性",或不是任何事物的"复制品"而对其大加赞赏。既然这一体系并非一件复制品,那么,它便不是根据某一独立于我们自身想象的标准来衡量。通过这一"其意涵因此自身便完整"的音乐,② 我们用我们自己的创造来娱乐自己,而且我们也在这么做的过程中证明了我们的掌控力。斯密写道,"凡是不带有自我赞同情感的行为,都不能严格地称作美德"(III.6.13)。一位能够创作出一套全面的音乐体系的理论家会觉得自己配得上最高的自我赞同,因为在那时候"他临摹了那位非凡的画家的作品"(VI.iii.25)。《道德情操论》和《国富论》都不是仿制品,而是旨在让平衡得以自我确立的规劝范本。

这为何没有导致这个由"自然自由的体系"创造出来的复调瓦解为某一哲学体系的单音调?不仅仅任何意义上的自我赋权会如此,

---

① 斯密评论道,"人是为行动而造,并要通过运用他的官能来促进他自己和别人所处的外部环境的如下变化,即看上去最有利于所有人的幸福"(II.iii.3.3)。斯密对由"僧侣们和修士们"创造的美德体系只有轻蔑,因为这些体系将"某个修道院的徒劳的苦修",看得比"高尚的战争的艰难与冒险"和"过去各个时代的所有英雄,所有政治家和立法者,所有诗人和哲学家,所有在技艺上有所发明、改进或擅长的人……所有人类的伟大的保护者、指导者和造福者"的贡献都要高。(III.2.35)

② 引自"Of the Imitative Arts" II.30, in *EPS*, p.205。

也不仅仅任何美或想象的观念会如此。我们还是再次回到斯密关于联系性的范例，回到那个关于构思巧妙的协奏曲的比喻：我们不应该创作出这样一种体系，它将和声简化为单音调，或强令某种乐器来演奏另一种曲调，或压抑激情的表露和自发的幻想，或伪称无需被听到因而也无需演奏协奏曲就能欣赏到美。音乐的比喻强调了我们对细节敏感的重要性，也强调了情感在欣赏作品上的关键作用。斯密明白，要想获得成功，隐含在对一位非凡画家作品的模仿中的自大必须得到适当的节制，必须对细节和背景保持敏感性，必须接受它们各自所能做出的贡献。回想一下斯密对那种错误的对体系或美之爱的有力批判：它会导致我们像对待"一副棋盘上的棋子"那样对待我们的同胞，仿佛他们每一个人都没有"自己的行动原则"（VI. ii. 2. 17）。斯密补充说，只有牢记这一点，人类社会才会"顺利和谐地前行"。一种关于音乐的哲学并不能取代音乐，二者各有其领域。理论与实践之间，或哲学和廊下派与行为和情感之间的裂隙，构成了斯密在经济和政治领域中的启蒙自由主义的基础。

斯密思想的复杂性部分源于他认识到，我们无法完全不按自然生活，无法毫无美化地按自然生活，无法在我们用错误的方式来美化它时还生活得毫无冲突，也无法在我们清楚自己在美化它时还活得幸福。选择任何一种都是在过不自然的生活。斯密惊人的敏锐和辩证性的修辞，起到一种复杂的两边平衡的作用，这种平衡是一个人在坚持所有这些命题时所需要的。由于斯密试图坚持所有这些命题，他便在"自然"的历史中占据了一个决定性的时刻。他对"自然"的频繁使用，他对前哲学的经验和观点的信赖，他有关整体和我们在整体中位置的思考，他对哲学与日常生活之关系问题的持续关切，看上去使他很像古人的一位门徒。但他对作为"本质"或"形式"的"形而上学"自然观、对理解为实体之完善学说的目的论的拒斥，以及他逐渐将理论与实践都从属于一种基于"诗性"的想象的美学——又展现了他的一种截然不同的现代姿态。他作品的劝导性和典雅，对人性和整体都做了美化，同时又处处体现和赞扬节制，正是这种节制隐藏了他计划的激进性。斯密的杰出综合分析证明了要让一种想象性的、哲学性的自然（natare）意识到想象和哲学不应逾越的界限不过是妄想。

市场的修辞：斯密论承认、话语以及交换

卡里瓦斯、卡兹尼尔森（Kalyvas & Katznelson）撰

张亚萍 译

《国富论》第二章"论引起劳动分工的原因"至关重要，本章开篇就指出，现代政治经济学赖以建立的基础是人类"互通有无、以物易物、相互交换的倾向"，[①]此句也广为其他学者引用。这一表述同时起到了分析和规范的（analytical and normative）作用。这也为斯密理解现代商业社会作为一个社会组织的运作提供了人类学的微观基础，反过来，商业社会同时也为这些人类倾向的呈现和运作提供了舞台。这句话与同样著名的"看不见的手"概念一起，成为界定政治经济学这一新兴科学的核心概念。政治经济学的研究领域是经济生产和交换，这一领域逐渐成为明确的、分离的、独立的人

[①] Adam Smith, *An Inquiry into the Nature and Causes of Wealth of Nations*, Indianapolis, IN: Liberty Press, 1981 [1776], p. 25.

类行为领域，进而成为新的研究对象。不仅如此，正是这一领域，即财富的源泉，替代了曾经占据统治地位的宗教、道德以及政治哲学，成为现代社会主要的组织原则。

斯密并非仅仅描述了这种动摇了18世纪欧洲社会根基的转型。处于《国富论》核心地位的是对市场体系解放性特征强有力的规范性的理论论述。这些市场构成了"自然自由体系"，因为它们挣脱了传统的等级、排他性、特权等桎梏（同上，页687、678、670、419-420）。与重商主义及其他经济协调机制不同，市场建立在自发的个人偏好自由表达的基础之上。市场经济能够包容人类各种天性，关注其特性，而不会去想要改变甚至压制人类天性去适应一系列抽象的价值观。市场承认并重视人类的天性——不仅包括人类的理性，还包括所有的人类个人抱负和需求。① 因而，对斯密而言，市场能够充分体现个体及经济享有的自由。

这种分析性论述和规范性论述的结合，为斯密提供了概念资源，这样他就能够以自利的个体之间策略性的互动为基础，形成一种隐性（implicit）社会融合理论。不仅是经济本身，更大范围的社会秩序也是来自非计划性的行为和过程，而非有意的设计。② 斯密认为，将社会秩序完全建立在道德赞同及社会同质性基础上的这种可能性，在现代商业社会经历了社会及符号的巨大转型后已不复存在。不仅

---

① Joseph Cropsey 的《释斯密的原则》（*An Interpretation of the Principles of Adam Smith*, Westport, CT: Greenwood Press, 1977）一书精彩讨论了这一双重规范性。

② F. A. Hayek 在发展自发秩序理论时主要以这一观点为基础。参 F. A. Hayek, Law, *Legislation and Liberty*, vol. 1, Chicago: University of Chicago Press, 1973, pp. 20, 36-37；另参 *The Constitution of Liberty*, Chicago: University of Chicago Press, 1960, pp. 41, 161。

如此，在强调互相间自发协调的重要性的同时，斯密还指出，只需最低程度的中央集权机构，就有可能建立人们和谐共处的社会秩序。斯密抓住了古典经济学家的核心直觉，即现代商业社会尽管存在冲突，却遵循着一种既定的秩序，并享有市场机制带来的好处，通过让互相竞争的利益关系不断调整，维持一种均衡状态。

随着时间的推移，这一强有力的理论已经成了为具备自己独特政治机构的市场资本主义的正当性辩护的坚定基石，并成为维护思想自由及价值观合理性的一条深刻脉络。尽管就《国富论》本身而言，这样的解读似乎完全正确，但我们不得不说，这一解读终究还是过于狭隘和偏颇。令人吃惊和失望的是，绝大多数《国富论》学者过多关注曼德维尔（Mandevill）关于人性自利的经典阐述，而没有注意到，斯密貌似超越历史阶段的客观人性论的表述之后还有下一句。斯密在这下一句发人深省地追问：

> 这种倾向是不是人性中无法给予进一步解释的初始秉性之一；或者，更有可能的，这种倾向是不是理性和话语这些能力的必然结果。

斯密非常直接地表明，这"并不是我们现在所要研究的问题"（《国富论》，前揭，页5）。这一退让令人印象深刻，让人困惑，也蕴含着丰富的理论及文本意义。

在浩如烟海的斯密思想研究著作中，格里斯沃尔德（Charles Griswold）在其最新出版的文笔优美、涉猎广泛的著作中，延续了这一话题，并讨论了这一结合及退让的影响。格里斯沃尔德几乎可以说是独具慧眼地抓住了市场、话语及同情（sympathy）之间存在的千丝万缕的联系："市场社会的生活就是一个不断运用修辞的过程。"① 尽管格里斯沃尔德的解读极有说服力，但是，他没有进一步就这一重要的洞见进行深入阐述。我们认为，关于市场、话语及同情三者的关系，格里斯沃尔德没有考虑到，将这一思路与个人追求社会赞同和道德认可结合起来的努力，正是斯密思想的核心特征，也是本文的中心观点。格里斯沃尔德并没有足够重视市场关系中的修辞维度，而仅仅停留在了斯密所谓的"想要获得信任的欲望"。②

站在格里斯沃尔德的肩膀上，我们再一次发问：对于《国富论》中这一没有深入涉及却令人困扰的问题，斯密事实上是否确有讨论？如果答案是肯定的，那么，他在哪里讨论过，又是怎样论述的呢？他得出了怎样的结论？本文正是要回答这些问题。我们将会表明，斯密非常重视这些问题，虽然他并没有就这一问题构成一个单一的、系统的研究。相反，相关思想分散在其主要的三个文本中：《道德情操论》（1759），《文学及修辞学讲义》（1762—1763），以及《法学讲义》（1762—1763，1766）。③

把《国富论》置于更宽泛的斯密著作根基所在的哲学和道德框架之下，我们就会得出结论，尽管文本呈现方式看似支离破碎，但斯密针对这一问题，即关于互通有无、以物易物、相互交换这一倾向的本质及地位，还是给出了一个全面而连贯的答案。我们不应该把《国富论》看成是孤立文本，或者仅仅是理解斯密更大理论抱负

---

① Charles L. Griswold, Jr., *Adam Smith and the Virtues of Enlightenment*, Cambridge: Cambridge University Press, 1999, p. 297.

② Adam Smith, *The Theory of moral Sentimens*, Indianapolis, IN: Liberty Press, 1982（1759），p. 336.

③ Smith, *Moral Sentiments*; *Lectures on Rhetoric and Belles Lettres*, Indianapolis, IN: Liberty Press, 1985（1762—1763）; *Lectures on Jurisprudence*, Indianapolis, IN: Liberty Press, 1982, 第一次讲座：1762—1763；第二次讲座：1766。

的出发点，而应把这一著作与他先前的学术成就紧密联系起来。这部经典著作不仅是斯密思想世界的核心，更是一个涉及道德、修辞和法律等不同主题的长期研究项目的结题之作。为了更好地理解《国富论》，我们颠转了这一著作在斯密著作全集中的惯常位置。我们试图通过斯密所有主要著作共同组成的概念棱镜，再去解读《国富论》。惟其如此，我们才能将《国富论》置于合适的比例视角；惟其如此，我们才能揭示《国富论》更深层次的哲学目标，并展示其对于更具包容性的社会和道德理论的依赖。①

我们聚焦于话语和修辞，把它们作为社会关系的主要纽带，是为了展示斯密如何将话语和修辞视为现代市场的结构性特征。斯密没有把市场仅仅看作商品进行经济交换的场所，而是将其视为社会秩序前体制基础的现代等同物。因此，在现代社会中，市场并非仅仅是或完全是一个竞技场——互相竞争和讲求策略的个人为了确保自己的物质偏好而在其中借助各种手段展开追逐。市场还是一个实现社会融合的核心机制，这种融合并非来自策略性的自利驱动，而是来自人类主体为道德赞同和社会认可而开展的不屈不挠的斗争。

斯密认为市场不只是资源的有效配置者，而且是与古代城邦公民的公共活动场所类似的一种机制，两者都为公民通过话语和行为而获得社会承认提供了奋斗舞台。当然，斯密明白，古人想要获得承认的对象以及这种追求发生的场所与现代人不同：古人追求的承

---

① Glenn Morrow 已经注意到，"我们从他学生的陈述中知悉，他在讲义中遵循的是道德哲学的四分法：自然神学、伦理学、自然法理学以及政治经济学"（Morrow, *The Ethical and Economic Theories of Adam Smith*, New York: Longmans, Green, and Co, 1923, p.2）。这一观点得到了 Richard F. Teichgraeber III 的赞同，*Free Trade and Moral Philosophy: Rethinking the Sources of Adam Smith's 'Wealth of Nations'*, Durham, NC: Duke University Press, 1986, pp. xiii–xiv.

认是，通过公共服务促进大众利益并在其中成就自身的伟大，而非在物质财富追求中成就其伟大；古人的场所是公民大会（ekklesia），而非市场（agora）。然而，两者背后的动机是一致的：都是为了获得社会的尊重和褒奖。在斯密看来，这就为人类行动提供了一种普遍的、跨时代的动机，也是社会实现凝聚力和连续性的主要机制。

康斯坦特（Constant）讨论过，在现代社会多元主义条件下，我们无法复制古人享有的自由，同样，斯密也理解，古人为实现社会融合而设计的各种形式和机制在现代社会的灭绝也不可挽回。① 然而，康斯坦特认为现代人的自由必须"从无"（ex nihil）中重新发明，这一点却非斯密所能赞同。斯密认为，现代的秩序方式与古代的并无太大不同，因为两者都是基于类似的、自然的对认可和尊重的追求。当然，斯密和许多同时代人一样，承认现代性和资本主义所取得的突破，同时，他也在自己的理论建构中为连续性预留了空间。关于现代社会，有许多无节制的、自以为是的承认，对于这种承认的求新特征，存在各种过度的吹捧，与此相反，斯密试图研究将过去与现在联系在一起的各种复合机制。

本文第一部分以对《道德情操论》中"同情"这一主要概念的探讨开始。在合理论证和尊重原意的基础上，我们可以将这一概念转译为现代的承认理论。② 第二部分将展示斯密在他的《文学及修辞学讲义》中如何确立了承认和话语之间的相互建构关系。然后，

---

① Benjamin Constant, "The Liberty of the Ancients Compared with that of the Moderns", in Benjamin Constant, *Political Writings*, ed. Biancamaria Fontana, Cambridge: Cambridge University Press, 1988 (1819), pp. 309 – 329.
② 在这一方面，我们所依据的主要是霍耐特（Axel Honneth）最近提出的承认理论：*The Struggle of Recognition: The Moral Grammar of Social Conflict*, Cambridge, MA: The MIT Press, 1996。

第三部分将这一理解延伸至对斯密《法学讲义》的解读,在这里我们发现了斯密最初关于市场的原创理论,这一市场理论源自斯密早期的道德和社会理论研究。这里揭示的市场,是最深刻意义上的市场,比《国富论》中关于市场概念的讨论更深刻,因为《国富论》中的市场是特定的、局部的、集中的,甚至是附带在现象意义上(epiphenomenal)的,即便这是一个充满活力的市场,也只是呈现了市场的某个单面特征。

一

在解释道德情感的性质和具体运作机制的过程中,斯密显然受到了休谟[1]的影响,并进一步详细阐述了同情这一具有重要意义的概念。斯密把这一概念作为一种中介,置于他认为的在现代世俗道德哲学中占据对立两极的两派哲学——哈奇森关于仁爱的自然理论和曼德维尔的自爱伦理学——之间。对斯密而言,哈奇森假设人性善良、不自私,这使他的道德哲学体系变得不切实际,甚至是乌托邦式的空想,因此也就没有考虑到人类实际心理动机的复杂和矛盾(《道德情操论》,前揭,页304-305)。另一方面,斯密认为,尽管曼德维尔成功揭开了当时的主流道德理论——诸如沙夫茨伯里(Lord Shatesbury)和巴特勒主教(Bishop Butler)的道德理论——的理想主义神秘面纱,但是他却采用了还原论者的阐述模式,把一切都归因于普遍的、客观的、不可阻挡的利己主义(同上,页312-313)。

---

[1] David Hume,《人性论》(*Treatise of Human Nature*),London:Penguin Books,1984(1739—1740),卷三,第一部分及第三部分。

斯密对这两种模式都不认可,认为他们尽管在思想上存在对立,但都是一元论的偏见。为了丰富我们对道德心理学的认知,他提出了以同情为基础的另一种道德理论(同上,页43)。从这一理论出发,道德判断源自人们能够通过想象的能力认识到他人的处境和情感。[1] 从这一能够代入和体验他人处境的同情能力中,斯密提取概念资源,用以阐明人们进行有效道德评价、架构自我与他者之间距离的基本而综合的过程。

斯密认为,个人之所以能够在好人与坏人之间进行道德区分,就在于他们具备重要的同情能力。通过激情而非理性,个人与个人之间才能彼此深入交流(同上,页16、27、69)。通过想象中的身份代入,人们得出自己的道德判断。因此,道德与否的判断标准在于能否获得同情(同上,页39)。只有当一个主体能够同情其判断对象所处的社会环境及主观状况,也能够同情他们的行为和激情时,判断对象才可以被认为是道德的。因而,善良和美德的属性取决于它们是否能够成为同情的对象。斯密声称,与之相反,那些判断主体所不能同情的情感,则会被认为是邪恶的和不道德的。[2] 根据这种反认知主义(anti-cognitivist)的道德体系,人类采取一种道德的立场对待世界、他人及自己,并通过同情的能力来判断事实及行为的道德有效性。这种心理的和情感的能力,能够让人们就与另一个行

---

[1] Ibid., pp. 10-11, 71, 73;关于想象的讨论,pp. 9, 13, 29。
[2] Ibid., pp. 49, 75-76, 109, 325-327。在这一点上,我们不能同意 Jeffery Young 的观点,他认为同情共感完全是涉他的天性,与涉己的自利概念相对。斯密明确表示,同情共感是我们判断和评价他人以及自己的行为和激情的主要范畴。参 Jeffery Young, *Economics as a Moral Science: The Political Economy of Adam Smith*, Lyme, NH: Edward Elgar, 1997, p. 31。

为人快乐和痛苦等情感直接相关的情境和事件，表示赞同或不赞同。因此，就主体如何达成有效道德判断的问题，斯密阐述了涉及使用想象力和自我反思的一种心理机制。简言之，同情是主要的道德评判标准（同上，页27、49）。并非是善的意图和境况让人们产生了同情，而是由于人们能够与其产生同情，才使某些意图和境况成为善的。①

对于斯密来说，同情并不是一种更深刻、更真实的纯粹以自我为中心的动机的附带现象，不是自爱的遥远的、装腔作势的回声（同上，页13、317），也不是一种自然的、不可改变的仁爱和利他天性的机械的、线性的表现（同上，页315）。此外，斯密也没有把同情的起源归因于先在的功利主义原则（同上，页189、306）。斯密确定无疑地指出，一个人的同情能力确实可以部分地源自设身处地感受他人所处境况中获得的快乐；反之，一个人的厌恶也会受由同情带来的痛苦的影响（同上，页45，243）。尽管如此，斯密仍然坚持认为："然而，在所有这些情况下，令我们感兴趣的并非痛苦，而是某些其他环境因素。"（同上，页30、20）功用并非是同情背后的驱动力。事实上，出于理论上追求一致性的目的，斯密不可能采

---

① 显而易见，这一理论很容易遭受攻击，会被认为犯了主观主义、情感主义以及个人武断主义等错误。正如 Gilbert Elliot 爵士所述，为了避免这些批评，斯密在前后六版的《道德情操论》修订过程中，逐步引入了"无偏旁观者"概念，从而在自己的论述中引入了具备客观性和公正性的机制。D. D. Raphael 精彩的描述重现了"无偏私旁观者"这一概念在《道德情操论》中相继得到的阐述。参 D. D. Raphael, "The Impartial Spectator", *Essays on Adam Smith*, ed. Andrew S. Skiner and Thmoas Wilson, Oxford: Clarendon Press, 1974, p. 91; Andrew S. Skiner, *A System of Social Science: Papers Related to Adam Smith*, Oxford: Clarendon Press, 1996, pp. 60 – 61。

用他承认归之于休谟、哈奇森等人的立场，也不可能采用曼德维尔等他曾批评和拒绝接受的立场。事实上，斯密不仅与他们撇清关系，还试图通过发展一种新的道德立场以超越他们。斯金纳（Andrew S. Skinner）恰当地概括说，斯密的这一新立场具有"一种综合特征"，① 并以此阐述斯密与这三位道德哲学家之间的分歧。②

但是，如果功用并非激励和塑造同情的动力，那么人类为什么会有相互的同情呢？互相代入背后的潜在动机是什么？同情是我们道德能力的最终基础，是我们建立道德评价的自然的、无可争议的基础？斯密的同情概念是他自己独特的关于自然道德感这一概念的理解，即对自然情感所怀有的信念的另一种表达（《道德情操论》，页159），从而具备与仁爱和自爱等基本人性相同的地位，是这样吗？毫无疑问，一旦斯密拒绝将自利、仁爱和功用等作为潜在的元理论预设，那么，我们就几乎无法再找到任何理论作为同情的先在基础。然而，尽管斯密的论述并不完整，也有些令人难以把握，但事实上斯密确实发展了极具创新精神和特色的现代道德理论。仔细研究同情的深层次基础，我们完全可以借用今天的术语，称之为承认理论，下文将会详细讨论。

对于斯密来说，一个人需要道德上的赞同、社会的认可和主体间的接受，这就是一种基本的人性驱动，它能够激发人们与他人的

---

① Skinner, *A System of Social Science: Papers Related to Adam Smith*, 前揭, pp. 52, 55。

② 类似地，Knud Haakonssen 曾经宣称，斯密驳斥了"道德判断的基础是品行及动机的效用倾向"，参 Haakonssen, *The Science of a Legislator: The Natural Jurisprudence of David Hume and Adam Smith*, Cambridge: Cambridge University Press, 1977, p.71。

情感和激情产生同情的能力。① 我们之所以同情别人，是因为我们希望得到别人的赞扬、尊重，甚至爱。正如斯密所强调的，同情这一能力及内在驱动力都是基于人类原始而古老的迫切愿望：

> 想要得到他人怀着同情、满意、赞同的注意、关注、留意……成为人们关注和赞同的对象。（《道德情操论》，页50）

因而，同情"完全基于想要获得现实中的表扬，讨厌现实中的批评"（同上，页131）。人类天性之所以能够与他人的情感状态和境遇产生同情，原因在于，更深刻的、实质性的想要被承认为有道德的人这一欲望，被嵌入到更广泛的人际关系和社会组织之中。

斯密认为我们并不直接地渴求实现这一欲望。通过对他人的同情，我们进入了他们的道德世界，从而可以通过他们的视角和情感看待我们自己。这样，我们就会意识到他们用来判断我们的解释性和价值性标准，而我们作为被判定的对象，反过来又能满足于相互间的赞扬和赞同（同上，页112）。人类既非结点化的孤立个体，也非具体化的社会和抽象化规范的产物，相反，人类一直处于由他人的视角所建立的各种关系和网络中。通过既是外在的又是自身参与其中的社会关系的视角审视自己，类似透过"镜子"审视自己一样（同上，页112，比较页110），人类在隐喻意义上就变成"我们自己品行的公正旁观者"（同上，页114）。所以，同情就是一种通过他人情感的、具备主体间性的审视自己的方式，并通过他人的认可，

---

① Eugene Heath, "The Commerce of Sympathy: Adam Smith on the Emergence of Morals", *Journal of the History of Philosophy* 33 (1995): 449–454；文中也有类似解读。这篇论文以及关于斯密思想研究的相当一部分文献，均见于 *Adam Smith*, ed. Knud Haakonssen, Bookfield, VT: Ashgate, 1998。

确认自己的个人价值。通过同情和想象上的承认,社会主体扩大了他们的视野,把自己置身于社会和道德承认的网络中,并就互相承认的品行和内容进行协商。① 正如巴格利尼(Luigi Bagolini)的确凿之言:同情

> 直接建立在获得他人即刻赞扬的欲望,以及相应地想要避免他人即刻批评的欲望基础上……[同情]的基础还在于渴望拥有这些品质、渴望自己能够做到判断主体自己会在他人身上发现的令人钦佩的行为。②

斯密最初对这些机制的理解,横跨于两类理论之间:一种是假定个体具备内在社会性的自然主义理论;另一种理论则对社会关系进行本质主义解读,视其为个人纯粹的利己主义和自我中心考量的产物。斯密认为,在主体间相互理解的关系之外,并不存在自我。建构统一个人身份的能力,与更广泛的社会交往中人际关系的形式和范围直接相关。斯密的重点在于个人对道德和社会认可的复杂而微妙的动力驱动,这样,斯密就很巧妙地平衡了自爱与仁爱;或用当代的术语说,就是在个人与社会、善良与正确、实质伦理与形式道德之间取得了平衡。

然而,这种充满张力的关系并没有消除这些联系间的距离,反而需要在持续的调整和相互加强的过程中彼此寻求调和。诚然,通

---

① Ibid., pp. 58, 75。关于同情共感、尊严以及褒奖之间的关系是 Haakonssen 文章深入讨论的主题:*The Science of a Legislator*,前揭,pp. 49 – 50, 52 – 53, 57 – 58。

② Luigi Bagolini, "The Topicality of Adam Smith's Notion of Sympathy and Judicial Evaluation", *Essays on Adam Smith*, p. 106。类似观点参 Hiroshi Mizuta "Moral Philosophy and Civil Society", *Essays on Adam Smith*,前揭,p. 121。

过同情，我们已经非常接近于能够满足个人的需求，即得到赞美，提升我们情感的、社会的以及象征化的幸福。不仅如此，这种以自我为中心的取向，同时也兼容着一种明确社会性的、主体间的内容，这就超越了单纯的自我主义，揭示了个体自身如何由先在的互动模式所建构。对斯密来说，自我永远不会是非嵌入的，或"不受约束"的。① 相反，正如斯密所言：

> 他人的认可必然会证实我们的自我承认。他们的赞扬一定会增强我们觉得自己值得称赞的感觉。在这种情况下，对值得赞美的东西的热爱，是完全来源于对赞美的热爱；而对赞美的热爱，似乎至少在很大程度上是源于对值得赞扬的东西的热爱。（《道德情操论》，页114）

这种自我与他人之间的辩证关系就呈现于同情之中，而正是同情，通过将自尊与社会赞扬联系在一起，形成了社会融合背后的心理和社会运行机制。斯密论证说：

> 自然，当她塑造适于社会的人时，总是赋予他想要愉悦同胞的原初愿望，以及对冒犯同胞的原初厌恶。她教导人在被同胞赞扬时感到愉快，而在被同胞责备时感到痛苦。她让他们的赞成因其自身之故最讨他喜欢、最令他愉快，让他们的反对最

---

① Michael Sandel, "The Procedural Republic and the Unencumbered Self", *Political Theory* 12（1984），以及 "The Political Theory of the Procedural Republic", *Revue de Metaphysique et de Morale* 93（1988）。Haakonssen 写道：

> 在斯密看来，人类……总是处于社会中，因而处于目标、价值以及理想等具体语境中。因而道德评价只有在这样的语境中才具备相关性。（Haakonssen, *The Science of a Legislator*, p. 62.）

令他羞愧、最令他讨厌。(同上,页116)

对斯密而言,这种想象的承认基于这样一个不可否认的事实:

> 人天然地不仅渴望被人喜爱,而且渴望成为可爱之人;或者说,渴望成为人们自然而又恰当的喜爱对象。(同上,页114)

因此,并非同情提供了道德判断的最终标准,虽然我们初读斯密的文本时很容易得出这个结论。相反,是更深刻的、先在的人类欲望,即获得尊重、赞扬、钦佩和喝彩的欲望,才是解释道德的性质和运作原理的最根本动机(同上,页20、159)。在后来的修辞学研究中,斯密进一步宣称:"人们通常更渴望被认为是伟大的,而不是善良的;更害怕被认为是可鄙的,而不是邪恶的。"(《文学及修辞学讲义》,页131)

在这个基础上,我们重新诠释了道德承认的自然动机,将同情的能力和意愿解读为追求道德尊重和公众敬仰的一种冲动。在这方面,我们会发现斯密的思想非常现代,不仅是青年黑格尔思想的先驱,[1] 也是更为晚近发展的承认理论的先导。最值得注意的是,德国哲学家霍耐特(Axel Honneth)的思想为我们提供了概念资源,我们

---

[1] G. W. F. Hegel, "The Oldest Systematic Programme of German Idealism" in Henry S. Harris, *Hegel's Development: Toward the Sunlight*, Oxford: Clarendon Press, 1972; *Natural Law: The Scientific Ways of Treating Natural Law, its Place in Moral Philosophy, and its Relation to the Positive Science of Law*, trans. and ed. T. M. Knox, Philadelphia: University of Pennsylvania Press, 1975; "System of Ethical Life" (1802—1803), "First Philosophy of Spirit" (Part III of the System of Speculative Philosophy 1803—1804), trans. and ed. H. S. Harris and T. M. Knox, Albany, NY: SUNY Press, 1979.

可以借此理解斯密的道德和社会哲学中相对被忽视的那些要素。① 当然，斯密更适合（或者说更经常地）被解读成物质自利主义的倡导者，但这有失偏颇。霍耐特可以帮助我们重新定位斯密的思想，将其置于强调社会关系实质内容和主体间性的承认理论范式之中，并在一个更为宽泛的框架内，评价斯密对社会契约理论的批判。斯密在这方面的规划试图调和形式道德主义与更传统的道德生活思想。在这一过程中，斯密结合了抽象的、普遍的冲动与以具体情境的特殊性为基础的情境伦理学，前者后来在康德那里获得了更为充分的发展，后者如今则受到现代商业社会带来的文化和社会变革的挑战。图根德哈特（Ernst Tugendhat）的看法无疑正确：斯密对亚里士多德的批评，成就了其"独特的和天才的"贡献，即提出了一个既不同于后来所谓的康德主义，也不同于功利主义的伦理理论。这一理论丰富了现代世俗道德的普遍核心，具体来说，通过关注超越抽象的理性主义、功利主义、审慎考虑，以及自利经济主体间纯粹合同式的形式交流，强调交互的情感关系以及实质性的主体间交流形式，斯密达成了这种丰富的效果。② 如果我们认真看待斯密的承认理论，

---

① Honneth, *The Struggle of Recognition*, 前揭；另参他的论文 "Integrity and Disrespect: Principles of a Conception of Morality Based on a Theory of Recognition" in *The Fragment World of the Social. Essays in Social and Political Philosophy*, ed. Charles Wright, New York: SUNY Press, 1995, pp. 247–290。霍耐特对于承认理论的理解值得关注，因为他重点强调了两个要素，可以用来重新解释斯密的社会和道德理论。首先，他重新引入了承认理论范式，打破了以物质利益为轴心的范式独霸的局面，提出了为个人身份承认奋斗的主体间性模式，以取代物质主义和效用论理论。他因而扩大了政治学的范畴，把社会交往中伦理维度斗争也包括在内。第二，依赖于社会发展演化模式，霍耐特还提出了"伦理生活的形式维度"这一概念，试图克服形式上的权利和实质性的价值观之间的张力。

② Ernst Tugendhat, *Vorlensungenuber Ethik*, Franfurt–am–Main: Suhrkamp Verlag, 1993, pp. 295–296, 308, 309.

那么他与黑格尔之间的距离甚至也会缩小。和黑格尔一样,对于当时出现的现代形式的合法权利,斯密试图以实质性伦理加以融合。然而,与黑格尔不同,斯密认为,市场而非国家,才能够最有效地实现这一目标(《法学讲义》,页402-404)。

二

一个多世纪以前,政治经济学家、斯密思想研究者迦南(Edwin Cannan)介绍了一个新版本的《法学讲义》,不过他指出,对斯密修辞学讲义的研究对于理解斯密的政治经济学思想并无助益。[1] 这一观点清晰传达出人们视为理所当然的习惯理解。但这并不恰当。与这种孤立的解读相反,只有在斯密的经济学著作和其对各种不同文体形式的研究之间重新建立紧密的、确实是结构性关系的链接,才是最佳理解斯密经济学思想的方式。[2] 从这一视角看,《修辞学讲义》

---

[1] Edwin Cannan, "Introduction", Adam Smith, *Lectures on Justice, Police, Revenue and Arms*, Oxford: Clarendon Press, 1896, p. xiv.

[2] 我们的讨论受到了 A. M. Endres 的启发,尽管我们的侧重不同,参"Adam Smith's Rhetoric of Economics: An Illustration Using 'Smithian' Compositional Rules", *Scottish Journal of Political Economy* 38 (1991)。Endres 阐明了斯密的《文学及修辞学讲义》与《国富论》的关联,指出《国富论》的写作方式可以通过斯密在《文学及修辞学讲义》中演绎的文体类型得到更好的理解。对他而言,《国富论》是一个论辩性的著作,同时利用了说服性形式和科学性形式的特征,以期更能说服读者。我们认为这一解读建议并没有完全说清楚《文学及修辞学讲义》对于解读《国富论》的全部意义。与 Endres 相反,我们强调《文学及修辞学讲义》不仅是论证性文体,更是斯密整个经济理论不可或缺的一部分。所以,迦南所要割断的,正是我们想要连接在一起的。

是一种纽带，通过话语理论结合承认与交换等核心主题。①

斯密区分了四种文体形式：诗歌、叙事、说教和演讲或者修辞（修辞也可泛指所有四种类型话语）。本文主要关注演讲，其主要功能是通过情感和情感的交流，就有争议的问题说服听众（《修辞学讲义》，页36、62、164）。与其他三种体裁不同，演讲的目的不是根据能够愉悦、取悦听众的审美范畴描述某种对象或经历，不是仅仅客观的、精确事实的陈述，也不是通过以真理为导向的理性论证来传播抽象的思想，相反，演讲只是为了说服听众，通过影响他们的感情、诱发他们的情绪、形塑他们的情感以获得所有听众的赞同（同上，页62）。演讲并不是为了传播真理，而是为了改变信仰和观点、转变观念，并"获得读者的赞同"（同上，页36）。对斯密而言，更有趣的是，一般的人类演讲能力建立在一种更为深刻、更为基础的人类特征基础上：获得他人认可的欲望。斯密从追求道德认可的欲求中，演绎出了人类的演讲［能力］：

> 渴望受到信任，渴望说服、领导和指导他人，似乎是我们所有自然渴望中最强烈的一种。或许正是基于这种本能，演讲这种人类特有的能力才得以形成。……渴望具有真正优势、渴望领导和指导他人的伟大雄心壮志，似乎完全是人所特有的，而演讲则是实现这种具有真正优势的、领导和指导他人进行判断和行动的重要工具。（《道德情操论》，页336）

---

① 在这一点上，我们赞同 Bryce 的观点，他正确地指出，我们应该把《文学及修辞学讲义》与《道德情操论》看成是组成一个体系的两个半球，而不仅仅存在偶尔的相关。参 John C. Bryce 的导论, *Lectures on Rhetoric and Belles Lettres*, 前揭, p.19。

最后，演讲并非通过理性手段，而是通过激发人类的激情而实现。演讲者表达一种情感，传递一种情绪，如果成功的话，就能诉诸听众的情感而赢得他们的赞同。斯密认为，演讲最佳的历史舞台就是古希腊和古罗马共和国经典的政治斗争。

在古代，这种演讲与承认之间的纠葛，主要发生在政治领域，邦民们在政治生活中利用修辞演讲追求优秀和卓越，并为了实现政治上的伟大和受仰慕而互相竞争。通过践行政治美德，并表现出对城邦公共利益的奉献精神，他们试图将自己塑造成兼具德性和勇气之人。对于斯密而言，这种方式的古代民主政制由潜在的争取承认的斗争所形塑，这种古代民主政制体现在奋斗个体间独特的政治竞争方式上，每个人都希望通过说服自己城邦的邦民支持他们提出的公共政策来赢得同胞的赞许。领先者会胜出，成为民众（demos）的领导者，以城邦的一等公民身份最终赢得承认。演说作为一种方式，在政治及制度方面体现了古人更深层次上对承认和赞扬的追求，他们试图通过追求伟大公共形象的行为表达对城邦的热爱，最终获得这种承认和赞扬。通过这种公共话语形式，政治家可以享受自己城邦的民众赋予他们的荣光（《文学及修辞学讲义》，页139）。

当然，斯密知道战争才是这类竞争的主要方式；演讲只居于第二位。战争会美化英勇的暴力行为和身体牺牲，领袖们避免了战争这一解决方式，专注于更为平淡无奇但仍然重要的修辞性演讲这一形式，将其作为获得公共地位和民众声望的主要手段。[1] 因此，在"追求卓越的候选人"中，争取承认的努力采取了一种制度化的斗争形式——一种竞争（agon），即通过参与公开演讲的方式赢得人民的

---

[1] 《道德情操论》，前揭，页232，对古代人而言，战争是公共德性杰出而非同寻常的表现舞台。在和平年代，与其对等的是演讲和口才。

承认和敬重（同上，页123）。斯密著作中呈现的古代公民大会（ekklesia）就成为一种制度性领域，个人想要获得承认，就要在这一领域内努力耕耘；也正是在这个领域中，个人的本意是通过荣誉获得道德赞同行为，而在他们的意图之外，却又实现了社会秩序，巩固了社会的融合，强化了社会的集体性。

对这样一种主要通过演讲获得大众支持的政治斗争形式，一种以追求承认的斗争为基础实现古老社会秩序的方式，斯密从不掩饰自己的喜欢，甚至仰慕。① 然而，斯密意识到，这样的社会组织形式——追求赞扬的欲望构成了政治的有机组成部分，在现代已经无可挽回，不复存在。尽管斯密哀叹这一损失，但他承认商业社会不可能通过重建公民大会实现社会秩序。封建社会后的资本主义国家想要重归这一共和模式的努力，充其量只会是一种错位的怀旧而已（《法学讲义》，页413）。更为重要的是，经济活动的新形式及其促成的艺术和科学进步，带来了巨大的社会、政治和文化变迁，使回归这一古代形式变得完全不可能。

由于习俗趋于和平和习惯的改良，现代社会已经不再把战争作为追求承认的奋斗形式（同上，页229、235、414-415；《国富论》，页496）。尽管战争本身在现代更为流行，但是，战争已经成为一种职业，一种治国之道；

> 富人不会直接上战场……因此，就必须让雇佣兵和人民中

---

① Howell关于斯密修辞学理论的解读非常具有启发意义，却并没有对古代修辞学表现出类似的欣赏。他的论述忽略了历史延续性这一要素，也没有充分认识到其中潜在的追求承认这一欲求的重要性。参见Wilbur Samuel Howell, "Adam Smith's Lectures on Rhetoric: An Historical Assessment", *Essays on Adam Smith*, 前揭, p.21。

的残渣（dregs）上战场。(《法学讲义》，页412)

在斯密看来，古代共和国"野蛮的爱国主义"已经被更宽容和包容的合作与妥协心态取代。因此，"自由主义者的头脑更倾向于与敌人讨价还价，而不是进行血腥的歼灭战"（《道德情操论》，页228－229）。

此外，在现代条件下，人类活动已经日益被私有化和非政治化。现代人

> 更喜欢不受干扰的乐趣，而不喜欢所有功成名就所具有的浮华光彩，甚至也不喜欢完成最伟大和最高尚的行动后所带来的真正的可靠荣光。(同上，页216)

此外，商业社会，特别是现代城市的兴起（《国富论》，页410－413），瓦解了传统的社会地位分层、旧的等级制度以及父权结构中的依赖关系（《法学讲义》，页405、486－487）。更重要的是，斯密知道，直接民主已不合时宜，只适用于经济和文化发展水平低下的小型的阶层差异不大的社会（《文学及修辞学讲义》，页150－152；《法学讲义》，页407、413－414）。在分化、异质和劳动分工的历史条件下，公民大会这一公共领域已经完全过时了。此外，斯密的写作与苏格兰启蒙运动对历史进化哲学更广泛的阐述一致，他还站在西方现代性的立场上呼应了孟德斯鸠、休谟、弗格森（Adam Ferguson）等人的思想，即新的社会领域——市场——正在逐步并不可抗拒地形成（《法学讲义》，页459）。

从这个经济转型中，斯密阐明了市场在文化领域的影响，演绎出了适应现代人类学和心理相关特征的恰当结论。因此，我们可以看到，斯密没有带着跨越时代的视角看待策略性的、自利的个人。

他们是特定时间和过程的产物，尤其是各种新型市场组合的产物。对于斯密来说，现代的经济人（homo economicus）是某个具体社会历史阶段的产物，而非一个普遍的事实。这一有根基的哲学人类学，勾连起现代主体性与新的经济结构，进而将新兴资本主义与物质上及符号上"商业对人言行的影响"联系起来（同上，页538）。随着劳动分工的发展、市场关系历史性的来临及社会性的延伸，一种新型人格特征开始出现；这一新型人格以正直、节俭、守时、勤奋和自利为特征。这些特征"使人们以某种方式从利益出发行事"；这些特征并非偶然，而是显而易见地"深植在英国和荷兰两个国家的公民身上"，而这两个国家也是经济上市场化最充分的国家（同上，页538-539）。因而，在斯密看来，并非以物易物和交换的自然本性使得商业社会得以产生，而是"商业社会将正直和守时"（同上，页528）作为人类个性的内容。

　　如果这种形式的修辞已经从现代政治中消失了，我们为什么还要关注呢？它们不是已经过时，不再是话语交流的方式之一了吗？我们认为，在斯密看来，尽管演讲与政治之间的距离在扩大，但修辞学与追求道德认可和赞扬的动力之间存在着紧密却被忽视的联系。因此，尽管现代政治已经经历了社会交往中演讲形式的消失，但道德在深层次上仍然与这种类型的言辞联系在一起，因为追求社会承认而进行的斗争以及寻求大众敬重的努力，都发生在说服的修辞策略范围之内。演讲的领域发生了转变，从政治领域转移到了道德伦理领域，更具体地说，是转移到同情领域。为了赢得他人的承认，并赢得自我评价必需的尊重，现代主体必须吸引他人注意力、唤起各种情感、激起他人同情的意愿。在完成这一任务的过程中，修辞话语成了追求认可的自然语言。行为主体采取演讲及说服的策略，努力追求承认并争取他人的同情。

承认和修辞之间的联系可以表现在两个不同却相互关联的方面。主体可以诱使他人同情其所处的情感状态,从而获得赞同。或者,主体可以尝试进入别人的情感状态,如此,它就成为被仰慕的对象。在这两种情况下,主体都使用了修辞手段,把自己呈现为值得赞扬或尊敬的人,这就是承认。在第一种情况中,修辞学是一种向他人表露自己情感状态的媒介,使他人能够更好地认同行为人。在这里,修辞起着至关重要的作用,它使行为人能以易产生认同、激起同情和获得道德认同的形式来描述情感。因此,重要之处在于:

> 说话者以一种简洁、清晰、明了、聪明的方式表达情感,想要通过同情传达给听者的他所拥有的激情或情感,得以清晰、巧妙地传递,这时——也只有在这时,表达才具备了语言所赋予它的所有力量和优美。(《文学及修辞学讲义》,页25)

在第二种情况中,主体代入对话者所处的境况,把自己呈现为其品质和属性可以让人钦佩、尊重、模仿甚至赞誉的对象。在斯密看来,在这种特殊情况下,修辞"显示了演说家的真实设计意图是为了展示自己的口才……他所做的一切动机无非是提高自己的荣誉"(同上,页128)。从斯密坚定持有的信念中,我们可以得出结论:

> 一切具有庄严意味的被创造之物似乎都是重要的。我们关注伟人的话语,牢记他们的警句,对这些话语无限喜欢,一有机会就欣然加以引用。(同上,页132)

在某种程度上,我们倾向于赞同和赞扬那些看起来卓越瞩目的对象，并承认他们。斯密观察到，人们往往会赞许那些"成为他们尊敬、感激、爱和钦佩对象的人"（《道德情操论》，页56）。

在第一个策略中，承认始于成为一个值得同情的人；在第二个策略中，承认始于成为值得赞扬的对象。尽管存在这些或者其他重要区别，但两者的相同之处在于：行为人都要在观众面前依靠类似的语言行为敞露自我。修辞性言语是一种揭示自我的手段。① 通过言语、说服和情感的运用，行为人敞露自我，让大众意识到其独特的个性和身份。

因此，不同的修辞风格反映深层次性格和个性的差异。公允地说，这种演讲是表现性的、表演性的和戏剧化的。在公众场合的演讲展现了演说者的主观和情感维度，他们试图以这种方式展示自己，以便保证他们的需求和身份能够获得认同。这一角度可以帮助我们理解斯密对去个人化的、理性的演讲形式的批评，他认为这种演讲形式往往掩盖了说话者的性格、品质和情感状态，这些都被抽象的、形式化的论证遮掩了。（《文学及修辞学讲义》，页56–58）

三

在《国富论》开篇，斯密关于人天生具备互通有无、以物易物、交换的天性存而未答的问题，在这里似乎可以找到不同的理解。或许我们还记得，斯密避免进一步阐述这一观点假定存在的普世人性

---

① Andrew Skinner 正确地指出，斯密的道德理论和他的修辞学讲义之间的联系，就在于话语和同情共感之间存在的联系。尽管 Skinner 指出了这两个不同的类别，但他并没有清晰地加以区分。参 Skinner, "Language, Rhetoric, and the Communication of Ideas", *A System of Social Science: Papers Related to Adam Smith*, p. 19。

特征,这就更容易让人们接受传统的理解,即斯密赞同对人性进行经济的还原主义解读。斯密也暗示了演讲能力还存在另一种基础,但他并没有阐述这一理念与其经济学理论的微观基础之间可能存在的联系。然而,仔细研读斯密离世后发表的《法学讲义》,我们就会发现,事实上,斯密确实阐述了这样的思想;甚至更进一步,这一解决方案明确有力,不容置疑。斯密以令人吃惊的坦率和清晰写道:

> 如果我们要探究一下交换这一人类天性赖以存在的人脑机能,我们会清晰地发现,每个人都有想要说服他人的自然倾向。拿出一个先令,在我们看来其意义非常简单明了,而在现实生活中,这却意味着一种说服,说服对方接受这一先令,并且这样做于他有利。人类总是想劝说别人接受他们的意见,即使这件事对他们其实并没有什么影响。……以这种方式,每个人终其一生都在对别人进行演讲——一旦他人不同意你的观点,你就会觉得不安,你就一心想要进行说服。(《法学讲义》,页352、493)

市场和说服并没有存在于不同的领域。在古典时代,说服为行为人提供了手段,让他们有能力展示自我、表达情感,有能力诉诸他人情感以被认可为有道德的人、是更大伦理共同体的和谐成员。在现代,说服表达了想要被欣赏和赞扬的自然欲望,市场行为者利用说服,通过经济活动,想要努力赢得自己所处独特历史共同体的认可和尊重。因此,对于斯密来说,即便意大利半岛最后的共和国残余消亡后,演讲也没有从西方商业社会消失。相反,演讲放弃了公民大会这一领地,进入市场(agora)。演讲,这一"实现伟大抱负"和卓越的优良武器,已经找到了一个全新的领地(《道德情操论》,页336)。

在关于不同类型言辞的著作中，斯密似乎确实对市场修辞这一"商业语言"（《文学及修辞学讲义》，页137）的逐渐出现和最终成功非常着迷，他还认为，这已经成为主导的追求承认的方式。如果公众审议和展示性演讲是古代演讲的主要变体，那么现在，散文则是主导形式。

置身市场关系中，个人通过运用这种新的修辞方式，努力说服竞争对手，实现社会价值。斯密认为这一新的修辞方式更适合满足商业活动中迫切的文化和社会需求。斯密用了许多篇幅尝试理解这一新的演讲方式，理解它与新的经济结构、更广泛的现代社会关系以及最重要的——人类想要获得同情和承认的需求之间的关系。斯密写道：

> 散文是生活中所有公共事务、所有的商业和协议采用的形式。没有人用诗歌这一话语形式进行交易。（同上，页136）

尽管发生了这一重要的变化，但修辞的内容、角色和目标仍然基本上保持一致。尽管处于一个新的制度背景下，修辞仍然是表达的语言手段，并为追求社会承认提供了实现方式。斯密敏锐地意识到，尽管现代人不在政治舞台上或公开在同胞面前表现并追求公共领域的卓越，但他们仍然渴望获得同伴的承认，只不过现在依靠经济手段。在市场这一领域，获得承认的方式可以是在形式上平等条件下财富的积累。斯密比较了古人与现代人，强调财富如何取代对城邦公共事务的贡献，成为追求卓越和承认的手段（currency）。但社会冲突背后的基本道德语法并没有改变。斯密声称，财富和卓越构成了追求"值得、拥有、获得和享受人们的尊重和钦佩"（《道德情操论》，页62）这一共同动力的两个方面。

现代人不再通过政治演说、公众表现或军事功绩这些武器进行斗争，而是利用货币之类的制度工具。① 货币交换逐渐从方便"买卖"的单纯工具，转变成象征着互相承认的复杂语言交流符号系统。商人和贸易者运用货币（currency）尽力增加自己的财富，通过说服自己的竞争对手和同伴认可他们的价值以获得尊重。在古代，是"庄严（Grandeur）"提供了"一种酊剂，并被普通大众所接受"（《文学及修辞学讲义》，页133），而现在，换成了财富。

对斯密的政治经济学来说，描述性和规范性的基础并不是交换的自然动力。相反，追求承认和寻求社会认可的斗争，解释了个人不断加速的财富积累背后的现代驱动力。斯密对于这一过程背后道德的和主体间的动机表述非常直接。他认为：

> 比起悲伤，人们更容易对我们的快乐产生更完全的同情，所以，我们才会炫耀我们的财富而隐瞒我们的贫穷。最令我们感到难堪的，莫过于不得不在公众面前暴露我们的贫困，莫过于感受到，虽然我们的处境在所有人的眼皮底下暴露无遗，但却没有一个人能感受到我们所遭受的一半痛苦。不止如此，正是主要出于对人类情感的这一考虑，我们才会追求财富，避免贫穷。……那么，是什么导致所有不同地位的人竞相攀比？我们所谓的"人往高处走"，这一人生的伟大目标，其企图又有什么好处呢？被人们同情、欣喜和赞许地注意、留心、关注，就是我们企图从中得到的一切好处。吸引着我们的是虚荣，而非安逸或快乐。但是，虚荣总是建立在被人关注这一信念的基础之上。（《道德情操论》，页50）

现代西方商人与古代人在精神（ethos）上同源。他们都渴望获

---

① 这样，市场就把潜在分裂性的追求承认的冲突转变为日常的有序竞争。

得同伴及其所处共同体的尊重。① 节俭的资产阶级就是现代意义上的古代士兵。当然，古代和现代价值的轴线颠倒了。只要在市场交换关系中成功获得和扩大财富，便能够像古代城邦那样赋予个人相似的权威和认可。跟古人颂扬他们的政治家、战士、奠基者和领袖不同，现代人更倾向于尊敬和崇拜富人。因而，在斯密看来，追求无尽财富积累的动力，来自想要赢得赞扬和确保安全的自然需要，而非源自普遍的交易和交换的倾向。因此，古人政治上的对抗已经转化为现代人竞争性的经济对抗（《法学讲义》，页401）。

同样，财富与积累让商人获得了社会承认：

> 富人因富有而洋洋得意，因为他感到，他的财富自然而然地会引起世人对他的注意；他感到，人们倾向于附和他那些所有令人愉快的情绪。（《道德情操论，页56》）

市场把他提升为一个"有地位和卓尔不凡的人"，他由此而变得举世瞩目。

> 人们都急切地想一睹他的风采，并渴望（至少是通过同情）感受他的处境在他身上自然激起的那种快乐与狂喜。他的举动成为公众关注的对象。他说的任何一句话，做的任何一个手势都完全不会被人忽视。（同上，页51）

---

① Dwyer 正确地指出，斯密应该被解读为公民人本主义传统以及新哈灵顿主义（neo–Harringtonian perspective）的有机组成部分，因为"《国富论》进一步反映了一种清晰的公民主义……以及公民主义传统的道德词汇"。参 John Dwyer, "Virtue and improvement: the civic world of Adam Smith", in *Adam Smith Reviewed*, ed. Peter Johns and Andrew S. Skinner, Edinburgh: Edinburgh University Press, 1992, pp. 191, 195。

相反，经济上的失败代表了一种伤害，这一伤害来自人们的不承认和不尊重。斯密劝诫道，"破产也许是一个无辜的人可能遭受的最大和最耻辱的灾难"（《国富论》，页342），是"一种永远的耻辱"（《道德情操论》，页120），它会损伤一个人的声誉及名望。因此，在对经济失败恐惧的背后，隐藏着更为深刻和基本的恐惧，"一种对公众舆论的焦虑"（同上，页123），

> 要是他的痛苦受到侮辱和嘲笑，要是他在凯旋的游行队伍中行进，要是他被示众、任人轻蔑地指指点点……比起遭到人们的蔑视，所有其他外在的灾祸都更容易忍受。（同上，页61）

对于斯密来说，破产在性质上类似于军事失败在地位上和心理上产生的影响，或遭社会遗弃给一个人的自尊带来的伤害。[①]

斯密的市场理论也深深融入他的历史变化理论。他的道德哲学与西方历史的连续性及间断性这一恼人问题纠缠在一起。在这方面，斯密对共和主义的批评与孟德斯鸠和休谟对共和主义的推进大有不同，尽管其中也确实存在相似之处。虽然斯密批评古代共和国，但他没有试图用一种全新的政治和社会组织体系作为替代，他也不会认为，古代共和国与现代主权国家在构成要素上存在截然不同的差异。因此，他试图从共和主义传统中提取某些元素，并将其移植到与现代现实及约束条件相一致的体制结构和关系之中，因为斯密认为这些元素是人类道德发展和维持社会秩序所不可或缺的。这样，

[①] 不敬在斯密思想中的核心地位，也可以从他坚定地要对侮辱及任何形式的有意羞辱和贬低他人的人施以惩戒这一点上可窥一斑。一个人的名誉所受的伤害，跟他的人身和财产受到的伤害一样严重。斯密甚至想要将名誉权作为一种自然人权。参《法学讲义》，pp. 399，480 – 481。

斯密接受了共和主义背后潜在的人类学和哲学预设,即个人的意图和行为(整个人格)通过主体间的网络和关系而构建。

一旦我们重新认识斯密一直以来对承认的强调,那么,斯密社会政治理论中两个关键的但相对被忽视的维度就浮现了出来。这两个维度都是基于斯密对现代性的独特理解。斯密认为,启蒙运动并非一个顿悟式的突破或是世界历史的断层,相反,它应该被正确地理解为一种逐步颠倒和撤销(retraction)过程的产物,是一种对前现代的规范和意义模式的重新排列。因而,现代性意味着传统价值观的颠覆。斯密思想中的两个关键特征正好阐明了这一观点。第一个关键特征是对市场的历史认识。斯密认为,尽管市场是一种新制度,但仍是与原先寻求社会融合的机制类似的现代体制。比如,斯密讨论了商人如何取代士兵,成为最"荣耀和受尊重"的职业。在非资本主义的前现代阶段,

> 人们认为商人可恶且可鄙。但是,海盗或劫匪却因其骁勇善战而被高看……既然在社会的开始阶段,商人或技工的职业为人所不齿,那么只有处于社会最底层的人们才愿意成为商人和技工也就不足为奇了。(同上,页527)

随着时间的推移,传统的英雄价值观失去了吸引力,也就无法再创建社会秩序。[1] 作为其替代者,物质财富的获得成为地位、声望和礼赞的显著标志。社会融合因而通过物质竞争和经济斗争得以开

---

[1] 当然,斯密完全清楚仅仅建立在市场基础上的社会融合理论存在的局限。由于这一原因,斯密引入了国家作为重要的外在强制机制,将其理解为在市场无法和平地实现融合时,最后负责维护社会秩序的机制。参《国富论》,前揭,pp. 265–267, 493–495, 708–710, 781–786。

展。过去曾受人尊敬的,现在却被人轻视;过去曾被蔑视的,现在却被推崇。现代性意味着评价的逆转,而非一个新的开始。①

第二个特征是斯密为商业社会起源所做的历史解释,这也是关于现代资本主义发展的初期理论。斯密指出,不可阻挡的对荣誉和承认的追求是新的经济系统得以出现的条件。新兴中产阶级追求承认的道德诉求,引发了一场史无前例的社会变革。通过个人的嘉德懿行及军事力量的展示获得社会承认的可能性一旦不复存在,这些新兴的社会团体就不得不寻求其他获得社会承认的方式。现在,他们的焦点都集中在正快速成为主流制度领域的市场,在市场中,交易体现了人类一直以来不断为争取承认做出的斗争。这种体现深刻连续性和制度创新的配置,为斯密发展一种为资本主义服务的全新的道德、主体间的动机理论提供了条件。对斯密来说,追求道德承认创建了理性获取财富的现代道德伦理,即资本主义精神。② 这样,斯密使得揭示商业社会的共和主义起源成为可能。一旦从政治讨论场所转移到经济领域,对道德承认的社会性渴求就引发了新兴的资

---

① 我们持有这一观点,并不意味着要忽视斯密著名的关于历史演化和进步的四阶段论:"狩猎、游牧、农耕和商业"。然而,我们确实认为,与这一典型的历史启蒙形象一道,斯密还提出了更为微妙和丰富的历史哲学。关于第一个观点,参见《法学讲义》,前揭,p. 459。

② 事实上,斯密的理论立场可以与韦伯(Max Weber)关于资本主义的新教起源说的著名观点构成有力的竞争。Max Weber, *The Protestant Ethic and the Spirit of Capitalism*, trans. Talbot Parsons and intro. Anthony Giddens, London: Routledge, 1995; "The Protestant Sects and the Spirit of Capitalism", From Max Weber, *Essays in Sociology*, trans., ed. and intro. Hans H. Gerth and C. Wright Mills, 新版前言 Bryan S. Turner, London: Rutledge, 1991; "Confucianism and Puritanism", *The Religion of China. Confucianism and Taoism*, trans. and ed. Hans H. Gerth, New York: The Free Press, 1951。

本主义意识形态：积累、节俭、进取和理性计算。[1]"鼓励勤劳、节俭、谨慎的最恰当的回报是什么呢？"关于这个问题，斯密给出了一个非常明确的答案：

> 财富和外在的荣誉是对这些德性恰如其分的报偿，而这也是几乎不可能得不到的报偿。(《道德情操论》，页166)

我们还应该注意到，尽管斯密将市场理解为人们对社会承认的追求得以延续的现代主要领域，但他的文本中总是隐含着对共和主义的怀旧情绪。完全基于交换和货币关系、仅仅局限于财富的社会融合理论，无法完全弥补这种对失去的无法修复的过去的遗憾，即使其背后的基本原理与古代共和主义类似。斯密意识到，古代共和主义非常重要的关键的要素已经随着公民大会的消亡而消失。[2]

---

[1] 《道德情操论》，页172–173。类似的，斯密所指出的现代市场共和主义的起源，也挑战了 Albert Hirschman 关于人类暴力激情的解决办法就是自利的观点。尽管传统政治学想要引导、压制或取代人们对荣誉和庄严的危险追求，但是自由主义找到了更为和平和可控的人类特性，即自利，在 Hirschman 看来，自利很容易就为新的机制所控制，如市场。从这一角度看，一方面是对荣誉的危险追求，另一方面是平和的自利被用于进行财富累积，这代表了两种不同的原则，界定了两个截然不同甚至是完全相反的历史时代。向现代性的转变因而象征着从追求荣誉转向了自利。我们很难承认 Hirschman 的解读，尤其是他把斯密解读为这一文化转变的一个案例，理由就是斯密将自利看成是人类追求互相承认和社会尊崇的深层次的更为基础的人类动机。参 Albert O. Hirschman, *The Passions and the Interests: Political Arguments for Capitalism before its Triumph*, Princeton: Princeton University, 1977。

[2] 比如，尽管斯密赞赏西方社会的和平化，但他从不掩饰自己对战争道德维度的欣赏。参见《道德情操论》，页239；《国富论》，页706–707；《道德情操论》，页232。

因而，斯密对于社会商业化及和平化这一点似乎持有多面态度。斯密并非无条件接受现代性的这一方面，他同时也承认存在重要的损失。斯密断言，

> 商业的另一个坏影响是，它降低了人类的勇气，并趋向于消灭人们的尚武精神。(《法学讲义》，页540)

这听起来更像出自一个传统的共和党人而非一个自由主义者之口。商业社会变得虚弱、私有化。由于劳动分工，战争已经变成了一种新的商品、一门专门的职业、一种"交易"（同上），因而已经失去了其公民性。斯密遗憾地写道：

> 因此，国家的防御被托付于那些没有其他事可做的人，但他们脑子里全是奢侈品的制作，他们早已变得女子气，变得怯懦。(同上)

市场无法充分弥补这一损失，因此，"英勇精神几乎完全绝迹了"（同上，页541）。斯密恋恋不舍地写道，与现代人不同，古人"不因从事艺术和商业而丧失活力，他们具备足够的精神和活力，去抵御最凶残的敌人"（同上）。

斯密不仅关注现代社会去军事化导致的道德和社会影响，还关心新兴中产阶级日益加剧的去政治化和公民禁欲化特征。他们不再参与公共生活，而把精力主要放在经济问题上。在评论德摩斯梯尼（Demosthenes）在处于衰败边缘的商业化雅典想要复兴公共精神的做法时，斯密出乎意料地为这位雅典演说家辩护——德摩斯梯尼指责雅典人热衷于私人经济活动而不参与政治，以至已经变得

完全懒散、没有活力……军事荣耀已经毫无分量……曾经是希腊最有进取心的雅典人，现在却变成了最为懒散、消极的人。(《文学及修辞学讲义》，页151)

这里，斯密把雅典政治的颓废和民主危机归咎于商业关系的扩张。这些导致了普遍的公民意识淡薄，于是，尽管雅典成了一个经济大国，它的政治霸权却因此削弱了（同上，页152）。

四

通过这次重构阅读，我们有三个建议：

首先与长期以来人们深受困扰的关于斯密思想的论辩有关，即所谓的斯密问题：早期道德思想家斯密认为，人与人之间的互相联系就像音叉一样互相产生同情，而后期工具性的斯密则关注追求利益、互相竞争的个体，两者明显矛盾。[1] 整体来看，学者从两个方向寻找这一问题的答案。第一个方向可以被称为分区法。现代性的首要特征是差异化，每一个区域都有自己独特的一套原则和因果机制。人与人之间的亲密关系中充满了同情，而经济交换领域则是自利主导。[2]

---

[1] 关于"斯密问题"的早期讨论，参见 Morrow, *The Ethical and Economic Theories of Adam Smith*, pp. 1 – 12。关于这一问题更为晚近的批判式论述参见 Richard F. Teichgraeber III, "Rethinking Adam Smith Problem", *Journal of British Studies* 20 (1981): 106 – 110。

[2] Allan Silver, "'Two Different Sorts of Commerce'——Friendship and Strangership in Civil Society" in *Public and Private in Thought and Practice*, ed. J. Weintraub and K. Kumar, Chicago: University of Chicago Press, 1997.

这种方法其实是重现了而非解决了这一问题。① 另一种更令人信服的解释，是把斯密的著作看成共同发展了一个单一的、全面的、现实的道德理论，它本身就一个例证，能够证明人类和新兴资本主义的全部复杂性。②

工具性的自利和主体间性的同情互相交织，彼此互相支持。然而，很典型的是，这一种解读在具体给出这些人性特征之间的连接及背后的相关机制之前，通常就戛然而止了。置身于这一语境中，我们在本文通过将同情转换成通过话语追求互相承认的努力，阐明了中间缺失的道德和社会调节过程。③ 这样，我们不仅还原了斯密整个思想体系的统一特质，还再现了其背后共同的基础。

其次，如果自由主义理论认识到斯密政治经济学背后更广泛的

---

① Henry C. Clark 做过另一种尝试。他从历史视角切入，宣称斯密超越了这一所谓的对立，考虑到商业社会增强了人们交流和交谈的可能性，因而使得每个个体之间的联系不断增强，并对他人的兴趣不断增加，因而可以将自我中心的自利软化并使其人性化。这一"解答"并没有充分注意到市场与追求承认之间存在的联系，因而忽略了修辞在市场中产生的影响。将市场置于社会主体间性领域之外，他隐约重现了传统上将斯密著作隔离开来的理解方式。Henry C. Clark, "Conversation and Moderate Virtue in Adam Smith's Theory of Moral Sentiments", *The Review of Politics* 54 (1992): 194-195, 209。

② Teichgraeber, 'Free Trade' and moral Philosophy, pp. 168-169, 176-178; Young, *Economics as a Moral Science*, pp. 20-28, 203-207.

③ 这一解读与 Cumming 的观点类似，即《道德情操论》是关于现代经济活动道德层面的著作。他正确地将这一活动界定为"修辞的"，理由是财富累积的动机是基于想要说服他人承认自己的功绩和价值这一更深层次的人类需求。然而，Cumming 割裂了斯密的著作，认为斯密在《国富论》中放弃了原先的写作思路，转而研究完全不同的问题：意向之外的社会后果和非人类动机。本文试图展示，《道德情操论》和《国富论》探讨了共同的人类天性。参 Robert D. Cumming, *Human Nature and History*, vol. 2, Chicago: Chicago University Press, 1969。

根基，那么这一传统可能已经走上了另一条道路，这条道路可以使其免于与社群主义进行无效又多余的对抗，而这正是当今英美政治理论的核心所在。我们已经讨论过，斯密从共和主义传统出发，从未与之背离。相反，面对现代性的转变，斯密寻求获得人类学微观基础的支撑。他以一种哀怨的口吻表示，无法继续紧紧抓住传统的共和主义令人遗憾，他意识到，只有通过将共和主义传统道德观念转变为一套新的制度安排，才有可能真正捍卫这些观念，尽管同时也不得不在程度上有令人遗憾的削弱。因此，我们最好将斯密的自由主义理解为重置的共和主义。

最后，要超越对自由主义的教条式批评——这个批评针对的有可能是其并不存在的缺陷。具有讽刺意味的是，自由主义者本身是造成易受这些错误攻击的原因所在，他们对自己的发展脉络理解得太过薄弱，又不够充分。在自由主义这种普遍的理解当中，它缺乏道德深度、伦理关怀、对社会交往的体察，缺乏对关系网、主体间性尤其是文化的关注。自由主义思想相对意义上的分量不足，使它显得冷漠和无能。由于个体并无具体来源，建立在这一基础上的自由主义，不断受到关于人类使命、主体间相互依赖以及社会性情感等问题的困扰。因此，社会秩序看起来似乎是对人类行为主体的一种外在约束。

本文通过重温斯密与共和主义传统之间的联系，挖掘自由主义谱系中意义重大但却被忽略的要素，展示了自由主义对人的概念的理解。即便是在个人主义、物质自利主义以及工具主义等权威概念的影响下，自由主义关于人的概念也是非常灵活、广泛、复杂和社会化的，有时甚至模棱两可。在斯密的思想中，自由的人永远无法逃过他者的眼睛。个体的自我建构过程，贯穿着相互间的认可，在人寻求道德承认的同时，必须根植于社会规范和伦理互动的模式之中。

　　本文对斯密思想的重新解读，或有助于我们重新认识自由的人这一概念，同样，我们相信，对其他基础性概念的类似解读，可以重新调整我们对自由主义相关理论的理解，如国家、政治、社会、经济、历史和道德。当然，这项任务已经远远超出了本文的范围。然而，一旦完成这项任务，我们就可以重塑并实质性地改变我们对当代自由主义起源的思想内涵和意义的理解，从而有助于塑造它的未来。

斯密和观念史

怀特曼（W. P. D. Wightman）撰

张正萍 译　林凡 校

一

1785年11月1日，斯密在致拉罗什富科公爵（Duc de la Rochefoucauld）的信（编号248）中声称，他还有"另外两部值得锤炼的重要作品"，其中之一是"文学、哲学、诗歌和雄辩术等所有这些不同分支的哲学史"，[①] 而这正是本文的主要关注。斯密"尽可能地搜

[①] 本文主题与编辑斯密《哲学论文集》（*Essays on Philosophical Subjects*, Edited by W. P. D. Wightman and J. C. Bryce, Liberty Fund, 1982）这一卷所做的研究有关，最好与这卷论文集联系起来理解。为了让目前这篇论文尽可能自圆其说，重复《哲学论文集》编辑导言中的文字就不可避免了，各种相关结论的总体原则在《导言》中已经提出了，那些参考可能让感兴趣的读者在那里找到依据。若没有斯金纳（Andrew Skinne）先生为我打开广阔的眼界，这篇文章不

集"这些素材,"其中某些部分已以目前能够做到的顺序进行排列",虽然"在与年老怠惰抗争"——斯密当时 62 岁,但他怀疑自己能否完成其中任何一部作品。这些作品在他快要去世之前远谈不上完成,斯密的心一直不宁,直到他的朋友确定帮他毁掉所有手稿——当然不包括他的朋友布莱克(Joseph Black)和赫顿(James Hutton)编辑出版于 1795 年的那些手稿。

在这些论文中,只有三篇可称得上"历史"论文——无论关于"哲学"或其他什么历史;这三篇论文中,有两篇只是残篇。第三篇《天文学史》编排在《哲学论文集》的开篇,然而,在那个年代,这部 91 页的作品表现出对这个主题惊人的掌控力,这是我们讨论的重中之重。

1773 年 4 月 16 日,斯密在致休谟的信中亲口表示,他那时写的所有文章中,唯有这篇或许还值得发表。后来的各种证据表明,斯密扩写(也可能是"修改")了这篇文章,而且表明斯密从未怀疑这篇文章的质量。至于我所说的"残篇",即关于古代物理学和古代逻辑学、形而上学的历史论述,斯密从未专门提及。确定合理的推断是,这些残篇也是给休谟信中提到的"青年时期想写的作品"中的"片段"。尽管如此,即便按照"目前能够做到的顺序"排列,我们也不能说这两篇已经"尽可能地搜集了素材"。斯密所谓的"重要作品",另一种可能是指《论所谓模仿艺术中存在的模仿的本质》(*The Nature of that Imitation which takes place in what are called the*

可能开笔,若没有他持之以恒的鼓励和指导,这篇文章也不可能完成。我要感谢拉斐尔(David Raphael)教授,他纠正了我的一些低级错误,给我提了一些补充建议,更谨慎地说,我对休谟的了解也要归功于他;对于一些结论性的次要想法,拉斐尔教授几乎肯定不同意。福布斯(Eric Forbes)博士的一些启发促使我对笛卡尔作进一步研究,这比我以前思考的要深入。

Imitative Arts)。从风格和外部证据来看,斯密构思这篇文章的时间可能比关于"历史"的文章晚得多,或许在1777年左右,虽然有一些修改或扩写。斯密本人是否想把它作为"重要作品"之一,我们不得而知。倘若如此,他肯定在原有研究的基础上大量扩充了,其代价便是偏离了他在致拉罗什富科的信中谈到的原初目的;致拉罗什富科的信中勾勒的大纲包括"诗歌和雄辩术"就证明了这一点。

那么,什么才是"重要作品"呢?最乐观的估计,应该包括《论所谓模仿艺术中存在的模仿的本质》在内,尽管该作品缺乏历史线索,但它们始于"年轻人的看法",终于"年老时的梦想",这似乎有助于我们得出这个结论。如果这一点正确的话,这就是一个悖论的发展;更常见的情形是,随着年岁的增长,挫折的经验必然会让人体会到规则,让人重新思考或者约束自己青年时期的宏图大志。

不过,斯密不是普通人。在那个所谓"理性时代",思想混淆、常常采用模棱两可的术语,是当时的典型特征;斯密还为这个时代特征增添了新的特征,即令人困惑的行为怪癖——其症状几乎相当于我们现在所说的轻微精神分裂症,斯密的同时代人很快也会提到这一点。[1] 熊彼特(Joseph Schumpeter)发现,我们几乎很难相信,《国富论》和《天文学史》这两个主题完全不同的著作竟然出自一人之手。[2]

从表面上看,我们甚至也难以相信这一事实:同一个人能获得并掌握大量构成《国富论》核心的客观性细节,同时又对混入中世纪大学的教育"史"中极为荒谬的胡说感到满意(《国富论》,V. i. f. 19 – 31)。表面上的确如此;不过本文的目的是要表明:这种

---

[1] E. C. Mossner, *Adam Smith, the Biographical Approach*, 1969, p. 7.
[2] Joseph Schumpeter, *History of Economic Analysis*, 1954, p. 182.

冲突悖谬虽然可能令人遗憾，但在当时的舆论思潮中几乎不可避免。然而，我们的第一要务是解释我所谓的"年轻人的看法"。因为，无论如何言过其实，如何困惑不已，斯密年轻时的这些看法根本上还是成为照亮他一个又一个兴趣领域的灿烂的智慧之光，所以，斯金纳等人以不容置疑的论据证明了，斯密名为"引导和指引哲学研究的原理：以天文学史为例"的历史"论文"，其标题所显露出的视野对他后来影响深远，有时甚至还采用了相同的术语。我们不妨比较一下：

> 自然的伟大现象……是那些激起好奇心的对象（正如它们必然会激起一样），所以，它们自然而然也会引起人们探究它们原因的好奇心。（《国富论》，V. i. f. 24）

类似的是，《天文学史》第1、2节标题分别为"论出乎意料的效果""论好奇，或论新颖的效果"。或者再比较一下："那些伟大的现象是人类好奇心的首要对象，与此同时，自认为可以解释那些现象的科学，自然肯定是被培育出来的首要哲学分支"（《国富论》，同上）；"所有自然现象中，天体现象因其宏伟和美丽而成为人类好奇心最普遍的对象"（《天文学史》，IV. I）。惊讶、好奇（Curiosity）、惊异（Wonder）——这些情感让人们变成哲学家。斯密将哲学这个术语作为自然哲学的同义词，他这么做只是遵循了当时的习惯：虽然牛顿流芳百世的著作标题是《自然哲学的数学原理》（*Philosophiae naturalis Principia mathematica*），但他在序言中只是概言这是哲学。只要这个文本没什么被人误解的理由，人们就不能反对这种用法；不过，我们一定不能忘记使用的条件。

斯密在另一处写道："古希腊哲学有三大分支：物理学或自然哲学，伦理学或道德哲学，逻辑学。"（《国富论》，V. i. f. 23）虽然这里体现了类、属之间的区别，但我们还是时常弄不清这种指代究竟是前者还是后者，在现代读者评价斯密逐渐呈现的"哲学"和"科学"差异时，这种含混就会造成相当大的麻烦，有些文段还强化了这种麻烦，比如："自认为是在调查和解释这些相互关联的原理的科学，确切地说，就是哲学。"而在《天文学史》中，也有一个非常醒目地方让斯密露出了马脚：他松散的术语反倒成了他自己未能发现的悖论，这导致他的论证变得无效（《天文学史》，IV，18）。

我关注语言的用法，这当然不是在卖弄学问；从根本上说，这与本文的标题密切相关，我以有意为之的标题替代更常见的"科学哲学"［式标题］。[①] 从纯粹语言学的层面上说，将斯密归入"科学哲学"显然不符合历史：对于他和他的同时代人来说，这种表述如果不是毫无意义，也是同义反复。当然，这也不是因为不理解我提到的近来的那些学者，他们每个人都认为斯密对于现在所谓的"科学哲学"的贡献有着重要意义，虽然他们的看法各有其理由，但我几乎不敢苟同。不幸的是，对于什么才是科学"哲学"，仍然没有一致的说法，更不用说，对于一种具体的知识是否有资格被当作一种"科学"，也仍然有着明显不一致甚至截然相反的看法。

鉴于上述种种原因，尽管我对斯密的其他著作远没有本文讨论的作品熟悉，但我认为，还是值得效仿斯密，或者说，效仿我视为一部作品的这本"著作"，并思考他在"观念史"中的地位。虽然"观念史"这个用语本身并不存在，但斯密"青年时期的"目标，我宁可认为是揭示科学——他或许可能以相同意思称呼的"哲

---

① e. g. O. H. Taylor, *A History of Economic Thought*, 1960, Ch. 3; Herbert F. Thomson, *Quarterly Journal of Economics*, lxxix（1965），212 – 233. 参 T. D. Campbell, *Adam Smith Science of Morals*, 1971。

学"——的观念的历史。关于这个目标,他取得了部分的成功,他将这些成功的结果用于自己的探究领域:模仿艺术、语言的最初形式、道德情操论、最后的《国富论》——在不同时期,这些分别是他不同的首要兴趣领域。

在论及《天文学史》等论文时,我们一定不要忽视一个事实,即这些"历史"论文原本是一本书的章节,书名为"引导和指引哲学探究的原理",这些"历史"只是作为即将谈到的各门历史原理的例证。一个前提是,我们称之为科学发展的心理学(或许还有社会学)条件,应该被当作科学"哲学"的部分内容,是斯密致力研究的那种哲学的当然组成部分,虽然可能是较小的部分。既然没有更好的可能,而且细节上又没有总体的一致意见,我宁愿认为关于科学的任何理智的批评性讨论都构成了它的"哲学",所以,我非常乐意承认,斯密在这个方面作出了重要贡献。

在斯密的研究过程中,他作了一些惊人、新颖的评论,远非简单的说明,我也不会否认其中包括一些草率的、有争议性的假设;不过,由于缺乏对相关问题(不同于历史问题)的共识,我想排除将斯密作为一位科学"哲学家"的可能性,那些人对这个术语内涵的界定比我还狭隘。他们或许会承认,只有在"哲学"和"科学"的区分被引入之后(就像1790年斯密去世后数十年间的那种区分),一种叫做"科学哲学"的独立学科才形成;他们也会承认,斯密也对这种区分作出了很有意义的贡献——尽管是无意识的。这是我尝试评价斯密在观念史中地位的正当依据。

如果我们不得不仔细考虑"科学哲学"这种目前含糊不定的边界,我们就会遇到关于"观念史"的历史性的、微妙得多也广泛得多的概念范围。就这个信手拈来的模糊领域的共识而言,我们可以给出一个准确的时间——1940年1月,第1期《观念史杂志》在洛夫乔伊（Arthur O. Lovejoy）手中诞生，他还写了一篇资料翔实的介绍性实录，提出这份新期刊的目的是鼓励研究历史和哲学之间或许可以称得上的"空隙"或"边缘"的地带。洛夫乔伊那本闻名遐迩的著作《存在巨链》（*The Great Chain of Being*），证明了这种研究的必要性，也是这种研究成果的杰出榜样，而与那些新"学科"的热衷者不同，他在书中提出，从柏拉图的时代到19世纪，"观念"在不同程度上都潜藏于欧洲文学中，但"观念"的历史却未有人书写。洛夫乔伊的著作记录了这种无处不在的"观念"——有时这种观念以完成的形态呈现——的变化和运用，也记录了洛夫乔伊对"观念"的尊重，但这部著作毫无疑问是一种历史，但不是人们做过什么的历史，而是人们思考过什么的历史。

不幸的是，这种分类没有得到进一步发展，因为接替洛夫乔伊哈佛威廉·詹姆斯讲座（1933开讲，1936年出版）的柯林伍德（R. G. Collingwood），只是提出了自己的哲学理论，即"历史学家必须在自己的心灵中重演过去"，因此，柯林伍德推断，人们过去所做的"纪事"（chronicles）只能根据他们过去的思考而成为"历史"。[①]如果这种影响深远但并不被普遍接受的论断是真的，那么，所有历史都是"观念"的历史。虽然会有各种困难，但我发现没有更令人满意的历史特征描述了，所以，我必须强调，在我看来，"观念史"这个标签仅仅（tout court）是研究一个历史层面的符号性标识。这种困难，与其说是被"感受到"，不如说来自十八世纪自封的历史学家们的规定，他们在介绍一种新历史方法时便是如此界定的。

---

① *The Idea of History*，1946，T. M. Knox 从柯林伍德手稿编辑而成，参编者前言，页 v，正文页 282 以下。

二

虽然我们完全有理由相信，正是在《天文学史》中，斯密首次设定了自己的目的——"阐释引导和指引哲学研究的原理"，但他发表的第一篇"哲学历史"论文却是《关于语言最初形式以及原始语言和混合语言不同能力的思考》（Considerations concerning the First Formation of Languages and the Different Genius of Original and Compounded Languages），该文是 1761 年第三版《道德情操论》（Theory of Moral Sentiments）的附录。尽管斯图尔特（Dugald Stewart）在标题和版本上有错，但其随后的评论几乎是对这一"特定研究"最好的介绍。斯图尔特写道：

> 据我所知，迄今为止，这一研究完全是现代的，在某种特殊程度上似乎打动了斯密先生的好奇心。非常相似的是，它还可以在斯密其他不同著作——无论是道德的、政治的或文学的——中有迹可循……（Stewart，II，45）

这种"研究……完全是现代的"，说的是斯图尔特在后面一段中继续揭示的内容，即，"我们的看法、风俗和制度""以循序渐进的方式"，"从最初未开化的简单尝试过渡到如此美妙的、人为的、复杂的状态"。作为这类研究领域的例子，斯密引证了语言、不同科学和艺术的起源，以及"政治联盟中令人震惊的结构"。"绝大多数这类主题，在历史上几乎没什么材料可稽；因为人们迈过很多重要的步骤之后很久，才开始想到记录他们的事情。"对于我们这个时代的分析哲学家而言，上述的现代事业的形成看起来会陷入循环论证；这位分析哲学家怀疑这样的研究进程是否有效，而非批判性的假设又极大地强化了这种怀疑。这种假设不会怀疑自身的原初动力，我们后面对斯密不同论文更详细的分析会涉及这种假设。尽管如此，关于这一点，我们"杰出的智力"可能会感到困惑，甚至幼稚，但必须在某个时候设定一个开端，这不仅让心灵可能"在某种程度上得到满足"，也可能遏制某种"懒惰哲学"：

> 懒惰哲学指的是，把自然世界或精神世界无论什么样的表象都称之为奇迹，都没有能力给予解释。（Stewart，II. 48）

当然，称赞这种双重目标自然是好的，但另一方面，为达到某种被推荐的方法的成效就不加批判地接受这一方法，或者仅仅因为先驱们过去在茫茫大海上冒险尝试的方法不够充分就否定它们，却是不对的。美洲的发现，其动力恰恰是那些错误的假设，尽管哥伦布没有熟练使用那些可以使用的工具，但最终还是成功了。斯图尔特处处感到这一目标的紧要性，他随后又以"休谟先生""已故的达朗贝尔"和孟德斯鸠为例证，来彰显这一紧要性。"这些哲学研究的类型"或者典范，是指三人在斯密《关于语言最初形式以及原始语言和混合语言不同能力的思考》之前不久已经发表的作品，关于这些，斯图尔特打算命名为"理论史或推测史"；这种表述和休谟使用的"［宗教］自然史"、某些法国作家所说的"理性史"几乎一致（Stewart，II. 48）。在这些术语中，斯图尔特的"推测史"在我看来是唯一一个让人消除疑虑的词语——至少以今天的视野来看是如此。

斯图尔特提到了达朗贝尔，他对斯密的《天文学史》来说具有特殊意义；很快，他就在一段话中指出这种意义，这段话值得完整引用：

无论是纯粹的数学科学还是混合的数学科学，它们在很多分支中都为理论史提供了非常好的题材，已故的达朗贝尔，这位非常称职的法官曾建议根据各种发明和发现的自然顺序来排列这些基本原理，这种排列对于引起学生的好奇心、实现他们的天赋是最合适的。达朗贝尔还将蒙塔克拉（Montucla）的《数学史》(*History of Mathematics*) 中的一段话作为典范。在这本书中，蒙塔克拉尝试展现从一般天体考察提出的初步结论到哥白尼学说这段哲学思考的渐进过程。多少有点令人惊讶的是，这门科学（在这门科学中，我们可能比在其他科学中更有机会将思维的自然推进与设想体系的实际承续做个比较）的理论史是斯密最早的构思之一，也是他去世之前没有毁掉的少数草稿之一。(Stewart, II. 50)

在写给《爱丁堡评论》(*Edinburgh Review*, 1755) 编辑的信中，斯密本人曾说起达朗贝尔《百科全书》(*Encyclopédie*, 1751) 中《引论》(*Discours préliminaire*) 的精彩之处，但没有迹象表明，这对"推测史"有什么意义。至于蒙塔克拉，斯密当然没有提到，因为《数学史》直到1758年才发表。在试图单独评价达朗贝尔（还有蒙塔克拉）的态度之前，我将首先勾勒一下斯密的"原理"，因为这些原理在三篇"历史论文"中形成并得到了"说明"。

我们记得，斯密将"好奇"的情感归因于某些自然现象"难以意料的"特性；"好奇"正是最早驱使人们寻根究底的动力。在着手分析"说明"这一观点的天文学史之前，斯密如此总结他的主题：

> 她们［指"文艺女神"］的想象力，轻松自在地伴随着天性的正常发展，因那些［指天文学］不连贯的情形而受阻、局促不安；它们激起了人们的好奇心，似乎需要某种中间链条衔

接那些断裂,当断裂消失,就让宇宙的整个进程连贯一致、平和祥宁。因此,不期待从发现中获得利益的好奇心,是促使人类研究哲学的首要原则……(《天文学史》,Ⅲ.3)

这段话可以作为"推测"史的样本,以及作为18世纪(自然)哲学在早期为其学科所建立的"理论":其言辞中流露出惊人的洞见,对我们最近关于科学研究性质的争论也有一定意义。随后关于科学天文学的论述似乎非常合理地"说明"了其中的基本关联。这段话表达的是这类自然哲学的起源,而不是斯密时代盛行的、非常成熟的天文学起源,但对相关问题的大量历史猜想削弱了这一论述的有效性,而在斯密或当时那些正在着手研究的"业余爱好者"[①]身上,这种问题并不存在。在斯密写作的时代,这些爱好者精心编造的虚构被误认为是"历史"。就此而言,斯密如何知道"好奇,且不期待利益的好奇"是促使人们研究"哲学"的首要"原则"呢?[②] 如果维特根斯坦能在牛津虚度一段悠闲时光,他或许能够说服斯密:与他追求自己命名的"哲学"的定义相比,他所做的并不那么"历史"。

当斯密说人们受到激励而研究哲学时,他是否意识到,"哲学"不是"彼处"(there)的某个东西,就像行星的显著运动一样,而是一种看待"彼处"是什么的新方式?我想,他在此处和其他地方的直觉,比他的表达形式更有道理,因为他的表达没能打破他在其

[①] 卢梭似乎是个例外。参 J. I. MacAdam, "The Discourse or Equality and the Social Contract", *Philosophy*, xlvii (1972), 309。

[②] 引自密尔(J. S. Mill,《国富论》的推崇者):"人类事务的每个部门,实践都远远早于科学:对自然力量的行为模式的系统研究是最终为了实践而运用这些力量的长期努力的迟缓产物。" *Works*, 1965, ii. 2。

他语境中严厉谴责的各种学派的僵硬程式。尽管总体上,他对修辞的提炼遵循了流行的形式,但他热切回应了贝克莱的符号理论(外感官),这表明斯密已经准备采取一种分析方式来分析语言。由于这个原因,我想,他可能会同意这种有误导性的当代陈词滥调,诸如"科学说""现代科学""科学天赋"等;这三者都蕴含在"科学在前进,但很慢很慢"这句诗背后,丁尼生(Tennyson)这句诗意盎然的句子可能蕴含着诗人的看法,即布莱奇曼(P. W. Bridgman)这位影响深远的物理学家和科学哲学家所说的,"正在进行科学研究(sciencing)"是"科学"的基本特征。"现代科学"作为某类信息的集合体,在本质上与智思(Wisden)(尽管它可能不太可靠!)并无区别。

当然,科学不会"说出"任何事情;只有某个科学家才这样做,他甚至承认相对普遍的一致至少是一些科学的确定特征之一。作为斯密意义上的"哲学",科学本质上是行动,无论是以物质媒介模式的行动,还是根据某些规则、惯例或"模范"而来的观念的具体操作。但是,科学(Wissenschaft)既然意味着一个类型,这个术语就标志着,这一类型的行为就它可能被运用的方面来说具有相对独立性,而盎格鲁-撒克逊人对拉丁语 scientia 的误译是导致科学含义混乱的根源——当然,这并不只出现在盎格鲁-撒克逊的世界里。尽管有些机械,我还是愿意用布莱奇曼的 sciencing 一词,而非赫克斯特(J. H. Hexter)最近在《做历史》(Doing History,London,1971)中提出的"做科学"(doing science),他在书中强烈地反对歪曲"科学"的做法,这种歪曲是由于将研究实践从"修辞"中区分出来,而所谓修辞,就是对各种结果最恰当的表达,也就是在"媒介即信息"这个意义上而言。在知识的"名词"(substantival)理论当中,信息就被设想为在等待"被发现"的某些"外在"事物,而我更倾向于去追求的是，清除这种理论所遗留的最后影响。

由于强调"好奇"的意义，斯密或许会理解这一观点；进一步支持这种看法的理由在于，斯密坚称"想象"会对那些"不连贯的事物感到震惊不安"，而"不连贯的事物"似乎需要借助一些过渡性的东西才能够像链条一样衔接起来；最后，[令"想象"震惊不安的，]还有他认为判断这些隐秘的"链条"之为"链条"的标准，不在于它们"与真相或现实的一致或矛盾"，而在于

> 每条链条在多大程度上适于抚慰想象力，或多大程度上能够使自然的舞台呈现为更连贯因而也就更恢弘的景观，而不是它本来展现出来的样子。（《论天文学》，II.12）。

这段修辞性的表达对一位热衷于戏剧的学生来说当然很自然，不过，它与"实证"哲学也并非完全抵牾，但这段话让我们尤有兴趣的却是它呈现出的"自然观"，这种"自然观"即便不是全新的，也至少是在他那个时代颇为出类拔萃的。更集中地分析这种自然观的一些具体特征当然有必要，但我们目前更有必要比较斯密和这些人的观点：同时代人的达朗贝尔、蒙塔克拉、休谟，以及挑起这些争论的发起人培根和笛卡尔。为了保持我们研究的方向，我将从斯密仔细研读达朗贝尔的定义性陈述开始谈起。斯密的研读不晚于1755年。

三

为公允起见，达朗贝尔的著名宣言理应呈现一个完整文本，其篇幅与斯密三篇"历史"论文加在一起的长度相当。可以肯定，达朗贝尔写作此文的时候，斯密也在构思这三篇除了《天文学史》中

"牛顿式"附录(《天文学史》,IV. 67 – 76)之外的文章;只是达朗贝尔比斯密大六岁。达朗贝尔的目标是写成文艺复兴以来人类精神进程的"哲学"史,这与斯密随后对他"重要著作"的描述极为相似,但结果却完全不同:前者成了这一领域中大师级的系统研究,后者——除了《天文学史》和《论所谓模仿艺术中存在的模仿的本质》之外——只不过是一个崇高的美梦。不过,作为例外的《天文学史》和《论所谓模仿艺术中存在的模仿的本质》也足以成为让我们充分比较两种风格的丰碑。

最令人震惊的或许是,两位作家都巧妙地运用了"推测史",却让人们得出了几乎完全相反的结论:对斯密来说,"哲学"的起源是"好奇,这种好奇不期望任何好处";对法国人而言,哲学的起源是揭示事物能被赋予的用处(usage)——"船员罗盘的发现对于人类的好处并不少于揭示指南针属性的物理学"。最接近"好奇"的,可能是承认"娱乐"会有一定作用。达朗贝尔可能记住了[培根]列举的例子,即对指南针的发明及其理论的比较,《学术的进展》[①]中有一段相似内容,也比较了船员的指南针和帆船。达朗贝尔的《引论》实际上弥漫着培根这位"不朽的英格兰大臣"的精神,乃至斯密在致《爱丁堡评论》的信(1755)中谈到《引论》时,只是说:

> 如达朗贝尔先生所言,他阐释了不同艺术和科学之间的关联,它们的谱系和渊源,除了细微变化和修改之外,几乎和我的培根勋爵所言一模一样。

或许是这样;不过,这种"谱系或渊源"在整篇《引论》中只

---

① Francis Bacon, *Advancement of Learning*, ed. J. M. Robertson, 1905, p. 99.

占很小篇幅。至于培根的著作，达朗贝尔有一个非常有名的判断："如果公平而慎重地评价的话，如我们所知，培根值得我们阅读，也值得我们赞美。"无论是对培根的著作相对不了解，还是有意抛弃他实用主义的"哲学"观点，斯密似乎已是最早那批未能公正看待培根将普遍性和谨慎保留意见结合起来的人之一，而这类人还人数众多。仅在《道德情操论》中就有一个线索表明，斯密或许意识到，像天文学这样高度抽象的科学，能够为唯一的"哲学分支"提供非常有力的"说明"。

在斯密的时代，天文学是一个空前宏伟、精确、经济的"舞台"，用怀特海的话说，仅仅因为它"忽视一切不能理解之物"。天文学只包括角度的变动率（"位置"）和其他角度的变动率的关联（"钟表"——机械表和"恒星"钟直接相关）；事实上，它和应用数学相差无几，除了作为"大自然"的"模型"，几乎与"大自然"没有关系。在那个拥有克莱罗（Clairaut）、欧拉（Euler）、伯努利（Daniel Bernoulli）的年代，达朗贝尔本人就是一个出类拔萃的数学家，在生命的尽头，他坚持用纯粹的数学表达所有知识的理念（ideal）。尽管如此，他还是特别声明："我们的抽象思维促进了数学知识；它对我有用，所以对大家都有用"，而斯密却没有这样的声明。他合理地认为，"我们的数理医学"在看待复杂无比的人类这种机器时很有价值，似乎这是分解我们最简单、最容易的方法之一。

如果由于需要积累尽可能多的事实的缘故，达朗贝尔会坦然接受成为一个"培根主义者"（在某些领域仍然非常流行贬斥意义上的培根主义者）的指责，但他终究还是克服了这种培根主义——当然不如培根本人那么正式（比如培根的"两种尺度"，前揭，页92–93），因为达朗贝尔强调，有必要"提醒人们注意一些对其他事情来说只是结果的主要事实"。这里，他再度强调牛顿原理不证自明的结构也适用于众多"哲学"领域。① 这一逻辑形式当然不是源于牛顿,似乎很大可能是从对很多二手文献未加批评的阅读中推理而来;年轻的休谟对于"实验哲学"充满了乐观的态度,正是在这种乐观态度里,"我的培根勋爵"才被认为是一座里程碑;休谟没有提到牛顿。② 不过我们后面会谈到这一点。

达朗贝尔和斯密这两位思想家的目标和重点在根本上有区别,但同时也有很多共同基础。他们二人共有的,也是他们与大多数博学的同时代人所共有的一个特征,是对相对晚近的历史的有意忽视,比如达朗贝尔说培根出生于最暗的黑夜中。这种"无法克服的忽视"只能源于"根深蒂固的偏见":

> 像宗教、神父、中世纪、野蛮这样的术语,在这些人看来不是有明确科学意义的历史、哲学或社会学术语,只是滥用的简单词汇。(科林伍德,《观念史》,前揭,页77)

我们能稍加体谅的是,在缺乏证据的地方,他们提供了"一种相似的故事";就其本身而言,这种"推测史"的本质,是借用了修昔底德的策略,也产生了效果;修昔底德为书中主角们编撰了各种演讲词,让他们亲身见证历史事件,正如他的读者在剧院里惯常听到的那种戏剧性演说。让柯林伍德这位现代读者困惑不已的是,斯密和达朗贝尔这样的人拥有思考能力,也具有一般意义上的正直,但他们的愿景却让他疑窦丛生——"事实"终结于何处,虚构开始于何处:"语言和社会的起源无疑需要搜集足够的证据……"达朗贝尔后

---

① 参 Newton,《自然哲学的数学原理》(*Philosophiae Naturalis Principia Mathematica*),前揭,页1-28。

② 休谟,《人性论》,Selby-Bigge 版,1896,前言,页 xxi。

文会提出相应的推测，而且更为详细，仿佛这种推测就是既定事实。

即便斯密的《关于语言最初形式以及原始语言和混合语言不同能力的思考》呈现出惊人的天赋和迷人之处，但他却依然假定，"新的事例"不可能与"相应观念的名称"无关。看起来，斯密肯定会认为，高深专业的拉丁语几乎表达了语法形式发展的各种形态，所以一定与"语言的最初形式"有关。同样，他对伊奥尼亚自然哲学（"古代物理学"）的优雅"论述"也无法为柯林伍德提供任何引导，这也表明在很大程度上这些仅仅是他自己的推测。在修辞学和文学的讲义中，斯密居然极力主张，既然那些令我们非常满意的事实比那些存疑的事实更"有趣"，那么，"更恰当的就是讲述没有怀疑的事实（sic），而不是给出长长的证据"（《文学及修辞学讲义》，18.13；Lothian 编辑本，页97）。历史服从于"修辞学"，就像在另一种语境中历史服从于"哲学"一样。大约在达朗贝尔完成《引论》五十年后，蒙塔克拉在大增补版《数学史》（*Histoire des mathématiques*）的序言中承认，他有时会将"一个虚构未知的发展"替换为"可能完全不同的事实"；相比语言的重构，在数学发展过程的重构中，"可能性"很重要，虚构更有可能是"真的"。

蒙塔克拉的提醒指向一个更吸引我们的事情，即赞美这些人正在呼吁并在某种程度上已经提出的新型"思想史"。就对"好奇""惊讶"的回应以及对"链条"或"桥梁"的需要而言，斯密在解释天文学史时树立了一个榜样，如果遵循他的做法，我们就可以摆脱由主要实践者的名字和日期这份枯燥名单表构成的"历史"，就科学而言，这些历史最近才消失殆尽。蒙塔克拉明确反对这种处理；相反，他极力主张，应尝试提供一份"年表"，能够揭示相承相续的发现，还有这些发现者所发挥作用的"精神"。为了支持自己的观点，他引用了数学家德·蒙莫尔（Remond de Montmort）——不要和更早的"蒙莫尔学园"创始人搞混。在给伯努利家族中的一位成员的信中,蒙莫尔呼吁把数学史和绘画史、音乐史、医学史相提并论,称这些历史"可以被视为人类精神的历史"。德·蒙莫尔终其一生也没有实现这一目标(被引用的文字写于1721年,不过现已佚失),但这样给历史分门别类时,他似乎第一个意识到将科学史作为观念史的一个重要内容所具有的意义。(身处黑暗之中的)培根对蒙塔古拉的影响明显体现于他的"次要思考",在这些思考里,他将航海、光学和天文学这些"混合的数学"都囊括到他的历史之中。

无论斯密在《天文学史》中"纠正"了多少内容,也无论这种"纠正"有多晚,毫无疑问,在知道达朗贝尔和蒙塔古拉相似的推测之前,他就已经形成了"引领并指导哲学研究的原理"。相同的结论当然不适用于笛卡尔,他一个世纪之前就提出所谓"激情或灵魂的运动"(Passiones sive Affectus Animae)的说法了。斯密在其《文学和修辞学讲义》和《天文学史》中特别参考了笛卡尔的著作。关于激情的顺序和类型,① 笛卡尔认为惊喜(Admiratio)是所有激情中的首要激情(prima omnium passionum)。显然,在这个语境中,惊喜(admiration)相当于斯密的"好奇"(Wonder);在一段没有充分展开的序言中,斯密确实承认,许多优秀的作家以"赞美"(admire)指代"好奇"或"惊讶"。在我看来,既然斯密使用的"好奇"是他对广义上的"科学哲学"最重要的贡献(参上文),那推测一下,如果笛卡尔真的强调惊喜至上,那么,什么内容能在揭示发现问题的方法上起作用呢?

---

① *Opera philosophica*, editio ultima(Elsevir 出版了校订版,Amsterdam,1677),《灵魂的激情》(*Passiones Animae*),第 53 条(Art. LIII),Haldane and Ross 英译本,1931,p. 358。

笛卡尔在提出关于惊喜的观点时，首先将心灵的经验和假想的大脑中的神经和脑海中的"精神"运动联系起来。由于斯密从未对这些"形而上学的"思考表现出任何兴趣，我将继续讨论第七十五条（笛卡尔，《哲学著作集》第 75 节，英译本，同上，页 364），"好奇（wonder）具体存在于"：

> 它之所以有用，是因为它让我们去学习并在记忆中记住我们显然忽视的事情；因为我们只会对那些在我们看来罕见的、不寻常的事物好奇，任何事情都不会这样出现（除非）我们忽视了它，或者，因为它不同于我们知道的事物；正因为这种不同才导致它被称为非同寻常。现在，尽管我们不知道的事物在我们的理解力或感官中呈现出全新的样子，我们也不会将它继续保留在我们的记忆中，除非我们拥有的观念因某种激情或理解力而在我们的头脑中被强化，在运用理解力时，我们的意志将会决定一种特殊的滞留和反思……

斯密和笛卡尔的论述似乎有一个共同点：如果我们可以假设"事物在记忆中的滞留"是知识的必要条件，那么，初次感知时的"好奇"是知识更上一层楼的必要条件。笛卡尔将"好奇"归为所有激情中的"第一推动力"；斯密实际上根本没有将"好奇"归为一种激情，不过，他长篇介绍的整个基调却是如此。而且，他本身是从休谟的立场出发而采取这一观点，休谟《人性论》中列举的名单（页 276－277）不包含"好奇"。[①]

[①] 可以比较一下这句话："由于这种困难激起了这些情绪，故它是好奇、惊讶以及起源于新颖的所有情绪的源泉。"《论激情》（*A Dissertation on the Passions*），《哲学论文集》（*Philosophical Works*），1826，iv. 231。

要想发现笛卡尔对"青年"斯密的直接"影响",这个可能性很小:1748—1751年间在爱丁堡所做的修辞学和文学讲座中,斯密对相关问题发表了最早的观点,而在这些讲座中,笛卡尔的影响无迹可寻。但是,人们相信,在1751年和1752年的讲座中存在这种影响,当时斯密任格拉斯哥大学逻辑学和道德哲学讲席教授。不过,从1762—1763学年的学生笔记抄本中看,斯密也没提到笛卡尔关于激情的观点。

作为一位观念史家,我原本不太关心追溯"影响"、树立"优先[发现]权",而是去"推测"为什么观念的某种揭示在特定时期流行,或者更应该是,如果人们吸收了这些观念,有可能是无意识地取自一些一般的理论资源。我们再次发现达朗贝尔与斯密并肩而行。达朗贝尔将"好奇(curiosite)"作为一种激情,认为其特征是"一种想要探索的欲望……躁动不安地想要获得满足的心理"。由于两人都追寻发现的动机,故而,将两人联系起来,也就意味着笛卡尔对发现一个"链条"的必要性的强调。现在,我将考察笛卡尔和斯密观念体系之间更具技术性的联系。

我所以为的这种联系,不仅在于笛卡尔和斯密两人在某个阶段——斯密大约在学术探索的开端,笛卡尔则大约在其哲学探索的终点——都关注不同于知识根基的发现心理学,还在于他们都极力想要指出这种心理学是某种机制(mechanism)。前文提到,关于这一点,由于人们认为他们各自朝着相反的目标来解决问题,这个事实可能掩盖了他们之间的关系:笛卡尔的目标是创造一个激情如何"工作"的详细的机械模式,斯密的目标则是要表明,"宇宙机器"模式被创造出来是为了"让想象变得顺畅",满足人们对明显不同的现象之间的"桥梁"或"链条"的渴望。

随着笛卡尔涡旋(vortices)的分离倾向的强化,第一、第二原理，宇宙论及其他类似的理论，可能不过是精神物理学的魔鬼凭借松果腺控制了那股动物性的情绪；还有一点一定不能忘记，即笛卡尔认为，这些情绪基于真正的原因（verae causae），而伪亚里士多德主义者则称之为"神秘力量"和定义不清的"同情"，并草率地抛弃了事。虽然斯密意识到，真实的模式已为牛顿体系所取代，但他还是乐于同意：

> 笛卡尔是第一个"吃螃蟹"的人，他首次尝试弄清楚这条看不见的链条在哪里，并为一系列中间事物提供想象，这些事物按照一种顺序彼此相续，所有其他事物也按照这种顺序排列，最熟悉它的事物应该将那些不连贯的事物、将行星的迅速运行和自然的惰性（inertness）组合在一起。笛卡尔第一次解释了物质的真实惰性在哪里；这种惰性不是运动的反对，也不是静止的倾向，而在于中立地持续静止或运动的能力，在于凭借某种力来抗衡无论什么从一种状态改变为另一种状态的努力。（《天文学史》，IV. 61）

有趣的是，1738年牛津大学图书馆的书目中就有笛卡尔1647年巴黎版的《哲学原理》（*Principes de la philosophie*），而十年之后，斯密驻足于巴里奥尔学院。①

---

① 莫斯纳（Mossner）教授在牛津大学图书馆的档案中没有找到斯密曾从那里借书的证据；巴里奥尔学院图书馆的管理员奎因（Quinn）先生好心告诉我，巴里奥尔同样没有证据。因为麦凯（W. D. Mackay）在《牛津大学图书馆年鉴》（*Annals of the Bodleian Library*，1890，页208）中表示，曾有一段时间，还书记录几乎很少超过一天，甚至没有，这不能说明斯密从来没有翻阅那里的书。莫斯纳教授对斯密翻阅过笛卡尔的另一个来源的建议，可参考他的《斯密传》（*Adam Smith – the Biographical Approach*）。

笛卡尔认识到，哥白尼和第谷·布拉赫（Tycho Brahe）的体系之间没有太多差别，除了后者将前者关于地球运行的假设当作"谬论"抛弃之外。笛卡尔断言，布拉赫之所以否定哥白尼，"是因为他没有充分考虑到什么是运动的真正本质"。笛卡尔自己更喜欢作为一个整体的哥白尼体系，但他愿意为静止的地球寻找更好的理由，而不是用布拉赫给出的理由进行解释：这些"更好的理由"当然是笛卡尔对惯性原理的假设，牛顿第一运动定律后来也会推导出惯性原理，但牛顿错误地将这一假设归功于伽利略。伽利略也没有彻底摆脱他预设的亚里士多德概念，他设想的"直线"，是以地球为中心的圆——这显然不同于欧几里得的直线。笛卡尔对自己体系的最终结论是我们的这里的重中之重：

> 但我要声明的是，我并不会妄称它完全符合真理，而只是作为一种可能是错误的假设或推测。

斯密却断言，运用于"哲学"的适当"链条"或"桥梁"必须由这种标准评判：即"不考虑它们是否荒谬或是否可能，而是考虑它们与真相和现实是否一致或矛盾"。笛卡尔的方法和斯密的断言之间如何联系呢？

对这个问题的充分思考将超过本篇的篇幅，也非笔者能力所及，但不深入目前这些关于"真相和现实"的争论，我们又不可能把斯密的评判牢固地放在观念史的位置之中，而笛卡尔只被视作一个特例。关于天文学体系的"真相"的讨论，辛普里丘（Simplicius）对亚里士多德《物理学》的评注中有一个经典的例子（Locus Classicus）。据说，这本评注引用了更早的权威著作。辛普里丘自己强调说，"物理学家在很多情况下都想通过诉诸创造力来解释原因"，而天文学家完全不同，在了解什么在本性上适合静止的位置、哪些天体易于运动时，他引入了各种假设，在这些假设下，一些天体保持不动，而另一些则处于运动之中，进而考虑在宇宙中实际观察到的现象将与哪些假设一致。（引自 T. Heath, *Greek Astronomy*, London, 1932, 页 124-125, 重点符为笔者所加。）

而笛卡尔说：

> 天文学家们发明了三种（柏拉图的、哥白尼的、第谷的）假设或前提，他们只尝试解释所有的天文现象，却不检查这些假设是否与此相符。

这时，辛普里丘就是他的历史先驱。他在多大程度上意识到这一点并不确定，但他非常清楚地意识到，在自己的历史环境下采取这一观点是谨慎的，因为伽利略正是因此才受到宗教法庭的谴责。如果那位好斗的"天文学家"，听从贝拉明枢机主教（Cardinal Bellarmino）对他的努力劝说，将他的观点仅限于天文学上优于哥白尼的体系（哥白尼的 1543 年的伟大著作《天体运行论》[*De Revolutionibus Orbium Coelestium*] 当然是献给保罗三世的），那么，他就很可能成为教会的装饰，而不是被谴责的异端，因为他几乎是一位虔诚的信徒。但是，这位"物理学家"仍在继续他的工作。

实际上，那些归之于"天文学家们"的所谓"不流血的门类"，几乎每个部分都不再时髦：尽管《天体运行论》的序言是路德宗的编辑奥西安德（Andreas Osiander）匿名所写，但是，哥白尼无疑认为地球这个行星确实是运动的；半个世纪之后，开普勒首先打破了柏拉图对独自围绕"神圣之物"始终如一的圆形运动的要求，他的思想激发来自物理（"或者，如果你喜欢的话，就是形而上学"）概念。作为观念史发展的一个阶段，伽利略和罗马教会之间的对抗（开普勒也受到改革后的教会相似的威胁）不可避免，但是，这不是简单的"真理与现实"的问题。教会尽其最大努力［为伽利略］提供了一条科学的、体面的回避途径；与之相反，伽利略以其科学的、难以辩护的理由坚持只有哥白尼体系才是"真理"，他以金星相变（the phases of Venus）作为证据，坚持认为托勒密体系实为"错谬"。伽利略得益于第谷体系，而且没有被望远镜的观测图像所惑，所以他保持了一种有不同阶段特征的沉默——更恰当地说，是一种近乎永恒的沉默。年轻的斯密希望追寻毫不相关的"真理"之间"链条"的时候，他不必面对笛卡尔当年不得不面对的困境：苏格兰的教会尽管在态度上几乎没有"自由"可言，但是，还有许多更为基本的"偏离"需要纠正——正如斯密不久之后对其好友休谟所作的警告。

四

人们通常认为，"苏格兰学派"在构建"人的科学"时采用了牛顿式"方法"，但根据前面的分析，我们似乎需要开始重新思考这个看法是否恰当。在我们尝试评价苏格兰学派的方法在多大程度上其实是"笛卡尔式的"之前，重要的是采取一种比考察笛卡尔式和牛顿式的关系时更加广阔、深刻的视角来看待"牛顿时代"。我将"牛顿时代"这个术语当作一种方便说法，它能够涵盖牛顿对他自己成就的态度以及他的同时代人后来的接受——他的同时代人持有的"守护的虔敬"是斯密的同时代人所欠缺的。

斯密自己也承认，虽然笛卡尔是第一个提供了一个"链条"的人,但当时(最迟是1758年),斯密正在撰写关于牛顿体系的评论,因为牛顿体系"正在流行,压倒了一切反对意见"。我们从这一点开始比较方便。虽然有证据表明,在相对较早的时候,爱丁堡大学有人讲授笛卡尔哲学,但毫无疑问,在格里高利(David Gregory)1692年①离开爱丁堡到牛津担任塞维利亚天文学教授之前的某个时候,他就讲授过牛顿体系。所以,在大不列颠,至少在斯密能够对其作出判断——更确切地说是斯密表明自己深刻认识了它的本质——之前的半个世纪,牛顿体系在很大范围内为人所熟知。至于牛顿本人,尽管他告诫人们要注意他只是在"假设"(在具体文本语境中,这个假设仍然是一个会被误解的观察——它指的不是"重力",而是重力的原因),但他还是强调:

> 重力确确实实存在,确实根据我们解释过的法则发生作用,也能清楚地解释所有天体运行和海洋运行。

我想,如果被逼无奈,斯密可能会毫不犹豫地接受第一前提,可能也会接受第二前提,唯有对第三前提会有所保留;所有人都会对"解释"的意义感兴趣。在两个世纪的时间里,自然哲学家们成了伟大的多数派,他们把牛顿看作后来被称为"实证主义"的理想典范,对他们来说,牛顿关于重力和前提假设的那个著名段落——即"具体前提是从现象中推导而来,随后根据归纳推出一般条件"②——处于"一种惊人的孤立状态",假如没人能非常肯定牛顿

---

① 关于最近的评价,参 P. D. Lawrence and A. G. Molland, "David Gregory's Inaugural Lecture at Oxford", *Notes and Records of the Royal Society*, xxv (1970), 143-147。

② 所有《自然哲学的数学原理》的引文都来自莫特(Motte)对1934年 F. Cajori 版的翻译版。

所谓的"归纳"是什么意思,那么,还有什么是更加"实证的"呢?但最近,牛顿的"总释"(General Scholium)中的这段话受到更多关注,在这段话的前四页,有一段"实证的"段落(《自然哲学的数学原理》,前揭,页 543–547)。这段总结性的话这样开头:

> 现在,我们或许可以就一种最微妙的精神多说一点,这种精神弥漫在整个身体中,潜藏于粗鄙的肉体之下……

在重力、电流、黏合力(即化学力)的作用下相互吸引、相互排斥,这种活动可以和热、光、感知以及"在意志指导下肉体各部分的运动"一起得到解释(同上,页 547)。不过,可能是为了阐释或者"修正"关于"前提假设"的模糊段落,牛顿又接着说:"我们没有充分做实验,而精确确定和描述电流①和弹力精神运行的法则需要充分的实验。"看来,在牛顿心中,这种"精神"无疑是存在的,但他自己不愿在缺乏"精神活动法则"的知识背景下遵循教条主义。那么,牛顿有没有像笛卡尔那样固守对宇宙的"真实"机械的解释呢?牛顿的"精神"和笛卡尔的"以太"(ether)之间没有"形而上学"的差异,但在行星(和彗星)运行方面,实际上有着很大的不同,牛顿的"精神"有产生作用的运动法则,而笛卡尔的"以太"不存在这些问题。但这不是问题所在,"实证"宣言之前的四页内容值得我们关注。

我们要再次回忆一下,斯密特别强调,牛顿"在哲学上所做的最伟大、最令人钦佩的改进"在于,"他以一种如此精确的关联原理将行星运动联系起来,这些原理彻底消除了迄今为止关于行星运动的所有困难的设想"。如果在斯密的设想中所有困难都消除了,那这

---

① Electric 这个单词为莫特(Motte)(貌似有理)所加。

就与大陆哲学家有着天壤之别了——最著名的是莱布尼兹。斯密强调"引力的精确性",认为重力作用的平方反比定律与光从中心点发散这种实验描述的法则之间的相似很合理,关于这两点,没人会与斯密争论。不"精确的"是这个假设:在天体运行方面,引力必须假设持续不断地(而光不需要)发挥作用,穿过漫无边际的辽阔空间。在物理学层面上,牛顿体系以一个难以解决其困难的假设为基础——如果这种"漫无边际的运行"的确不是一种需要回到亚里士多德"神秘力量"的"哲学"悖论的话,毕竟,牛顿及其同时代人鼓吹他们自己已经永远地祛除了这种"神秘力量"。

不过,另一种假设更让很多同时代人感到震惊:人们有时忘记了,17世纪的哲学家可不像斯密时代的哲学家,他们至少是深深地沉浸于神学之中,就像他们同样沉浸于这门"新的实验哲学"一样。牛顿不得不承认(牛顿,《光学》,疑问31),由于行星之间彼此相互吸引,那些可计算出的轨道会导致"某些不太重要的不规则性","在这个体系所需要的一个变革"来恢复宇宙的和谐之前,"那些不规则运动将会不断增加"。莱布尼茨可能正是由于记得这段话,所以才在1715年写道,"据牛顿爵士及其信徒所言","万能的上帝想要不时地拧一下发条",而且更多时候是以同一种方式拧发条。[①] 留给数学家拉普拉斯(Simon Laplace)的工作便是用数学方式说明,由于太阳系内的内部相互关系,这样"重新上发条"的动作并无必要;但是,拉普拉斯的写作时间,极可能晚于斯密写作关于牛顿文章的时间。

到目前为止,我们主要关注斯密对牛顿结论的态度——就其性

---

① 引自《莱布尼兹-克拉克通信集》(*The Leibniz - Clarke Correspondence*), ed. H. G. Alexander, Manchester, 1956, p. 11。

质而言，我们或许既可以称之为认识论，也可以称之为形而上学。在 18 世纪，认识论这一术语并不存在，术语形而上学的名声也很污浊；这是真实的情形。而且，正如摩罗（Glenn R. Morrow）所言，①斯密本人是其时代为数不多的形而上学论者之一。但是，就像前文所述，正是斯密偏爱牛顿体系而非其他体系的那些理由，让他有了特殊的视野——这些理由结合了笛卡尔关于"真理"的"习俗主义"与精神世界（"抚慰想象力"）、审美领域（提供一个更戏剧性的、令人印象深刻的"舞台"），甚至"经济"领域——如斯金纳所言，在经济领域，牛顿体系消除了道德上的"不愉快"的无效性。这些倾向中没什么"牛顿主义"：牛顿在自己的哲学原则和其他方面都坚信，他的体系已被"准确或几乎正确的方式接受了……直到另一些现象出现，在这些现象中，那些原则要么被打磨得更精确，要么是例外"（《自然哲学的数学原理》，前揭，页409）。对牛顿本人而言，他的体系的主要优点正如德莱顿所说，"它将一种全能之手的工作交付于每个人的手中"。

斯密承认，牛顿体系能够非常恰当地概述他"青年时期"关于哲学研究的观点，虽然他这种承认也是了不起的见识，但是，我还是必须提醒，我们并非直接接受坎贝尔近期的学术观点。②坎贝尔主张，《国富论》，甚至《道德情操论》，是斯密将其对牛顿科学方法的理解运用到社会研究的尝试。我认为，虽然不必把这个看法视为强词夺理，但我们更容易接受的是，他的判断是对斯密的误解——或至少是错误的描述。的确，斯密曾表示：

---

① Glenn R. Morrow, *Adam Smith: Moralist and Philosopher* (1776—1926), University of Chicago, 1928, p. 8.

② T. D. Campbell, *Adam Smith Science of Morals*，前揭，页21。

……关于如何以那根链条将几种现象全部衔接在一起，在我们开始解释的时候，可以设置某些基本原理［读着模棱两可］或已被证明的原理。……我们可以称之为牛顿的方法。（《文学及修辞学讲义》，24.7；Lothian 编辑本，页 139–140）

但是，他又以一种 18 世纪典型的不合逻辑（non sequitur）的口吻承认，"笛卡尔是现实中第一位尝试这种方法的人"。斯密对这种方法的松散描述或许十分接近笛卡尔在《哲学原理》中的说法，但笛卡尔当然不是第一个运用这种方法的人；它至多只能算是牛顿方法的影子。在对其《自然哲学的数学原理》的阐释性描述中，牛顿运用了一种非常类似于十年前斯宾诺莎在其《伦理学》（*Ethica Ordine Geometrico Demonstrata*）中使用的方法——因为它号称采取了欧几里得《几何原理》的风格，所以，其命题或定理（牛顿指出了这些命题或定理之间可能相当学究式的区别）便是从一套定义和公理中演绎而来。

牛顿与斯宾诺莎的区别在于：运动"三公理或三法则"植根于经验，这些定理由高度精细的数学技巧推断而来。这一系列的论证被称为——比如笛卡尔如此命名——综合的（synthetic），非常接近的说法是整合方法（methodus compositiva），后者许多世纪以来早已为人所熟知，自被嫌弃的"中世纪"一直上溯到盖伦、西塞罗，直到亚里士多德的《后分析篇》。而斯密在比较他所谓的"亚里士多德的方法"时彻底忽视了这个事实。因此，牛顿的方法才是示范。不过，在开始示范之前，"我们阐释那几种现象"的"原理"就只好被揭示出来，而牛顿的"方法"与斯密和笛卡尔的方法并不相同。牛顿在给奥登伯格（Henry Oldenburg）的信（1672 年 7 月 6 日）中坦承了他的方法："你知道，研究事物性质的正确方法是从经验中推演。"① 早在写作《自然哲学的数学原理》前十五年，牛顿就写下了这句话，并且在它发表三十年后，牛顿仍持一样的观点：

> 和在数学中一样，在自然哲学中，通过分析方法考察难解之事一直都应该先于整合的方法（或综合）。这种分析就是做实验和观察，并从实验和观察中通过归纳抽出一般结论。（牛顿，《光学》，疑问31）

当然，关于如何形成一致，没有比"归纳"更好的逻辑术语。牛顿的本意虽仍为人们所争论，但它的确与培根的"归纳"有别。培根的"归纳"一度被誉为"现代科学"的基石——虽然轻蔑地抛弃培根的归纳法在某些领域仍然很流行。毫无疑问，培根合理的逻辑理论与大量无关的、次要的理论混在一起。波普尔爵士（他在澄清这个问题时的努力无人能及）因"归纳"在科学研究中没什么作用而抛弃该方法时漏掉了一个基本因素，而斯密却没有遗漏，此因素即"吃惊"（surprise）。笛卡尔和休谟也强调了"吃惊"。现在，只有在与已设想的、完全纳入"惯例"之下的内容相关时，"新颖"及其伴随而来的"好奇"（wonder）才会出现。用怀特海的生动语句来说便是，"我们以不同的方法依循习惯而观察。我们有时会看到大象，有时不会"。② 当然，这种简单的归纳过程在那些"高级的"科学中几乎或根本不起作用；但是，即便在这些高级科学中，仍会有未曾预料的震惊出现，超出所有"假设"之外，也不是"伪造"（falsification）尝试这种说法可以概括，那么，随着这种震惊，或许

---

① *The Correspondence of Isaac Newton*, i, Cambridge, 1959, p. 208.
② Whitehad,《过程与实在》(*Process and Reality*), Cambridge, 1929, 页5。

也会产生新的领域（如宇宙射线、放射线）。关于假说，预设前提的基本必要性可能与意向性混淆在一起，不过，那是另一个故事了。

如果我们考察斯密的实践，比如《国富论》第七章——熊彼特（前揭，页189）评价说，斯密此章提出了最出色的经济理论——我们的确会在其中发现一种确定的、与《自然哲学的数学原理》雷同的相似性；而我们不得不去寻找这种相似性。"工资、利润、地租的平均费率，自然费率，自然价格"，这些像定义一样被引入。"因而，商品以它精确的价值出售"，此句或许可以称为第一交换法则。和牛顿的第一法则一样，它也产生于经验——尽管在马赫（Ernst Mach）《力学科学》（Science of Mechanics，1883，英译本，1893）中的批判性分析之前，几乎没有人认识到这一点——而且实际上体现了"真实成本"的定义，因此也体现了"交换价值"的定义。交换法则与牛顿法则的不同在于，在判断这些概念的引入是否正确的过程中使用的演绎论证。这种论证——以及斯密的所有作品——并非基于实验基础，这就必然不同于严格意义上的"牛顿"方法。

思想成熟期的斯密的实践可以与青年时期的休谟相媲美：后者明确提出"将实验哲学运用于道德主题"（《人性论》，xxxxiii）；休谟还明晰地观察到，这种实验哲学的"方法"清楚辨别出道德哲学中有一些在"自然哲学中不存在的""具体弊端"；而在推进思考时，休谟典型的双重思考特征是混淆试验和观察；最后，休谟为他的"假说"安排了八组"实验"，但这些"实验"事实上只是例证（同上，页332以下）。为了回护休谟，人们肯定会想到休谟1775年曾公开否定《人性论》；[1] 但是，在《人类理智研究》（I. 10. 16）的

---

[1] 对可能原因的讨论，参 J. O. Nelson, *Philosophical Review*, xxi (1972), p. 333。

导论一章，他勾勒了"抽象、深奥哲学"的风格，但他打算以"谨慎和技艺"克服这种风格的"抽象"，故而采用牛顿"从具体事例到一般原理"的归纳法。不过，其中"狂热的"色彩已经被消除了，他不再提及期望将"实验哲学"运用到人的科学思想上的伟大革命。

五

虽然任何结论都只是尝试性的，但我现在必须尝试对"斯密和观念史"给出个人评价。既然我既无足够篇幅也没有能力评价斯密具体实践的全部内容——很多讨论斯密"方法"的学者都关注这个问题——那么，我将只回答两个历史性的问题：（1）如果斯密确实对后来观念史中的观念的认识有贡献，那么，他有多少贡献呢？（2）他与观念史有什么关系？

写这篇文章时，我的揣测是，有少数几位思想家看到有必要将历史的边界扩大到包括"文学、哲学、诗歌、雄辩等不同分支学科"的发展之中，斯密是其中之一，但是，唯有他将一门关于"严格"科学（天文学）的观念历史上相当详细的知识与随后对这种批评性的历史方法的意义的认识结合起来，进而让人们更能理解人类知识领域的巨大的丰富性。斯密妙笔生花，传达出这种重要性，但他似乎从未自诩本人的重要性：

> 如果我们没有真正从事物的开端看到它们的发展，我们就不会获得最深刻的洞见。①

---

① 很难想象斯密基于什么理由得出这个结论：亚里士多德"似乎在每个领域都比其老师柏拉图更优秀，唯有雄辩除外"（*Ancient Logics*，注释3），事实上，在斯密提到亚里士多德的几个很少的场合中，这是最肤浅的措辞。

把这样的任务安置于一个人的思想范围,即便是1750年,这样的假设肯定也是荒唐的,但是,这种看法却成为人类精神进程的一个里程碑。

至于斯密在观念史中是否有一席之地,与斯密取得的成就的性质和环境不能完全割裂开来。虽然在三篇论文的第一篇中,他声称要撰写一部历史,但我们不能对这种历史成就评价过高:他的描述与休谟的《宗教的自然史》不同,几乎没有足够的原始资料;他没有编年意义上的发展观——对语言最近发展的绝妙分析虽然构成了这篇文章的大部分内容,但它与语言的最初形式完全无关。可能真正应该讨论的是,他娴熟地运用天文学的"历史"描述了一个哲学主题,这种运用是"发明"历史的一种范式,而这种"发明"历史直到今天仍然是科学史的祸根。①

如果基于胡塞尔以"超越论的现象学"之名奠定的更严格的哲学方法,关于斯密将哲学方法运用于一般的人类经验,我们或许可以提出一个更有说服力的观点。休谟在《人性论》中做过类似尝试,比如,认识到[人类]"各种情感"都难以矫正等等,但人们由于不能抛弃现象学意义上假设的心理原子论的错误,故而削弱了这种认识。斯密坚持永恒属性的必要性,这样,普遍运用"机器"类比背后所隐藏的有害的抽象特征,就可以被他"超越"了。在这种抽象之外,便是这架社会-经济的"机器"为了均势平衡而自我调节(《国富论》,I. iii);它甚至可以被当作一个整体进行"操作",

---

① 一个例子是那个一直以来的迷思,即瓦特(James Watt)关于单独冷凝器的想法来自"学者"布莱克(Joseph Black)。最近的评价,参 W. A. Smeaton, "Some Comments on James Watt's Published Account of his Work on Steam and Steam Engines", *Notes and Records of the Royal Society*, xxvi (1971), pp. 35–42。较早的、更粗糙的一个例子是:"工业革命"由蒸汽机的发明所导致。

但是,

> 体系人似乎想象他能安排好一个大社会中的不同成员,就像他用手排列一个棋盘上的不同棋子一样容易;他没想到,棋盘上的棋子除了那只手强加于它们之上的运动,并没有任何其他的运动原则;但是,在人类社会这个大棋盘上,任何个体都有他自己的运动原则,汇总起来便迥异于那个立法机关可能选择施加于他们身上的运动。(《道德情操论》,VI. ii. 2. 17)

在斯密出版的著作中,他对休谟既有致谢又有批评。斯密去世之后,他的学生、后来任职于格拉斯哥法学讲席的米拉(John Millar)写到,"我应该喜欢看到他运用真正的、老派的休谟哲学的阐释能力",此话暗示了斯密在写《哲学论文集》的时候至少读过《人性论》。或许存在一种"真正的、老派的休谟哲学",但我广泛研究休谟哲学著作之后,也没有发现这种东西;尽管如此,仍然有一些令人震惊的片段不能忽视,比如,"钦佩和惊讶与其他激情有着同样的效果"(《人性论》,页120)。无可否认,我们不得不研究"信念"而非"发明";但是,当休谟第一次挥舞"想象"这个魔杖(《人性论》,页6),以便消除其理论中的不一致时,他是要弥补他在色阶(colour-scale)的断裂之间发现的"缝隙"。

斯密没有休谟那么"形而上学",他能够避免休谟不得不诉诸的"扭曲和回转",[①] 而休谟的本意,是为了避免过于简化的"理解力材料"中虽经正确推导却仍旧矛盾的地方。更具有普遍性的类比,

---

① 这一表述来自帕斯莫尔(J. A. Passmore)教授的《休谟的意图》(*Hume's Intentions*, 1952),该书令我受益良多。

取决于斯密的看法在多大程度上可以视之为"信念",而我们一般将斯密的方法称之为"哲学进步"的"接受范围的标准问题"。休谟关于信念的结论是,"更恰当地说,信念是有感受力的人的行动,而不是对我们本性的认知行为"(《人性论》,页183),这个看法就与斯密极其相似。斯密关于"舒缓心灵"的标准正好与休谟的主张相关,休谟主张,当"注意力在发散时","心灵的动作"不会轻松,"拉紧的想象力总是妨碍激情和情感的常规流动"(同上,页185)。斯密认为,"哲学探究"为"我们本性的感受力部分"所驱使,也需要"我们本性的感受力部分"加以评估,而他对审美标准的欲求,又进一步强化了这一点——"……让自然这个剧院……成为一个更壮丽的舞台"。

斯密心仪于"感受力"和"认知"的元素,这暗示了,理解力的进程可以被当作一种语言的连续性的精致过程,正可用于描述和揭示观察到的复杂自然。斯密措辞鲜明地称赞贝克莱关于认知的"语义学"理论——贝克莱认为,恰当的"符号"不需要"像"(like)符号化的对象,而斯密的赞扬表明,在写完《天文学史》大部分内容之后的某些年,斯密仍然在进行这一比较。[①]

最终评价斯密在观念史上的位置和他对观念史的意义时,我们应该避免夸大其词,比如,在我看来,某些早期作家对斯密"科学方法"的影响并没有那么大。作为一位历史学家,斯密不过是一位博览群书的业余爱好者;在这方面,他不比他的同时代人更糟。休

---

① 《论外部感觉》(*Of External Senses*),页44、63。关于这一点的详细阐释,参 Ralph Lindgren, "Adam Smith's Theony of Enqwing", in *Journal of Political Economy*, lxxvii (1969), pp. 897 – 915。

谟或许是个例外，他的《论艺术与科学的兴起和发展》① 清楚地揭示了这一状况。休谟写道：

> 解释任何国家商业的兴起和发展，比解释学问的兴起和发展要容易得多……我们必须最谨慎小心讨论的主题，莫过于艺术和科学的历史；以免我们强加一些从不存在的理由，并将其简化为纯粹的恒定普遍原理。

其实，通过讨论自由制度的优先性，休谟完全是无意识地以此为例证明了他自己所说的危险。在这几页文字里，他甚至没有论证就断言中世纪"每种学问都是彻底堕落的"。卡姆登（Camden）、斯派尔曼（Spelman）、达格代尔（Dugdale）、塞尔登（Selden）以及博兰德派（Bollandists）所有批判性历史编纂学当然也是徒劳无功；不久之前，维科划时代的《新科学》（*Scienza Nuova*，1725）虽然可能为法国人所知，但却被英国人忽视了。取代谨慎清晰概念的，是福斯纳（E. Smith Fussner）教授尖锐批评的"彻头彻尾的陈词滥调"：② 比如被用来"构建验证事实真相的严格批评标准的'自然'和'理性'，但终究，'理性'并不比'自然'更像一个科学的术语。"那些将理性当作真理和价值试金石的人，那些活到1789年的人，他们将会看到，他们的理念在巴士底狱的怒火中焚毁殆尽，所以，对一代人而言，鲜血而非理性成了人们的论据。

斯密的《道德情操论》有助于开创新的局面，因为他的基础是

---

① 《论艺术与科学的兴起和发展》（"Of the Rise and Progress of the Arts and Sciences"）一文首次匿名发表于《道德和政治论文集》（*Essays Moral and Political*, Edinburgh, 1741），几乎比斯密早期写作论文的可能日期早十年。

② E. Smith Fussner, *The Historical Revolution*, London, 1962, p. 320.

建立"情境-测试"的方式,是以某个理想的旁观者为中介促成"重新思考",而不是以推测为基础——仅仅靠"理性"和"人性永恒不变的事实"进行推测。

斯密在历史学方面的稚拙,导致他不可能被视为观念史的奠基人,但是,如前文所述,他的著作成了各种观念的蓄水池,观念史的史学家不会笨到不探索这一蓄水池:在其苏格兰的后继者中间,社会科学蓬勃成长的新芽可以作为最早的证据,证明斯密著作的价值。①

在上次纪念《国富论》出版的庆祝会上,瓦伊纳(Viner)教授说:

> ……回到《国富论》的折衷主义、心平气和和基本常识,回到它的善意——它乐于承认那些以与这本书不同的视野看待事物的人只是有部分的错误,这样的返回多么令人清醒。②

我研究《国富论》多年,而近半个世纪以来,这个领域许多人的研究令我深受助益,但我找不到任何理由不把这一评价献给《国富论》的作者。

---

① See e. g. Andrew Skinner, "Natural History in the Age of Adam Smith", *Politica Studies*. xv (1967), pp. 32 – 48.

② John Maurice Clark, *Adam Smith*, 1776—1926: *Lectures To Commemorate The Sesquicentennial Of The Publication Of The Wealth Of Nations*, University of Chicago Press, 1928, p. 155.

古典作品研究

霍布斯与斯宾诺莎的自然权利论[*]

贺晴川

自由主义在早期现代的理论开端,可以明确追溯到霍布斯的自然法革命。霍布斯将一种自然状态引入了自然法学说,将传统自然法的道德诫命改造成了所有个体的自由、平等的自然权利,由此建立了一种保护个体及其权利的法权国家。自由主义的法权国家虽然在黑格尔那里成了历史哲学的终极理想,却遭到了尼采的猛烈批判:

> 国家,并非建立在对战争恶魔的恐惧之上的一种自私个体的保护机制,而是在对祖国的爱、对王侯的爱中,从自身产生

---

[*] 本文系"中国博士后科学基金第71批面上资助项目"阶段成果,项目编号2022M710439;本文系"中央高校基本科研业务费专项资金资助"(the Fundamental Research Funds for the Central Universities)阶段成果,北京师范大学是第一完成单位。

出一种伦理动力,指向一个崇高得多的使命……力量(Gewalt)产生第一位的权利(Recht),根本不存在一种其基础不是僭越、掠夺和暴行的权利。①

在尼采看来,自由主义的法权国家应当让位于一种"强力国家"。表面上看,尼采的批判基于一种"现实主义"的政治视角,但他批判自由主义法权国家的理论依据,令人想起斯宾诺莎对霍布斯政治哲学的批判。在1674年6月2日致耶勒斯的信中,斯宾诺莎回答了自己与霍布斯究竟有什么差异:

> 我要让自然权利永远不受侵犯,因而国家的最高权力只有与它超出臣民的力量相适应的权利,此外对臣民没有更多的权利。这就是自然状态里常有的情况。②

熟悉霍布斯的读者会觉得这段话有些费解:根据霍布斯的说法,自然权利只存在于自然状态当中,何以"永远"不受侵犯?主权国家利维坦的绝对权力具有绝对的法理正当性,为什么要用超出臣民的"力量"来衡量其"权利"?为什么本应脱离自然状态的国家状态,还要受制于"自然状态常有的情况"?尽管霍布斯与斯宾诺莎一致认为国家成立的基础是"人皆有之的自然权利"③(*TTP*, XVI. 1/

---

① 尼采,"《古希腊国家》序",蒋如俊译,载于郭晓东编《复旦哲学评论》(第一辑),上海:上海辞书出版社,2004,页248。

② 斯宾诺莎,《斯宾诺莎书信集》,洪汉鼎译,北京:商务印书馆,2011,页227。

③ 斯宾诺莎,《神学政治论》,温锡增译,北京:商务印书馆,2013,页214。参考 Spinoza, *The Collected Works of Spinoza*, Volume I – II, Edwin Curley (trans.), Princeton: Princeton University Press, 2016, 引文有改动。以下斯宾诺莎《神学政治论》的引文采用文内夹注,标为(*TTP*, 章. 段/中文版页码)。

214),但是,霍布斯与斯宾诺莎对自然权利的不同理解,根本上影响了自由主义国家不同的自我理解:权利本位,抑或是力量本位?[1]

为此,我们需要回到霍布斯与斯宾诺莎各自的政治哲学本身,才能发现他们的自然权利论之间产生差异的来源和后果。

一 霍布斯的怀疑与创制:自然权利的人性论经验

霍布斯的"自然权利"(natural right)一词来自"自然法传统",但它深刻改变了其古典和中世纪的意涵,变成了近代道德和政治思想的新起点。这一古老道德学说的古今之变,无疑伴随着近代科学方法的兴起和个体观念的发明。因此,霍布斯对这个术语的运用,既服从于某种全新的方法,也是意图解决一个全新的政治问题:在传统秩序的自然正当(ius naturale)渐渐衰落后,个体如何能重新聚到一起建立共同的政治生活?

为此,霍布斯使用了三种相互联系却容易混淆的研究方法。首先是《论公民》前言主张的"分解-综合"(resolutive-compositive)方法,霍布斯写道:

> 我要从构成国家的要素入手,然后看看它的生成、它的形式,以及正义的最初起源。因为要理解事物,莫过于知道它的成分……同样,在研究国家的权利和公民的义务时,虽然不能将国家实际拆散,但也要分别考察它的成分,正确理解人性,它有哪些特点适合、哪些特点不适合建立国家,以及谋求共同

---

[1] 国内代表性研究,参见吴增定,"人是不是自然世界的例外?从斯宾诺莎对霍布斯自然权利学说的批评说起",载于《云南大学学报(社会科学版)》,第16卷第3期,2017,页5-12。

发展的人们必须怎样结合到一起。①（*De Cive*, Praef.）

"分解－综合"曾经是苏格拉底的辩证法原理，与智术师的修辞技艺不同，它是哲学式写作技艺的必要方法。（《斐德若》266b）耐人寻味的是，霍布斯在描述自己版本的"分解－综合"方法时，却首先质疑了传统的哲学写作技艺："习传的文章结构尽管条理清晰，单凭它却是不够的"，而自己的方法有助于剔除传统哲学"错误的夸夸其谈"和"模棱两可的教义"（*De Cive*, Praef.）。尽管表面相似，它们最大的分歧却在于对象和用途：霍布斯认为原因和结果是可以分离和单独考察的，范型是几何学（由定义演绎结果）和天文学（由经验归纳原因）（*Leviathan*, XLVI），苏格拉底则认为考察部分与整体的前提是二者不可分离，范型是"有如活物一般的文章"（《斐德若》264c）。② 由此出发，霍布斯构想了一种旨在造就公民质料的实验－创制方案，苏格拉底则推荐一种旨在引导灵魂的认识－教育活动。

霍布斯运用拆卸－组装钟表零件的比喻来描述这种方法，给我们造成了一个机械论的印象：这种新方法虽然取代了"最早爱上这门公民科学"（*De Cive*, Praef.）的苏格拉底式辩证法，但它似乎只是摹仿了伽利略研究自然事物之属性和因果关系的自然科学方法。无论是《利维坦》以自然及其物理法则肇始的谋篇，还是

---

① 霍布斯，《论公民》，应星、冯克利译，贵阳：贵州人民出版社，2003，页9。以下霍布斯《论公民》的引文采用文内夹注，标为（*De Cive*，章.节）。

② 霍布斯，《利维坦》，黎思复、黎廷弼译，北京：商务印书馆，2008，页538。参考 Thomas Hobbes, *Leviathan*, Edwin Curley (ed.), Indianapolis/Cambridge: Hackett Publishing Company, 1994，引文有改动。以下霍布斯《利维坦》引文采用文内夹注，标为（*Leviathan*，章.节）。

霍布斯将"科学"(science)定义为"关于结果以及一个事实与另一个事实之间的依存关系的知识"的做法(*Leviathan*, V.17),都凸显了这种方法的特色和重要性。总之,分析–综合方法属于近代实验科学的新式做法,它反映了霍布斯政治哲学中的"科学"特征:科学发挥着一种"技艺"的创制功能,使得霍布斯能够通过认识、改变乃至重新创造人性的质料,为建立人造的国家整体做好准备。

但是,即便霍布斯的政治研究确实以此为目标,单靠经验、表象、类比等技术化操作,也不足以证明这种观察和实验的科学方法是否还有更加根本的道理奠基,更难以澄清"政治科学"在霍布斯对各种思想或学术的分类体系中的地位。霍布斯对哲学本身的定义,开启了第二种更加深刻的研究方法,这就是"推理"(reasoning):

> 哲学是一种知识:获得它的途径,就是根据任何事物的产生方式推理其性质,或者根据其性质推理其可能的产生方式,目的是使人们能在物质或人力允许的范围内产生人的生活所需要的效果。(*Leviathan*, XLVI.1)

哲学被视为一种推理所得的知识,具体地说是关于任何事物之间因果关系的知识。于是,分析–综合的方法与哲学推理产生了一种微妙的差异:如果说前者是通过分析、观察和实验而获得的关于"具体事物"的认识,那么后者就上升到了关于"任何事物"之间关系的因果推理,从而必然蕴含着对于推理认识本身的普遍反思。考虑到这一章的语境是驳斥"空洞哲学和神怪传说"的种种"错误推理",这里的哲学也就是"正确推理"(right reason)的同义词;哲学不是观察与推理的单纯产物,毋宁说只有真正的哲学才能提供衡量推理正确与否的"真理"标准！要想获得正确的推理，只有对推理本身（尤其是构成推理环节的各种断言及其相互关系）进行哲学反思，而非直接针对事物设立探究和认识的规则。

正因如此，霍布斯将"哲学书籍"里的知识归入"关于断言间相互次序的证明"，而非"关于事实的知识"（Leviathan, IX. 3）。与笛卡尔一样，霍布斯的"第一哲学"必须区别于物理学，也就是关于外部世界的经验知识，并且为后者立下确定性的法则。就此而论，奥克肖特的看法可谓一针见血："霍布斯哲学中的机械论因素源自他的理性主义，它的根源和权威不在于观察，而在于推理。"[①]

总之，只有哲学的推理才能确保新科学及其实验方法不断获得实效真理。这门记载于"哲学书籍"而非历史书籍上的学问（Leviathan, IX），为新科学的不断进步提供了持久动力："推理就是步伐，学问的增长就是道路，而人类的利益则是目标。"（Leviathan, V）尽管霍布斯喜欢用机械论的表述，将推理界定为对于"思想的普通名词所构成的序列"的"计算"（calculation），但推理的目标是"通过语词将自己所发现的结果变成普遍法则，也就是所谓的定理或原理"（Leviathan, V.6）。霍布斯的推理与斯宾诺莎的理性有着一样的野心：它们都要求建立新科学的确定性和体系性，因而要求从认识论的哲学高度确保一切事物与观念之间的稳固联系。

不过，霍布斯的推理是一种"有条件的知识"，只有感觉和经验才是"绝对知识"（Leviathan, IX），这一点与斯宾诺莎的极端理性主义气质不同，后者断言："观念的次序和联系与事物的次序和联系

[①] 奥克肖特，"《利维坦》导读"，载于渠敬东编，《现代政治与自然》，上海：上海人民出版社，2003，页186。

是相同的。"① （*E.* II P7）"怀疑"在斯宾诺莎和霍布斯那里的作用十分不同：前者的怀疑通常是针对哲学之外的宗教，以便保护哲学的外在自由，而在后者那里，怀疑是保持哲学内在自由的活力源泉，体现了霍布斯哲学固有的"暴烈"（奥克肖特语）性情。究其根本，霍布斯认为哲学推理并非直接基于感觉和经验的确定性，而是首先和语言打交道；由此可见，笛卡尔和斯宾诺莎建立的"自我/个体－世界"的哲学架构，在霍布斯的"自我/个体－语言－世界"架构下得到了深刻修正。霍布斯将语言理解为人类"出于需要"而发明的符号，但他认为，一方面，语言只表示特殊的个体对象，"普遍"只不过是源于众多特殊名称的相似性，而非某种实在（*Leviathan*，IV. 6），另一方面，语词的意指和语言规则都来源于"操同一种语言的人的共识"（*De Cive*，XVIII. 4；*Elements*，2.8.13）。因此，不受"共识"约束的语词极易遭到使用者的滥用。② 最令他担心的是，语词的滥用最终将破坏政治和哲学的地基：公开演说的雄辩妨害和平（*De Cive*，XII. 12），而对成文学说的注述不利于学术和宗教信仰的稳固（*De Cive*，XVII. 18），进而滋生学院的"空虚哲学"和宗教的"神怪传说"（*Leviathan*，XLVI）。

这就表明，霍布斯哲学的内部涌动着一股深刻的怀疑主义暗流。

---

① 斯宾诺莎，《伦理学·知性改进论》，贺麟译，上海：上海人民出版社，2009，页42。参 Spinoza, *The Collected Works of Spinoza*, *Volume I – II*, Edwin Curley（trans.），Princeton：Princeton University Press，2016，引文有改动。以下斯宾诺莎《伦理学》的引文采用文内夹注，标为：*E.* 卷＋命题（P）证明（de）附释（S）公理（A）定义（D）序言（Praef）

② Whelan列举了霍布斯辨析语词用途与滥用的许多段落，还指出："霍布斯是近代第一位意识到语词和学说用作政治武器所具有的力量的政治哲人。"参 Frederick G. Whelan, "Language and Its Abuses in Hobbes' Political Philosophy", *The American Political Science Review*, Vol. 75, no. 1（Mar., 1981），p. 60。

它有两种来源：一方面是自然科学方法背后的唯物主义前提，致使一切传统目的论世界图景陷入了彻底的怀疑论危机，宇宙除了物体及其漫无目的的运动之外一无所有。另一方面，密斯纳（Missner）指出，霍布斯围绕着"考察获得知识的必要途径"的知识论问题（《法的原理》），从一种源于内战经验的人与人相互不可理解的"过度怀疑论立场"（《论公民》），最终转变成一种"知识靠某些途径和在某些领域内不可获得"（《利维坦》）的有限怀疑论立场。[1] 从霍布斯的生平来看，一个文明和政治秩序全面分裂的危机年代对他造成了纷繁复杂的影响，这也是他的怀疑论精神不断涌现的不竭动力。[2]

霍布斯的推理陷入了僵局，但这种危机也催生了《利维坦》开篇将自然等同于技艺的根本意图：霍布斯的自然哲学表面上遵循"明晰有序"（orderly and perspicuously；*Leviathan*, Praef. 4）的论证技艺，依次展开了一幅"感觉－想象－语言－激情－信念或意见"的人性自然图景，但真实地看，这个世界从感觉伊始就是一个光怪陆离、相互纠葛的"幻象"世界（fancy；*Leviathan*, I.4），以至于霍布斯最终认为可证明的科学归根结底只能是人类意志所创造的对象；几何学如此，伦理学和政治学也是如此。相反，传统上认识自然并且充当整全知识之基础的物理学或"自然学"则丧失了根基。

---

[1] Marshall Missner, "Skepticism and Hobbes's Political Philosophy", *Journal of the History of Ideas*, vol. 44, no. 3（Jul.－Sep., 1983）, pp. 407－427；反对意见，参 Tom Sorell, "Hobbes without Doubt", *History of Philosophy Quarterly*, Vol. 10, No. 2（Apr., 1993）, pp. 121－135。

[2] 对于霍布斯思想中怀疑论的来源，有两种相对重要的解释：一是唯名论和激进加尔文主义的影响，参见吉莱斯皮，《现代性的神学起源》，张卜天译，长沙：湖南科学技术出版社，2011，页 270－334；二是文艺复兴以降塔西佗主义、皮浪主义和斯多亚主义合流的影响，参见塔克，《哲学与治术》，韩潮译，南京：译林出版社，2013，页 292－364。

既然不可能效仿古典和中世纪的榜样,重建一种关于自然的现代整全图景,那就有必要将求知意志的目标从"整全"转向可理解的"部分";既然可理解的部分是人造物而非自然物,一门作为科学的哲学就要"盯住目的"(Respice finem),以探究和使用人的力量作为始点(Leviathan, III. 4),因而将一切出自人造来源(区别于自然来源)的事物摆在首位。

冯肯斯坦(Funkenstein)指出,近代科学革命成功地让"真理与被造物相等互换"(Verum et factum convertuntur)的原则不再是中世纪属神知识的标记,而变成了属人知识的能力。① 既然一门作为科学的公民哲学必须在自己的领域——也就是在实践生活内部进行创制,作为创制者的霍布斯就必须将人性的自主力量及其遭受的必然性限制,积极建构成对公共政治生活的人为安排。

举例来说,霍布斯一方面认为语词的滥用(尤其修辞术)是滋生怀疑论的土壤,因为滥用语言容易使人与人不再彼此信任,甚至使人不再信任语言描述的外部世界,另一方面他又要利用语词来打造一个人为的必然性,正如施尼温德所言:"必然性的出现离不开我们发明的语词。"② 死亡是每个人自然的必然性,但死亡的必然性并不等于"怕死"的必然性,后者乃是霍布斯为了推理而建构的一种人性心理学。因此,霍布斯并未像伊壁鸠鲁那样得出"不必畏惧死亡"这种顺应或超越死亡之自然必然性的结论,而是径直断言"除了防范死亡外,我们不可能以别的方式行动"(De Cive, I. 7),以此为政治社会创制了一种人力可及的必然性基础。但是,霍布斯

---

① 冯肯斯坦,《神学与科学的想象》,毛竹译,北京:三联书店,2019,页429。

② 施尼温德,《自律的发明:近代道德哲学史》,张志平译,上海:上海三联书店,2012,页110。

效仿自然科学而从事创制的这种人为的必然性，其实遮蔽了自然人性的真实、复杂的现象整体，正如施特劳斯所言："对现代自然科学来说，以整全的眼光来理解人，意味着以低于人的眼光来理解人。"①

正是在这个意义上，霍布斯经历了一条从"推理"到"怀疑"再到"创制"的思想轨迹。他最后找到了一种方法，适合用来奠定政治哲学的创制所必需的共通的人性基础。因此，霍布斯首先在《论公民》里颠倒了哲学体系的建立次序，强调公民哲学无需自然科学也有其经验的基础（De Cive, Praef.），继而在《利维坦》里提出了一种表面上传统却引出非常反传统后果的方法——"认识你自己"（Read Thy Self）。②

乍一看，《利维坦》导言里的这条古老箴言，不过是读者用来印证"分解－综合"的实验与哲学"推理"的内省经验，至多是一种地位比不上科学和推理的"经验积成的明智"（cf. Leviathan, Praef., V. 21）。但在霍布斯看来，诉诸自我就是诉诸个体。作为政治创制的基础，个体的自然相似性只能从经验中得到辨识，而且自我认识的方向也受到了预先规定："由于一个人的思想与激情与他人相似"（Leviathan, Praef.），认识你自己就是认识你自己的激情和力

---

① 施特劳斯，《什么是政治哲学》，李世祥等译，北京：华夏出版社，2011，页29。

② 在柏拉图那里，"认识你自己"至少有两种不同的途径和旨归：第一，认识你自己就是"关心你自己"，不断摈弃并非本己的事物，也就是属于身体的外在善，最终指向专属于灵魂的善，亦即各种"德性"，而这是参与城邦政治的始点（《阿尔喀比亚德前篇》128a－134e）；第二，认识你自己意味着先要考察他人及其种种"意见"，通过认识到人们普遍存在的"无知"，最终认识到自己的无知，而这恰恰是超越城邦生活的始点，也就是走上爱智慧的哲学道路（《申辩》20d－23c）。

量，然后通过认识自我来认识他人，进而揭示出建立共同生活的道路。

在认识你自己的指引下，自然状态的人性论才得以建立起来：一方面，自然激情而非自主思想才是人的意愿运动的开端，决定了人之为人必然追求一种不断满足欲望的生活（Leviathan, VI, XI）。一旦认识到欲望生活的幸福本身需要"活着"作为前提，而非以思考和实现"至善"作为目的，所有人就能看到一切欲望根本上都指向"自我保存"；另一方面，自然力量的平等不仅体现在霍布斯设定的一种"体力、经验、理性和激情"的人性论框架下的全面平等，更是通过"最强者也能暴死在弱者的狡计之下"的修辞，让力量对比从单纯的事实经验进入了个体对未来的想象和权衡中（De Cive, I.1, I.3）。最终，所有个体在相互猜疑以及无尽的权力欲望的作用下，不可避免地指向对其他个体的支配欲，并且在所有人彼此平等的暴死威胁下陷入绝对的战争状态。在霍布斯对人性的理解和创制下，自然状态变成了一种必然存在的困境。

在这种自然状态的人性论困境里，两种最突出的自然激情成为政治创制需要利用和改造的质料：一是骄傲或"虚荣"（inanis gloria），它是导致加害意志产生的最初原因（Elements, XIV.5; De Cive, I.4）；二是人们对彼此的"恐惧"（metus），尤其是对暴死的疑惧（diffidence）迫使个体采用一切判断和手段以捍卫自己（De Cive, I.3; Leviathan, XIII.4）。在霍布斯笔下，"自然法"（lex naturalis）等同于"理性所发现的某种诫命或普遍法则"（Leviathan, XIV.3），这也是霍布斯的自然法有资格被称为"道德法"的原因，因为它只是为了达成所有人一致同意的和平而降低了道德要求，而非斯宾诺莎笔下对一切人事漠然中立的"自然法则"。霍布斯的自然法甚至试图通过一套理性的道德律来驯化激情："寻求和信守和平"

是第一自然法的首要内容,唯有和平才能克服招致暴死恐惧的原因;第二自然法要求"一切个体放弃对一切事物的权利",显然是针对人的骄傲或虚荣,为此还借用了福音书的宗教修辞(*Leviathan*, XIV. 4-5)。尤其重要的是第五条自然法,霍布斯借此表明,人们要想建立并融入他的政治社会,就必须敉平自然造就的千差万别的个性差异,通过社会化的规训来形成齐一、规整的人为生活方式,成为"社会的人":

> 人们的社会倾向由于感情不同而存在本质上的差异,情形有些像铺在一起建筑大厦的石头。如果有一块石头凹凸不平,形状不规则,铺下去时要多占其他石块的地方,同时又坚硬难平,有碍建筑,这种石头便会被建筑者认为不好用而又麻烦,因而把它扔掉。同样的道理,一个人如果由于本性乖张而努力保持于己多余、于人必需的东西,又由于他的诸激情很顽固而无法被纠正,这种人就会被认为累赘而被抛弃或驱除……遵守这条自然法的就可以称为"社会性"(Sociable)。(*Leviathan*, XV. 17)

综上所述,霍布斯从对整全之知(knowledge of the whole)的推理怀疑走向了一种基于个人之知(knowledge of the individual)的创制知识,以个体作为政治创制的质料,通过自我反思的类推设立共同的实践规则("自然法"),引导个体走出自然人性论的理性困境。因此,霍布斯的自然权利追求和平,而没有为自然强者留下多少政治共同生活的空间。那么,斯宾诺莎的自然权利与他又有何不同呢?开篇引文中的"力量"一词为我们提示了线索。

二　斯宾诺莎的哲学与政治：理性主义的自然权利

信奉经验论的霍布斯，向来怀疑自然研究之于伦理政治学的效用，因为活生生的经验世界总是充满了具体事物，不能为抽象的理性一概而论。但欧陆的唯理论哲学通常认为，自然是一部用数学式精密语言写成的大书，而数学式的自然科学是对人事政治加以衡量、取舍和裁断的最高权威，其代表人物便是笛卡尔。斯宾诺莎接续了笛卡尔的唯理论哲学，并且尝试应用于复杂的政治领域，所以他的《伦理学》坚持"依几何学次序证明"人类行为的本性，并推导出道德和政治的结论（E. III Praef.），这就暗示了他的政治哲学带有浓烈的"几何精神"色彩。

先看斯宾诺莎对自然权利的一处标志性解释：

> 按照我的理解，自然权利和既定秩序就是支配每一个体的法则（regulas），按照这种法则，我们把它设想为在自然上受决定而存在，并且以某种方式活动。譬如说，鱼受自然决定而游泳，并且大鱼受自然决定吃小鱼。因此，按照至高无上的自然权利，鱼生活在水里，并且大鱼吃小鱼。毫无疑问，自然在绝对的意义上有至高无上的权利做它能做的一切事情；也就是说，自然的权利与自然的力量是完全等值的。因为自然的力量恰恰就是神的力量，而神对万物有着至高无上的权利。但是，既然自然作为一个整体的普遍力量不过是所有个别事物的力量之和，那就可以推论，每一个体都拥有至高无上的权利去做它有能力做的任何事情，也就是说，个体的权利和它专有的力量是等值的。既然每一个体皆努力（conetur）保持其当下存在是最高的

自然法则（leges naturae），那么，顺理成章，每一个体都拥有至高无上的权利去做这件事，即：像自然所决定的那样去存在和活动。（*TTP*, XVI. 2/214）

上述自然权利的第一个规定是"支配每一个体的法则"，也就是"自然法则"。斯宾诺莎区分了两种法：一是支配一切个体的形而上学层面的自然法，源于自然必然性；二是"为了生活得更安全、更舒适或者其他缘故"的实定法，源于人的决定（*TTP*, IV. 1/59）。在斯宾诺莎看来，人的决定作为"法"只是约束和限制人的力量，但从自然必然性的整全来看，即便人的决定或者说"心灵的命令"（mentis dereta）也不过就是身体的激情和欲望，而后者往往又是外部原因刺激的结果（*E*. III P2S）。不过，既然法的定义本质上是源于立法者命令的规则（*TTP*, IV. 2/60），因此，这个词说到底不过是自然现象的一个"隐喻"，真正的正义（justus）在斯宾诺莎看来亦非服从人法，而是"行事坚定，自我决定而非受命于他人"（*TTP*, IV. 2/60）。显然，斯宾诺莎通过区分自然法则与属人的法，首先否定了人事领域自身的一切规范的根基。

不过，为什么这种支配着大鱼吃小鱼的自然法则蕴含着"至高的自然权利"呢？答案似乎在于"自然的必然性与力量"（naturae necessitas et virtus, *E*. III Praef.）的神秘关系。斯宾诺莎形而上学的起点是"神或自然"（Deus sive Natura），它既是凭借自身的必然性而存在的自因，也是产生和规定万物的本质与存在的致动因；更关键的是，斯宾诺莎将它界定为万物的内因而非外因，从而填平了古典哲学和启示宗教一直存在的神与万物的"超越论"鸿沟（*E*. I A1, A7, P25, P18）。神不是超越世界之外的存在，而是具有必然秩序的世界或自然本身。因此，神或自然的本质即是力量（*E*. I P34），一种严格服从自身必然性并将存在和尚未存在的万物统统纳入这种因果必然性网络之中的力量——斯宾诺莎用"生生的自然"和"所生的自然"（natura naturans et natura naturata）这一对范畴来标示思考自然的两种视角。在一个不存在偶然性和意志自由的世界里，自然等于自然法则，通过"法则或自然"（leges sive natura）的同一性，自然的整体与所有部分联系到了一起。①

与此同时，自然的法则与力量本质上又是同一的，"至高的自然权利"仅仅是通过必然的自然法则而表现的"至高的自然力量"的同义语。②（PT, II.4）在这种自然图景下，个体不是独立自在的实体，因为它们总是需要靠自然力量来保持自身的有限存在，所以个体的现实本质总是自然力量及其法则的表现。换言之，万物似乎在一个必然世界中丧失了传统"个体"的价值和存在意义。但是，为什么斯宾诺莎又将"每一个体"与"至高无上的自然权利"联系起来了呢？考虑到《伦理学》成书的复杂性，以及斯宾诺莎为他的哲学体系明确赋予的伦理性质而非单纯的形而上学性质，③ 我们必须转换视角，立足于处在这种整全的"自然状态"下的个体，重新思考这套整全的形而上学体系所引发的"伦理问题"：神或自然的力量与自然个体具有怎样的联系？在一个总是已受决定的必然世界里，个

---

① 斯宾诺莎，《斯宾诺莎书信集》，前揭，页158。
② 斯宾诺莎，《笛卡尔哲学原理·政治论》，王荫庭、洪汉鼎、冯炳昆译，北京：商务印书馆，2014，页231。参 Spinoza, *The Collected Works of Spinoza*, Volume I–II, Edwin Curley (trans.), Princeton: Princeton University Press, 2016，引文有改动。以下斯宾诺莎《政治论》的引文采用文内夹注，标为（PT, 卷. 节）。
③ 关于《伦理学》的写作及"其要旨是一种自然伦理"的论点，参史蒂文·纳德勒，《斯宾诺莎传》，冯炳昆译，北京：商务印书馆，2011，页337-340。

体的自然力量或权利究竟具有什么样的价值和意义？归根结底，斯宾诺莎的个人将置身于一种什么样的自然状态，过一种怎样的生活？

"努力"（conatus）概念提供了关键的线索，而斯宾诺莎为这个概念赋予了过去从未有过的形而上学含义。斯多亚派和中世纪经院哲学曾在灵魂论及自然目的论的背景下使用这个词，描述事物属己的"自然欲望和倾向"。近代自然观的变革，使得伽利略将"努力"用于描述一切物体的运动状态之保持，而以利普修斯、蒙田为代表的怀疑主义也复兴了古代"欲望"概念，以抗衡古典与中世纪理性主义的权威。最终，作为惯性定律的物理学"努力"与作为灵魂的首要激情的"欲望"成功融入了笛卡尔的自然哲学体系，为霍布斯和斯宾诺莎的进一步利用和改造奠定了基础。[1]

就否定的方面而言，斯宾诺莎与霍布斯一样，将这个物理学范畴用于描述人的实际生存，认为人最基本的"努力"就是一种自我保存的欲望，从而抛弃了直到笛卡尔都还存在的限制欲望的外在尺度——因为笛卡尔仍然认为欲望源于对善恶的思考，而霍布斯和斯宾诺莎都仅仅将欲望视为引起我们一切行动的动力和目标（*Leviathan*, vi; *E*. III P9S）。[2] 但就肯定的方面而言，斯宾诺莎远远超出了霍布斯，不但从一切存在物而非人出发界定"努力"，并且从形而上学而非经验的角度来认识"努力"的本质。更有甚者，既然一切存在的事物莫不以某种方式表现神的本质或力量（*E*. I P36d），斯宾诺莎便从"自然的必然性和力量"的同一性出发，将"努力"彻底奠基在"力量"概念上，确立了一种在必然性处境中永久追求力量和

---

[1] Valtteri Viljanen, *Spinoza's Geometry of Power*, New York: Cambridge University Press, 2011, pp. 84–91.

[2] Curley, *Behind the Geometrical Method: A Reading of Spinoza's Ethics*, Princeton: Princeton University Press, 1988, pp. 119–120.

自我肯定的个体性（*E*. III P4 – 8）。①

因此，自我保存只是努力的最低要求而非"现实本质"，受外因刺激引起的欲望也只是努力的一种表现而非根本动力，权利的限制只取决于"努力"本身在无限自然力量面前的有限性和其他个体力量的约束，而非源于人的理性。总而言之，神或自然既取消了习俗道德和启示宗教的一切目的论限制，也不单单让个体摇摆于霍布斯式"匮乏 – 满足"的欲望循环，而是让"权利 = 力量"充当现代性个体在生存斗争中追求力量的崭新公理。与霍布斯不同，斯宾诺莎的自由主义取决于"力量"而非自然或法权意义上的"自由"（freedom/liberty），正如巴格利（Bagley）所言："斯宾诺莎的政治哲学之所以独特，就因为它是一种力量本位而非权利本位的自由主义。"②

因此，即便是傻子和疯人，也会"出于至高的自然权利"（sum-

---

① Bennett 批评说，斯宾诺莎从"事物必然与能毁坏它的其他事物相反对"（*E*. III P5）推出"事物必然以一种自我保持的方式活动"（*E*. III P6），这是一种论证跳跃，添加了多余的目的论。参 Bennett, *A Study of Spinoza's Ethics*, Indianapolis: Hackett Publishing, 1984, pp. 244 – 245。阿利森（Allison）反驳道，根据"事物的本质必然设定其存在"（*E*. II D2），事物的活动和反抗都是自然必然性的实际结果，保持存在的努力就是事物的"现实本质"（*E*. III P7）。参 Allison, *Benedict de Spinoza: An Introduction*, New Haven: Yale University Press, 1987, pp. 133 – 134。但他们过于拘泥细节，没有挑明"力量"在斯宾诺莎的前提和结论中的核心地位。纳德勒（Nadler）指出，作为"现实本质"的努力既是一切个体的"自然倾向"的形而上学规定，也是在排除自由意志与自然目的论之后保留的一种自我规定和自我实现的"主动性力量"。参 Nadler, *Spinoza's Ethics: An Introduction*, Cambridge: Cambridge University Press, 2006, pp. 198 – 199。

② Bagley, *Piety, Peace, and the Freedom to Philosophize*, Dordrecht: Springer, 1999, p. 134.

mo naturali iure）行事，一切包括争斗、怨恨、欺骗在内的方式都不禁止（*TTP*，XVI. 4/215 – 216）。这个哲学结论看起来十分反常识：难道斯宾诺莎确实是在按几何精神贯彻他的形而上学，将这种追求力量的动力或"至高的自然权利"直接赋予政治现实中的所有人吗？作为一位关心真理的哲人，斯宾诺莎批评包括笛卡尔在内的过往哲人未能正确认识自然，而是将人视为自然的国中之国（*E.* III Praef.）；但他也以政治家的名义更加猛烈而轻蔑地抨击哲人，嘲笑他们构想的人不属于政治现实，而是自己"希望出现的人"（*PT*, I. 1）。这样说来，斯宾诺莎似乎在自己的哲学与政治家的政治之间达成了一致。

然而，对于出发点本来就迥然不同的哲学与政治，斯宾诺莎实现的这种一致究竟具有怎样的意涵？要知道，尽管斯宾诺莎声称继承了马基雅维利和政治家们清醒务实的政治态度，坚持一种注重实效真理的现实主义立场（*PT*, I），但他真正关心的只有哲学生活，并且从哲学形而上学的高度无条件肯定了一切激情，一切单从政治生活自身来看即为恶和缺陷的事物：他的现实主义远远超出了政治家的清醒，富有一种极端的"理性真诚"态度。几何精神的意蕴就在于哲学是政治一以贯之的基础，为政治提供其自身领域所不具有的哲学理由。

不过，几何精神或许也只是一种形而上学的表面结果。斯宾诺莎的写作不是单纯发自其形而上学理性精神的结果，同样也对其哲学活动的生存处境有着十分敏锐的现实感。哲学宣称一切现实事物的正当性都源于其力量，无疑也从这种论断的天然力量中汲取了自身的自然权利。霍布斯以政治科学的创制名义怀疑和拒斥了哲学对自然真理的认识要求，斯宾诺莎的哲学则重新发现了自然，并且将它树立为政治生活必须保卫的崭新基础。

因此，斯宾诺莎不仅以哲学来理解政治，而且要求政治来保护哲学这一根基，实现一种"哲学的政治"：哲学与政治的一致性不仅在于思想上的一贯，也在于现实政治必须服从于保卫哲学这一目标。哲学成为目的，政治降格为手段，这就是霍布斯的政治哲学不如斯宾诺莎激进的原因所在，也表明了霍布斯试图维持的"国家理由"如何变成了一种"哲学自由的庇护所"。[①] 对此，最明显的证据莫过于《神学政治论》一书的主旨既非神学也非政治，而是"捍卫哲学思考的自由"。

回到"权利＝力量"上，我们现在便能明白斯宾诺莎是在一种什么样的意义上保证"自然权利永远不受侵犯"：作为一个哲学概念而非法权概念，斯宾诺莎的自然权利立足于自然力量的不平等，而非公平适用于所有人的正义。在个体的自然力量这一问题上，从人皆有之的普通理性推出自然力量平等的做法是一种幻觉。相反，斯宾诺莎从根本上强化了自然力量的个体性和歧异性，因为他强调这是理性和激情对个体欲望的不同作用所导致的"现实"结果。欲望是人的本质自身（PT, II. 5; E. III P59. D1），这种从力量角度界定的欲望绝不只是某种外在对象所引起的结果，而是某种努力或力量的表现。两者的差别在于是受到欲望对象的支配还是自身成为欲望对象的"充分原因"，也就是被动还是主动、激情还是理性的差别：前者意味着外物是我们身体、观念和力量增减的原因，使我们受制于被动情感或"激情"（affectus）之中；后者则意味着我们单凭自身就成为力量增减的原因，因为理性使得我们充分认识了欲望对象和必然性的相互关系，从而让追求力量和自我保存的努力牢牢占据一

[①] 迈内克，《马基雅维利主义："国家理由"观念及其在现代史上的地位》，时殷弘译，北京：商务印书馆，2008，页324-327，332-333。

种积极主动的地位。

既然多数人受激情奴役的事实是斯宾诺莎进行政治思考的出发点,这就决定了他将自然状态刻画为一种对于悲惨的激情生活的描述。心灵总是倾向于从想象中获得自身力量的增长(E. III P12),但想象的本性不过是身体由于外物作用而被动产生的"印象"(imagines, E. II P17S),迥异于理性通过认识外物的"性质"(propria)而主动形成的共同观念(E. II P40S2)。想象的力量总是受制于外物的流变,而不像理性单凭自身就能主动构造出正确的原因,取得想要的结果。因此,多数人往往受制于想象及其伴随的种种激情,深陷于"心灵的动荡"(animi fluctuatio, III P17S)。这是一种"希望与恐惧之间"(inter spem et metum)的悲惨的飘摇状态,也是《神学政治论》开篇暗示的处境:

> 若是人总能凭借确实的判断来管理自己的事务,或者命运总是对人微笑,那就永远不会产生迷信了。但人常常陷于困境,坚实的判断也无能为力,又因人所渴望的机运总是捉摸不定,人便常常摇摆于希望与恐惧之间,至为可怜。因此之故,大部分人易于轻信。(*TTP*, Praef)

斯宾诺莎站在哲学的高度俯瞰人事政治,没有给霍布斯式的普通理性留下根基,而是严格坚持理性与激情、少数人与多数人的截然区分。在由激情和多数人占据的世界里,自然状态就是永恒动荡的激情状态,理性几近于无。人类永远无法走出自然力量所主导的自然状态,这就意味着政治生活从一开始就埋下了分裂和对抗的种子。

余论

当代自由主义者回顾历史，通常会将"早期现代"（Early Modern）的16至17世纪上半叶视为马基雅维利和霍布斯的时代，其特征是以绝对国家和权力斗争为本位的"政治现实主义"，其后西方才迎来自由的新生，也就是斯宾诺莎领衔，洛克、孟德斯鸠和康德等经典自由主义者接踵而至的"政治理想主义"时代。

但是，这种历史意识恰恰掩盖了一个事实：霍布斯和斯宾诺莎的思想超越了他们所在的历史时代。霍布斯虽然接受了政治现实主义的基本态度，但他也力图超越马基雅维利的残酷世界，试图建构一种崇拜专制主义的权力国家，其实质却是希望将政治限定在一个仅仅出于人为创制因而可以由主权者及其创制的法律来充分管治的秩序领域，于是，政治仅仅属于一个契约式的"守法"国家。斯宾诺莎虽然被誉为政治自由、民主等现代理想的首倡者，但他的真实意图是将政治彻底还原为自然，让所有人的自然力量在充分的竞争与合作中实现某种动态平衡，以此确保哲学家的哲学自由也能享有与一切人或公民相同的自然权利，不仅豁免传统上国家对于哲学家漠视政治、不参与公共事务的指控，也使得启蒙时代的哲学家成为民众的政治领袖，从而唤起真正意义上现代政治的"革命"浪潮。

依据"权利"和"力量"的定位，我们也不难看到自由主义的两种思想史谱系及其当代形态。霍布斯的"建构主义"影响了社会契约论、康德乃至罗尔斯，成为当代自由主义的国家学说的重要基石，而斯宾诺莎的"自然主义"深刻启发了卢梭、马克思乃至德勒兹，成为当代人民民主的革命学说批判并超越自由主义的重要来源。换个角度看，斯宾诺莎和霍布斯其实预示着现代政治"左与右"的斗争两极，但在左右之争俨然沦为自由主义"意识形态内战"的今天，我们或许唯有综合并超越两种现代政治哲学的共同前提，方能为现代人创造出一种更高的、哪怕是返回古典政治传统的价值和理想。

（作者单位：北京师范大学哲学系）

思想史发微

施拉姆与统治标志[*]

马蒂卡拉（Antti Matikkala） 撰

徐震宇 译

德国历史学家施拉姆（Percy Ernst Schramm，1894—1970）的职业生涯多姿多彩、令人瞩目，在二十世纪的德国无有出其右者。他的重要性不仅在于对中世纪历史的创新研究，还在于与其研究兴趣密切相关、高调的公共角色。也可以说，这两者是一体两面。蒂梅（David Thimme）以他2003年的博士论文为基础，于2006年发表了思想传记《施拉姆与中世纪》（*Percy Ernst Schramm und das Mittelalter*）。他主要把施拉姆作为一个中世纪学者进行考察，但其社会史学家、国防军最高指挥部（Oberkommando der Wehrmacht）战争志作家和亲历二战的史学家的角色仍有待更详细的分析。尽管蒂梅对施拉姆早年的生涯和作品有详细论述，但对施拉姆战后最重要的作品

---

[*] 本文蒙韩毅博士审阅，尤其帮助核对了许多德语内容的译文，特此致谢。

《统治标志与国家符号》及相关出版物却只有相对简短的讨论。① 本文将讨论施拉姆作为"统治标志"史学家的角色——这或许成了他最坚挺的"名牌",还将分析他在这方面的史学地位和学术遗产,从而补充蒂梅对这一主题的阐述。在一个大致的时间顺序框架下,本文也将关注施拉姆的个性,以及他公开的政治角色,通过使用蒂梅书里没用到的资料,对施拉姆的关系网增加一些进一步的见解。

蒂梅的传记源于他在吉森大学记忆文化合作研究中心(Sonderforschungsbereich,SFB 434,Erinnerungskulturen)的工作经历,该中心还出版了纳格尔的《在第三帝国的阴影下:1945—1970 年德意志联邦共和国的中世纪研究》。② 以论文的形式撰写一部传记并非易事。就历史学家的传记而言,作者必须找到方法,将传主生平与他的作品结合起来。蒂梅的解决办法是先在书中按时间顺序讨论施拉

---

① David Thimme, *Percy Ernst Schramm und das Mittelalter*: *Wandlungen eines Geschichtsbildes*, Göttingen: Vandenhoeck & Ruprecht, 2006, esp. pp. 562 - 566, 571, 587 - 598。Percy Ernst Schramm, *Herrschaftszeichen und Staatssymbolik*: *Beiträge zu ihrer Geschichte vom dritten bis zum sechzehntenJahrhundert*, 3 vols, (Schriften der Monumenta Germaniae Historica 13: 1 - 3), Stuttgart: Hiersemann Verlag, 1954—1956。Schramm, *Sphaira*, *Globus*, *Reichsapfel* (1958) 在《施拉姆与中世纪》页 599 - 605 有相当完备的讨论。蒂梅的著作出版后,对施拉姆提出的统治标志加以讨论的有 Eckart Henning, "'Das Unsichtbare sinnfällig machen': Zur Erinnerung an Percy Ernst Schramms Herrschaftszeichen", *Herold - Jahrbuch*, N. F. 12 (2007), 51 - 60, 该文也收录于 Rolf Nagel ed., *Herrschaftszeichen und Heraldik*: *Beiträge zum 15. Kolloquium derInternationalen Akademie der Heraldik* (Xanten 2007), (Xantener Vorträge zur Geschichte desNiederrheins, Sonderband), Duisburg - Essen: Universität Duisburg - Essen, 2010, 9 - 25。申宁 (Henning) 对蒂梅批判性相当强的书评载于 *Herold - Jahrbuch*, N. F. 12 (2007), pp. 257 - 259。

② Anne Christine Nage, *Im Schatten des Dritten Reichs*: *Mittelalterforschung in der Bundesrepublik Deutschland* 1945 - 1970, Göttingen: Vandenhoeck & Ruprecht, 2005.

姆的生平，然后在总共四章、题为"中世纪的景象"（Bilder vom Mittelalter）的部分讨论他的作品，这有点拖沓、可惜。

在蒂梅之后，迄今为止关于施拉姆最重要的史学讨论是加里森（Eliza Garrison）有关其肖像画理论的艺术史研究。① 加里森不再遵循将施拉姆作为中世纪学者与作为二战同时代史家的作品分开的传统。事实上，加里森认为，"施拉姆的思想遗产在这两个方面完全一体"（同上，页211），并且，"可以说，他故意把自己的政治理想嫁接到居于其志业核心的艺术作品和历史文本之上"（同上，页210）。她特别比较了《德意志国王和皇帝的纪念碑》（Denkmale der deutschen Könige und Kaiser, 1962）、《作为军事领袖的希特勒》（Hitler als militärischer Führer, 1962）和施拉姆为皮克尔（Henry Picker）的《希特勒的桌边谈话》第二版（Hitlers Tischgespräche, 1963）所作的引言。加里森提出的最突出的论据是，施拉姆在引言中有对希特勒的文学性刻画，这一刻画与法兰克朝臣恩哈德（Einhard）在九世纪初的《查理大帝生平》（Vita Karoli Magni）中对查理大帝的描述有"明显而刻意的"相似之处（同上，页220-222）。

在转而探讨"统治标志"本身之前，本文前半部分将概述施拉姆的背景、在军中的职务、成长为历史学家的岁月以及对待德国政治动荡的态度，这些内容对于理解他的学术发展和研究的中心主题都有帮助。延续性在施拉姆的著作中享有特殊的地位。尽管他对政治变动逆来顺受，但他自己的生活似乎有某种保守不变的尝试。

---

① Eliza Garrison, 'Ottonian Art and Its Afterlife: Revisiting Percy Ernst Schramm's Portraiture Idea', *Oxford Art Journal* 32 (2009), pp. 205-222.

汉堡的布登布鲁克斯家族

施拉姆于1894年出生在汉堡一个富商家庭，他的两卷本《九代人：从一个汉堡市民家庭的际遇中窥视三百年德国"文化史"》（*Neun Generationen：Dreihundert Jahre deutscher "Kulturgeschichte" im Lichte der Schicksale einer Hamburger Bürgerfamilie，1648—1948*）描述了家庭的命运和遭遇。这部作品和在吕贝克出版的《布登勃洛克一家》（*Buddenbrooks*）的相似之处显而易见，施拉姆自己也提到这一点，尽管私下里并不承认。① 施拉姆家族甚至可能比布登勃洛克家族还要富有。施拉姆的父亲是马克斯·施拉姆（Max Schramm），1912年当选汉堡参议院议员，母亲是奥尔加·奥斯瓦尔德（Olga O'Swald），起初，他们居住"简朴"，"'只有'八个房间且'只有'两名女仆"——他们的儿子在家谱中作如是反讽评价。珀西（Percy）这个名字是外祖父起的，外祖父的父亲威廉·奥斯瓦尔德（Wilhelm Oswald）将自己名字的拼写改为 William O'Swald。这与汉堡市民阶级的亲英文化有关。

家人希望珀西选择经商或从事法律工作，并试图抑制他早年对家谱学的兴趣。家族友人瓦尔堡（Aby Warburg）是施拉姆早期的导师和"学术之父"。十七岁时，施拉姆打算研究那些成为市民阶层的骑士家族，他向父母强调，如果他成为一名历史学家，那么把他引

---

① Percy Ernst Schramm, *Neun Generationen：Dreihundert Jahre deutscher "Kulturgeschichte" im Lichte der Schicksale einer Hamburger Bürgerfamilie* (1648 – 1948)，2 vols，Götingen：Vandenhoeck & Ruprecht，1963 – 1964，2.408.

入这个领域的就是家谱学。① 施拉姆自己的家族有一个盾徽，但有问题的是，它"僭取了一个阿尔萨斯家族之盾"。②

轻骑兵军官

1914年8月3日，施拉姆应征加入德意志帝国陆军，希望"自然而然"地进入骑兵部队。他在东线的第16轻骑兵团经历了第一次世界大战，包括计划攻占里加的行动，大战尾期他则在西线作战。1915年施拉姆受伤，被任命为军官，并被授予一等铁十字勋章。走上前线成为施拉姆那一代人自我认同的重要部分。他将自己写于20世纪50-60年代、未出版的回忆录命名为《94年度》（*Jahrgang 94*），其中一半内容涉及第一次世界大战。不过，他并不欣赏以云格尔（Ernst Jünger, 1895—1998）为代表的那种看待战争的半神话方式，在云格尔那里，这种方式发展成了激进的民族主义。③ 无论如何，云格尔与施拉姆的比较非常有趣：二者后来都属于德意志联邦

---

① Thimme, *Percy Ernst Schramm und das Mittelalter*, pp. 43, 53, 101。近来有关施拉姆和瓦尔堡的探讨，见 Lucas Burkart, 'Verworfene Inspiration: Die Kulturwissenschaft Aby Warburgs und die Bildgeschichte Percy Ernst Schramms', in Jens Jäger and Martin Knauer eds., *Bilder als historische Quellen?: Dimension der Debatten um historische Bildforschung*, München: Wilhelm Fink, 2009, pp. 71-96。

② Jürgen Arndt, *Biographisches Lexikon der Heraldiker sowie der Sphragistiker, Vexillologen und Insignologen: J. Siebmachers Großes Wappenbuch Band H*, Neustadt an der Aisch: Bauer & Raspe, 1992, p. 495: 'Usurpation des Wappens einer elsässischen Familie'。引文均为本文作者所译，除非另有说明。

③ Thimme, *Percy Ernst Schramm und das Mittelalter*, pp. 21-23, 62-66, 90-91, 197 n. 43. See also, David Thimme, 'Die Erinnerungen des Historikers Percy Ernst Schramm: Beschreibung eines gescheiterten Versuchs', *Zeitschrift des Vereins für Hamburgische Geschichte* 89 (2003), pp. 227-262.

共和国的文化精英,但与施拉姆不同,云格尔从未成为纳粹党员。

1917年,瓦尔堡给1914年开始大学学习的施拉姆写信说:"你必须再渐渐地学着以历史学家的身份来看待世界,把独眼轻骑兵的视角留给赌场吧。"① 施拉姆曾与皇帝威廉二世一同参加过阅兵式,但根据蒂梅的描述,对于将来这位中世纪德意志帝国史学家来说,接受从威廉君主制到共和制的政体变化似乎相当容易。作为义勇军团(Freikorps)的成员,施拉姆当然反对布尔什维主义,但蒂梅认为他并不希望恢复君主制,因为施拉姆认为共和国是最佳的政府形式。②

施拉姆终身以自己的骑兵军官背景为荣。1934年至1938年间,他是冲锋队骑兵部(SA-Reitersturm)的成员,1937年在预备役中晋升为大尉,1939年晋升为骑兵上尉(Rittmeister),在1943年晋升为少校时,他抱憾放弃了这个军衔。施拉姆视从军为己任,在二战中先是在波兰和法国战役中担任参谋——经历了里尔受降——然后在德国国防军宣传部短暂任职,曾被派往匈牙利和克里米亚等地。③ 在后来清除纳粹的过程中,施拉姆表现出了选择性失忆,他坚称自己1943年被调往德国国防军宣传部是去"当一个不能从事宣传工作的专家"。④

---

① Thimme, *Percy Ernst Schramm und das Mittelalter*, p. 70 n. 60:'Sie müssen die Welt doch allmählich wieder als Historiker ansehen lernen; überlassen Sie den unocularen Husaren Standpunkt dem Casino'.

② Thimme, *Percy Ernst Schramm und das Mittelalter*, pp. 74, 79, 156。关于施拉姆家族对威廉二世皇帝的态度,参 Schramm, *Neun Generationen*, 2. 479。

③ Thimme, *Percy Ernst Schramm und das Mittelalter*, pp. 66, 365-366, 473-486.

④ New York, Leo Baeck Institute, Ernst Kantorowicz Collection; AR 7216 / MF 561; II/7/3, P. E. Schramm to 'Your Magnificence', 27 December 1947. Available online at (accessed 2 December 2011) http://www.archive.org/stream/ernstkantorowicz00reel05#page/n700/mode/1up.

然而，施拉姆做宣传工作时期的文本就是这类工作的典型代表。例如，施拉姆描述自己在乌克兰的一所战俘营看见

> 一大群几百个"俄国人"，是一个由各种可怕的所谓"智人"组成的动物园：巴什基尔人、乌兹别克人、西伯利亚人、蒙古人，还有不知道在偌大的苏联帝国里存在的什么半野蛮的部落。①

施拉姆的文章主要集中在"东方问题"上，还批评"犹太布尔什维主义"。对施拉姆来说，这场战争本质上是一场欧洲与亚洲之间的战斗。②

自 1943 年 3 月起，施拉姆担任德国国防军最高司令部的战争日志记录员，他自视为"覆灭的公证人"（Notar des Untergangs）。在这个职位上，他主管一个三人组成的小办公室，其中一名下属是胡巴茨中尉（Walther Hubatsch, 1915—1984），后来成为哥廷根和波恩大学的历史学教授。虽然施拉姆没有在希特勒身边服役，与希特勒"从来没有说过一句话"，③ 但对于一名历史学家来说，这个职位为他提供了一个独特的视角来观察德国武装部队的领导层。并且，按

---

① Manfred Messerschmidt, 'Karl Dietrich Erdmann, Walter Bußmann und Percy Ernst Schramm: Historiker an der Front und in den Oberkommandos der Wehrmacht und des Heeres', in Hartmut Lehmann & Otto Gerhard Oexle eds., *Nationalsozialismus in den Kulturwissenschaften*: Bd.1, *Fächer – Milieus – Karrieren*, Göttingen: Vanderhoeck & Ruprecht, 2004, pp. 417–443, at 438–439.

② Messerschmidt, 'Karl Dietrich Erdmann, Walter Bußmann und Percy Ernst Schramm', pp. 437, 439.

③ Erwin Panofsky, *Korrespondenz 1910 bis 1968*, ed. Dieter Wuttke, 5 vols, Wiesbaden: Harrassowitz Verlag, 2001–2011, 5.1147 (Percy Ernst Schramm to Gerda Panofsky, 18 April 1968): 'mit dem ich nie ein Wort sprach'.

照哥廷根大学历史系的学生、后来成为教授的盖尔（Dietrich Geyer）的说法，他收到了"直接见证的光环"。① 后来，施拉姆自己也欣然注意到，他的"战争日志在五角大楼的历史部就好像教会里的《新约》"。②

在纽伦堡审判中，施拉姆在法律意义上是一名证人，为他的前上级约德尔（Alfred Jodl）将军作证——约德尔最终被处以绞刑，但死后被德国法院撤销了主要的战争罪的指控。施拉姆对外在迹象的洞察和阅读能力在这种情况下也显露无遗。当辩护律师问到约德尔是否"喜欢出风头、野心很大"时，施拉姆回答，"肯定'不是'"，他接着说：

> 我一直觉得不对劲儿甚至荒谬的是，在希特勒去世那段时间，这位将军的德国战争勋章，只勉强比我这个预备役少校的勋章多一点。我没有看到他是否有外国勋章。我从未见他佩戴过外国勋章。③

约德尔将军的遗孀在1945年3月嫁给了他，她对施拉姆心怀感

---

① Dietrich Geyer, *Reussenkrone, Hakenkreuz und Roter Stern*: *ein autobiographischer Bericht*, Göttingen: Vanderhoeck & Ruprecht, 1999, p. 127: 'die Aura unmittelbarer Zeugenschaft'.

② Schramm, *Der zweite Weltkrieg als wissenschaftliches Problem* (Collected Papers of the Guest Lecturers in the Department of History, University of Oulu, Finland, 5), Oulu, 1970, p. 12.

③ *The Trial of German Major War Criminals*: *Proceedings of the International Military Tribunal Sitting at Nuremberg*, *Germany*, Part 16, London: H. M. Stationery Office, 1948, p. 57. 这是指约德尔1939年获得铁十字勋章的附饰，但并未获得铁十字勋章的骑士十字（以及橡树叶附饰），直到1945年才由邓尼茨（Karl Dönit）授予。

激,并在她的书中对施拉姆作了引人动容的描绘,她表示"能从这位异常有思想、有人情味的历史学家那里了解到这么多关于阿尔弗雷德的事情",对她来说意义重大。①

一位历史学家的养成以及与末代皇帝的会面

围绕瓦尔堡图书馆形成的知识分子圈子,对施拉姆早期研究方向的形成起到了至关重要的作用。卡西尔(Ernst Cassirer)和他的《符号形式哲学》(*Philosophie der symbolischen Formen*,1923—1929)是瓦尔堡图书馆圈子的核心,不过,尽管施拉姆后来打算研究"符号思想史"(Geschichte des symbolischen Denkens),但卡西尔高度抽象的概念并没有对他产生很大影响。更重要的一点是施拉姆接触了潘诺夫斯基(Erwin Panofsky)。② 瓦尔堡图书馆的中心议题——古代的来生(*Nachleben der Antike*),将在施拉姆的作品中反复出现。③

国家的概念在施拉姆的思想发展和创作中起着核心作用,考虑到当时德国的智识氛围,这也就不足为奇了。④ 在他的学术研究开展之初,他就致力于国家的本质问题(das Wesen des Staates),这个概

---

① Luise Jodl, *Jenseits des Endes: Der Weg des Generaloberst Jodl*, Wien: Fritz Moldau, 1976, p. 165.

② Thimme, *Percy Ernst Schramm und das Mittelalter*, pp. 99 – 100, 443, 453. Burkart, 'Verworfene Inspiration', pp. 88, 90.

③ Thimme, *Percy Ernst Schramm und das Mittelalter*, pp. 102 – 107, 229.

④ 关于德国中世纪学家的"国家偏好",或者按布洛赫(Marc Bloch)的说法是"国家崇拜",参 Otto Gerhard Oexle, '"Staat" – "Kultur" – "Volk": Deutsche Mittelalterhistoriker auf der Suche nach der Historischen Wirklichkeit 1918 – 1945', in Peter Moraw & Rudolf Schieffer eds., *Die deutschsprachige Mediävistik im 20. Jahrhundert*, Ostfildern: Jan Thorbecke Verlag, 2005, pp. 63 – 101。

念后来出现在他1939年发表的《法兰西国王：九至十六世纪君主制的本质》(*Der König von Frankreich：Das Wesen der Monarchie vom 9. zum 16. Jahrhundert*)一书的副标题中。① 周边复杂的政治因素无疑也起到了作用：施拉姆一生中曾是四个不同国家的公民。

一方面，年轻的施拉姆将兰克（Ranke）视为历史学家的典范，而且，德国一般史学家被相当形式主义地分成兰克、德罗伊森和蒙森的后继者，在韦伯（Wolfgang Weber）对德国一般史学家的研究中，施拉姆确实被归入了"来自其他学派背景的兰克后继者"。② 另一方面，施拉姆则以新浪漫主义的美学－诗学方式将德意志帝国的中世纪视为一个理想的时代，"民族团结、帝王伟大的时期"。③

施拉姆自诩为"靠眼睛办事的人"（Augenmensch），因此视觉材料在他的作品中发挥了重要作用；不过，讽刺的是，在施拉姆的传记中，唯一的形象是封面上他的照片。在一个跨学科尚不普遍的时代，施拉姆将艺术史与史学方法结合了起来。帝国的崩溃和随后的政治符号之争或多或少地直接激发了两次世界大战期间对皇室和

---

① Oexle, *Nationalsozialismus in den Kulturwissenschaften*, p. 93。关于施拉姆的国王神圣性概念的讨论，见 Jens Ivo Engels, 'Das "Wesen" der Monarchie？：Kritische Anmerkungen zum "Sakralkönigtum" in der Geschichtswissenschaft', *Majestas* 7 (1999), 3 – 39, at 16, 20。施拉姆对"君主－上帝和王权的神圣性"问题始终有兴趣。见评论 Percy Ernst Schramm, 'Sacral Kingship and Charisma', *Comparative Studies in Society and History* 5 (1963), pp. 357 – 360。

② Wolfgang Weber, *Priester der Klio：historisch – sozialwissenschaftliche Studien zur Herkunft und Karriere deutscher Historiker und zur Geschichte der Geschichtswissenschaft 1800 – 1970*, 2nd ed., Frankfurt am Main：Peter Lang, 1987, pp. 253, 259。

③ Thimme, *Percy Ernst Schramm und das Mittelalter*, pp. 148 – 150, 153, quotation at 149.

国家徽章的学术研究，在德国如此，在其他地方亦如此。① 施拉姆对君主徽章的特殊兴趣显而易见，从研究伊始一直持续到1922年撰写以奥托三世皇帝为主题的博士学位论文时。② 施拉姆发表的第一部著作是1928年的《德意志皇帝与国王的当世形象》(*Die deutschen Kaiser und Könige in Bildern ihrer Zeit*)；1929年施拉姆发表了《皇帝、罗马与更新》(*Kaiser, Rom und Renovatio*)，虽然这部作品在施拉姆身后于1983年出了修订后的第二版，但1929年版仍被一些人视为他最重要的作品。凭借这些资历，施拉姆于1929年被任命为哥廷根大学中世纪和近代史及历史辅助科学教授，他在这个职位上一直待到1963年退休。

与蒂梅的视角不同，施拉姆博士生导师汉佩（Karl Hampe）教授的传记作者将注意力转向了汉佩和施拉姆拜访被流放的威廉二世的事。③ 根据施拉姆1964年的表述，皇帝一直在阅读施拉姆在哥廷根的同事布兰迪（Karl Brandi）教授的书，因此他才去拜访皇帝。

---

① Nikolaus Gussone, 'Herrschaftszeichen und Staatssymbolik: zum 100. Geburtstag von Percy ErnstSchramm', *Majestas* 2 (1994), pp. 93–99, at 97–98。例如，芬兰东方学家塔尔奎斯特（Knut Tallqvist）于1920年出版了一部关于"统治崇拜与帝国主义符号体系"的论文集，在其中他明确表示，该书的缘起不仅是东方研究，还有1917年3月的俄国革命。Knut Tallqvist, *Konungen med guds nåde: skisser öfver härskarkult och imperialistisksymbolik*, Helsingfors: Söderström & Co, 1920, p. 7。塔尔奎斯特论述了长期体制，他的章节标题——例如"领主受膏""王座""王冠""权球""权杖与戒指""袍子"——都可以在施拉姆1954年至1956的作品中发现。

② Thimme, *Percy Ernst Schramm und das Mittelalter*, pp. 184–185.

③ Folker Reichert, *Gelehrtes Leben: Karl Hampe, das Mittelalter und die Geschichte der Deutschen*, Vanderhoeck & Ruprecht: Göttingen, 2009, p. 157。赖歇特的作品包括对施拉姆生平的短评，不过考虑到其视角，可以理解，该书并没给施拉姆的形象添多少内容。

施拉姆希望向威廉二世呈送自己关于"我们中世纪的国王、皇帝"的图书。施拉姆携妻子塔登（Ehrengard v. Thadden）前去拜访，他妻子出身于波美拉尼亚的容克家族，"在典型的普鲁士式的君主主义思想环境中长大"，但在战后转变为一位社会民主党政治家。施拉姆的岳父给这次访问铺了路，他是马耳他骑士团成员（Knight of the Johanniterorden），一直在皇帝的多恩庄园（Huis Doorn estate）为做木材参谋。①

施拉姆对威廉二世的第一印象是"一位大领主"（ein Grandseigneur），纽扣眼儿里戴着一枚"蓝色马克斯"（Pour le Mérite）。② 皇帝对老鹰何时成为帝国标志的问题很感兴趣，与施拉姆的讨论引向了双头鹰、勃兰登堡鹰以及普鲁士军队配色的发展——大约三十年后，施拉姆的学生科恩（Johannes Enno Korn, 1934—1985）完成了他的博士论文《鹰与双头鹰：一个标志在历史中的演进》（*Adler und Doppeladler: ein Zeichen im Wandel der Geschichte*, 1962）。③ 离开时，

---

① Percy Ernst Schramm, 'Notizen über einen Besuch in Doorn (1930)', in Konrad Repgen and Stephan Skalweit eds., *Spiegel der Geschichte: Festgabe für Max Braubach zum 10. April 1964*, Verlag Aschendorff: Münster, 1964, 942-950, at 943.

② 指普鲁士和德意志帝国军队的最高功勋勋章。

③ 科恩篇幅较短的论文被收入1964—1968年的Der Herold系列，1969年以单卷本出版（未收录图片）（1976年重印）。对科恩论文的评论，参 JürgenRömer, 'Der Adler als Symbol Karls des Großen? Ein Blick in bisher unbeachtete Quellen', in Franz-Reiner Erkens ed., *Karl des Große und das Erbe der Kulturen: Akten des 8. Symposiums des Mediävisten-Verbandes*, Leipzig 15.-18.3.1999, Berlin: Akademie Verlag, 2001, pp. 185-193, at 185-186。科恩的论文没有列在施拉姆指导的论文清单中。Annelies Ritter, 'Veröffentlichungen von Prof. Dr. Percy Ernst Schramm', in Peter Classen & Peter Scheibert eds., *Festschrift Percy Ernst Schramm: zu seinem siebzigsten Geburtstag von Schülern und Freundenzugeeignet*, 2 vols, Wiesbaden: Franz Steiner Verlag, 1964, 2.316-321。

两位来访者得到了皇帝的签名照片和回忆录。施拉姆的妻子在给哥哥的信中说,他们在皇帝家里遇到了一个"可笑的谄媚弄臣",但她总结说,总体而言,这次访问对他们意义重大。

施拉姆、康托洛维茨和第三帝国

施拉姆与康托洛维茨(Ernst H. Kantorowicz)"有很多共同点",这意味着他们之间有很多可比较之处,最臭名昭著的是康托尔(Norman F. Cantor, 1929—2004)在他的一篇文章里给这两位贴上了"纳粹双胞胎"的标签。① 这篇文章尽管错误百出,却也提出了一些有用的特征:"两人都倾向于融汇历史,以宏大的方式处理大主题,

---

① Norman F. Cantor, *Inventing the Middle Ages: The Lives, Works, and Ideas of the Great Medievalistsof the Twentieth Century*, New York: William Morrow & co., 1991, pp. 79 – 117。在1997年版康托洛维茨《国王的两个身体》的前言中,因康托尔对康托洛维茨的描绘,乔丹(William Chester Jordan)称康托尔为"怪人"。John W. Bernhardt, "'I Study Power': The Scholarly Legacy of Robert Louis Benson with a Bibliography of his Published and Unpublished Works", in Robert C. Figueira ed., *Plenitude of Power: the Doctrines and Exercise of Authority in the MiddleAges: Essays in Memory of Robert Louis Benson*, Aldershot: Ashgate, 2006, pp. 171 – 194, at 189。"康托尔表示施拉姆在战时的'活动就表示他是个战犯',这个说法的荒谬"也遭到了挑战,见János Bak, 'Percy Ernst Schramm (1894 – 1970)', in Helen Damico & Joseph B. Zavadil eds., *Medieval Scholarship: Biographical Studies on the Formation of a Discipline*, 3 vols, New York: Garland Publishing: 1995), 1. 245 – 262, at 249。康托尔和 Bak 对施拉姆的描述,有一个略微简单的比较,见 David Matthews, 'What was Medievalism? MedievalStudies, Medievalism and Cultural Studies', in Ruth Evans et al. eds., *Medieval Cultural Studies: Essaysin Honour of Stephen Knight*, Cardiff: University of Wales Press, 2006, pp. 9 – 22, at 15。

用新维多利亚式文风,文辞华丽、雄辩滔滔。"① 康托尔认为施拉姆的《统治标志与国家符号》和康托洛维茨的《国王的两个身体》"是中欧人文主义传统一个时代的终结,也是德国唯心主义文化在中世纪研究领域最后的作品"(同上,页112)。与康托尔相比,蒂梅的长处是重视细节,不过比较缺乏康托尔那种大胆的比较性论断。就施拉姆和康托洛维茨的早期作品而言,两人在方法上的共同点最多,正如蒂梅所言。② 马里(Joseph Mali)也在他的《神话史学》(*Mythistory*)中评论说,施拉姆的《皇帝、罗马与更新》与康托洛维茨的弗里德里希二世传"在意识形态和方法论上的亲缘关系显而易见"。③

关于康托洛维茨的文献比较多,但也还没有像蒂梅那样以专著形式所作的连贯讨论。施拉姆和康托洛维茨人生的相似之处首先是他们富裕的家庭背景,其次,他们在一战时志愿入伍,并志愿加入自由军团。虽然康托洛维茨在各种战线上服役——两次参加西线战斗,1916年在凡尔登负伤,在乌克兰和土耳其也一样——但他的服役记录被人夸大了。④ 瓦尔堡是施拉姆的"学术之父",而诗人格奥

---

① Cantor, *Inventing the Middle Ages*, p. 83.
② Timme, *Percy Ernst Schramm und das Mittelalter*, p. 276.
③ Joseph Mali, *Mythistory*: *The Making of Modern Historiography*, Chicago: University of Chicago Press, 2003, p. 201.
④ 例如,参 Robert E. Lerner, 'Ernst H. Kantorowicz (1895 – 1963)', in Helen Damico & Joseph B. Zavadil eds., *Medieval Scholarship*: *Biographical Studies on the Formation of a Discipline*, 3 vols, New York: Garland Publishing, 1995, 1.263 – 276, at 263 – 264。康托洛维茨最后晋升到炮兵副军士长,1915年获颁二等铁十字勋章。在土耳其服役期间,他属于一家铁路建筑公司,获得了奥托曼战争奖章,即所谓"铁新月"勋章,这是很多人都能拿到的基础勋章。Eckhart Grünewald, *Ernst Kantorowicz und Stefan George*: *Beiträge zur Biographie des Historikers bis zum Jahre1938 und zu seinem Jugendwerk "Kaiser Friedrich der Zweite"*, Wiesbaden: Franz Steiner Verlag, 1982, pp. 18 – 30。

尔格（Stefan George）则是康托洛维茨早期重要的灵感来源。施拉姆和康托洛维茨在20世纪20年代初就认识，不过，虽然施拉姆认识格奥尔格圈子的一些成员，但他本人并不属于这个群体。1938年，康托洛维茨作为犹太人实际上被迫离开德国，当他在美国寻教职时，收到施拉姆的推荐信，施拉姆在信中有趣地强调了这一诗性灵感的重要性：

> 他与格奥尔格的相识，对于他更广阔的发展有决定性的意义。格奥尔格打开了他看伟大人物的眼睛，并激发他以原创性的方式思考历史的重大问题。①

虽然施拉姆和康托洛维茨的友谊并未中断——他们在普林斯顿和罗马偶尔会面，但在康托洛维茨移居美国后，他们就不那么亲密了。1941年，康托洛维茨在交给出版社的《君王颂》（*Laudes Regi-*

---

① http：//www.regiesey.com/Archive/Ekaica/letters/schramm_re_eka_aug38.pdf（accessed 2 December 2011）。德文原始文件：New York, Leo Baeck Institute, Ernst Kantorowicz Collection; AR 7216 /MF 561; II/5/3; Prof. Dr. Percy Ernst Schramm, Göttingen, 10.8.1938, Betr.：Prof. Dr. phil. Ernst Kantorowicz. Available online at（accessed 2 December 2011）http：//www.archive.org/stream/ernstkantorowicz00reel04#page/n127/mode/1up。康托洛维茨并不是唯一一位带着施拉姆的推荐信踏上流亡之路的犹太裔学者。佩夫斯纳（Nikolaus Pevsner, 1902—1983）"从Wilhelm Pinder、Tancred Borenius和哥廷根大学历史学教授施拉姆那里得到了力挺自己的推荐信，施拉姆曾经与他在中世纪艺术和社会研究方面有过合作"（Susie Harries, *Nikolaus Pevsner：The Life*, London：Chatto & Windus, 2011, p.127）。施拉姆多年的朋友博伊斯（Gray C. Boyce）在1969年推荐施拉姆成为美国历史学会荣誉外籍会员时这样写道："1933—1935年间他很努力地尝试把不幸的犹太裔学者弄出德国，不少立场坚定的纳粹并不喜欢他这样做。" Philipp Stetzel, 'Working Toward a Common Goal?：American Views on German Historiography and German–American Scholarly Relations during the 1960s', *Central European History* 41（2008）, 639-671, at 647 n.41。

ae，1946）手稿中，对施拉姆的慷慨合作表示了感谢。① 不过，康托洛维茨在美国的学术作品与施拉姆有些疏离，尽管施拉姆追随着康托洛维茨的研究，② 包括康氏学生的研究，比如吉赛（Ralph E. Giesey）的《法国文艺复兴时期的皇家葬礼》（*The Royal Funeral Ceremony in Renaissance France*，1960）。③ 1955年，施拉姆把他的《弗里德里希二世皇帝》（*Kaiser Friedrichs II*）题献给康托洛维茨——康氏早年以《弗里德里希皇帝传》（*Kaiser Friedrich der Zweite*，1927）闻名，"以此纪念在海德堡一起度过的快乐时光"。

尽管两人在二战时期的活动明显不同，但可以挑出一个有趣的比较点：两人都跑来为美国军队效力，一个自愿，一个被迫。1943—1944年冬季学期，康托洛维茨在伯克利为陆军特训班讲授德国史。④ 施拉姆1945年沦为战俘后，被派驻到巴黎的美国陆军历史科，负责分析德国的战略和战术。⑤

根据施拉姆写于20世纪60年代晚期的记述，1937年5月坎特伯雷大主教问他是否纳粹，他回答：

> 在重整军备问题上……是百分之二百的纳粹；在"劳动和平"问题上……是百分之百的纳粹；在种族理论、日耳曼民族

---

① Ernst H. Kantorowicz, *Laudes Regiae: A Study in Liturgical Acclamations and Medieval Ruler Worship*, University of California Press, 1946, x.

② Thimme, *Percy Ernst Schramm und das Mittelalter*, p. 501 – 502。施拉姆审阅了康托洛维茨的文章，*Selected Studies in Erasmus* 18（1966），pp. 449 – 456。

③ E. H. Kantoriwicz to R. E. Giesey, 8 March 1963, http://www.regiesey.com/Archive/Ekaica/letters/1963.03.08.pdf（accessed 2 December 2011）.

④ Martin A. Ruehl, '"In This Time Without Emperors": The Politics of Ernst Kantorowicz's *Kaiser Friedrich der Zweite* Reconsidered', *Journal of the Warburg and Courtauld Institutes* 63（2000），pp. 187 – 242, at 241.

⑤ Timme, *Percy Ernst Schramm und das Mittelalter*, p. 488.

崇拜、教育政策、纳粹世界观这些问题上……是百分之百的反对者。每天晚上……我都要问自己，我对纳粹党的目标在多大程度上同意，又在多大程度上反对。每天晚上的答案都不一样。这不仅是我的命运，也是我这种德国智识人的命运。①

同年晚些时候，施拉姆申请加入国家社会主义党，但他的申请一开始被拒绝了。在此之前，这一党的官员已经观察到，作为"晚期自由主义的代表"，他在政治上并不值得信赖。1939年2月他终于入党。② 在20世纪20年代后期，施拉姆曾暂为民族自由主义立场的德国人民党员，但他参政最积极的时候，似乎是在1932年，他为兴登堡总统的竞选活动发表了一篇宣传文章。③

1938年，施拉姆表示欢迎吞并奥地利，因为：

> 我们新政府最大胆和最得意的外交政策壮举……八千万人——没有流血。这事连俾斯麦和圣女贞德都做不到，只有集两者之力于一身的人才能做到。④

施拉姆以前的学生格罗勒（Joist Grolle）首先发表了这两段引文，他认为施拉姆"从来就不是完全意义上的国家社会主义者"。⑤

---

① 英译 Michael Grüttner, 'German Universities Under the Swastika', in John Connelly and Michael Grüttner eds., *Universities under Dictatorship*, The Pennsylvania State University Press, 2005, p. 97。

② Thimme, *Percy Ernst Schramm und das Mittelalter*, p. 366. Joist Grolle, *Der Hamburger Percy Ernst Schramm: ein Historiker auf der Suche nach der Wirklichkeit*, Hamburg: Verein für Hamburgische Geschichte, 1989, p. 29.

③ Timme, *Percy Ernst Schramm und das Mittelalter*, pp. 332 – 334.

④ 英译 Grüttner, 'German Universities Under the Swastika', p. 96。

⑤ Grolle, *Der Hamburger Percy Ernst Schramm*, p. 9.

施拉姆入党似乎部分因为，他希望由此在大学政治中有更大的影响力。不过，施拉姆仍然对自己的"出身"感到骄傲，以至于他"从不会被国家社会主义吸引"，正如哥廷根大学校长、当地国家社会主义运动领袖德雷克斯勒（Hans Drexler）在1944年9月所抱怨的那样。在德雷克斯勒写完报告几天后，施拉姆的小姨子伊丽莎白·冯·塔登（Elisabeth von Thadden）遭到处决——她于1944年1月被捕，关在拉文斯布吕克集中营。1944年7月，同为历史学家的里特（Gerhard Ritter）曾怀疑："珀西·施拉姆是否还是我早年认识的那个天真的乐天派呢？"[1]

潘诺夫斯基1945年8月在描述"德国的大学状况"时，将其中的人分为两类：一类"对纳粹主义有真正的、诚实到底的仇恨"，另一类是"害群之马"，这些害群之马里，海德格尔就属于"最危险的……不那么知名的害虫"。在潘诺夫斯基的分类中，施拉姆属于"心猿意马的纳粹分子"：他在所有的问题上都"不同意"希特勒的观点，但却要尽其所用，期待德国的"内在的复兴"。[2] 在去纳粹化过程中，施拉姆坚持认为他没有做错什么，只是履行职责。康托洛维茨很愿意伸出援手，他申明"施拉姆不是纳粹主义或纳粹学说的门生"，而且据他所知，施拉姆"从来没有……表现出民族主义或军国主义的态度"，[3] 去纳粹化委员会后来照抄了这些话。1948年，施

---

[1] Thimme, *Percy Ernst Schramm und das Mittelalter*, pp. 483–484.

[2] Panofsky, *Korrespondenz 1910 bis 1968*, 2.609–610；Erwin Panofsky to Meyer Schapiro, 15 August 1945.

[3] Thimme, Percy Ernst Schramm und das Mittelalter, pp. 489–492；New York, Leo Baeck Institute, Ernst Kantorowicz Collection；AR 7216 / MF 561；II/7/3；关于Ernst H. Kantorowicz, May 27th 1947. Available online（accessed 2 December 2011）at http：//www.archive.org/stream/ernstkantorowicz00reel05 # page/n724/mode/1up.

拉姆恢复了教职。虽然对一些现代学者来说，康托洛维茨对施拉姆的声援似乎是件奇事，① 但直到最近，人们还是倾向于将施拉姆的中世纪学术研究与他的政治、军事联系以及他的亲历史作分开对待。例如，莱泽（Karl Leyser, 1920—1992）1937 年以犹太难民身份离开德国，二战结束时，在英国军队中担任上尉，他在 1975 年对施拉姆的评价是"德国史学家中的巨人"。②

"万字符之下"与威斯敏斯特教堂之下

关于施拉姆究竟是一个伟大的机会主义者，还是仅随波逐流，这一点人们可以争论不休，不过，显而易见的是，尽管他在 1933 年至 1945 年期间出版的历史著作并非用于宣传，但他也没有试图将自己的学术研究与当时的政治完全分离。他与国家社会主义政权的关系，并不是一幅黑白图像，其中有许多灰色地带。③ 很明显，施拉姆的研究主题与时政有关。正如塔默尔（Hans‑Ulrich Thamer）所言：

---

① Ruehl, 'The Politics of Ernst Kantorowicz's *Kaiser Friedrich der Zweite* Reconsidered', p. 226 n. 297：" 关于施拉姆与纳粹政府的关系，似乎很瞩目的是，康托洛维茨——他的母亲和表亲都死于集中营——在二战后很快与施拉姆恢复了友谊，并且在 1947 年以一封极尽赞誉、长达四页的陈情书帮助他恢复哥廷根的教职，尽管对施拉姆的党员身份还有疑虑。" 这个比较也见于 Martin A. Ruehl, ' "Imperium transcendat hominem"：Reich and Rulership in Ernst Kantorowicz's Kaiser Friedrich der Zweite', in Melissa S. Lane and Martin A. Ruehl eds., *A Poet's Reich: Politics and Culture in the George Circle*, Rochester：Camden House, 2011, pp. 204 – 247, at 219 – 220。

② Review of *Kaiser, Könige und Päpste*, 3, 4. 1 – 2, *The English Historical Review* 90 (1975), 121 – 124, at 121.

③ 如格罗勒所说："如果仔细观察，会发现一个不同于日后黑白两分的陈词滥调所描绘的形象。"（*Der Hamburger Percy Ernst Schramm*, p. 35.）

"中世纪的帝国和王室传统对民族主义-社会主义历史观都起着重要作用。"①1937年,施拉姆计划拍摄一部关于中世纪皇帝纪念碑的纪录片,可惜一直没有完成。②翌年,纪念碑就从维也纳迁至纽伦堡。

1937年英王乔治六世加冕,施拉姆以德文和英文发表了应景之作《英国加冕礼史》(*A History of the English Coronation*),其中也提到了意大利和德国国家复兴后的当代"国家节庆"(Staatsfeste),说它们是"法西斯统治下的节日"以及"在柏林、慕尼黑和纽伦堡举行的万字符之下的集会",对此蒂梅称之为"丑恶的大肆宣传"。③施拉姆作为《十字新闻》(Kreuz-Zeitung)的媒体代表,正式地参加了1937年的加冕典礼,另一家德国报纸说他"打着白领带、戴着装饰品(即他的铁十字勋章),口袋里还揣着两个苹果"。在加冕礼举行之前,施拉姆曾起草了一封给希特勒的信,建议他将康沃尔的理查德(Richard of Cornwall)带鸽子的权杖(1257年)的复制品赠予乔治六世,但不清楚施拉姆是否寄出了这封信。④

正如亨特(Alice Hunt)所言:

---

① Hans-Ulrich Thamer, 'Mittelalterliche Reichs- und Königstraditionen in den Geschichtsbildern der NS-Zeit', in Mario Kramp ed., *Krönungen*: *Könige in Aachen - Geschichte und Mythos*: *Katalog der Ausstellung*, 2 vols, Mainz: Philipp von Zabern, 2000, 2. 829-837, at 837.

② Timme, *Percy Ernst Schramm und das Mittelalter*, pp. 582-583.

③ Percy Ernst Schramm, *A History of the English Coronation*, Leopold G. Wickham Legg transl., Oxford: The Clarendon Press, 1937, p. 231; Thimme, *Percy Ernst Schramm und das Mittelalter*, p. 465. Also discussed in Philippe Buc, *The Dangers of Ritual*: *Between Early Medieval Texts and Social Scientific Theory*, Princeton: Princeton University Press, 2001, p. 234.

④ Thimme, *Percy Ernst Schramm und das Mittelalter*, p. 394-395, quote at 395 n. 303: 'In Galafrack und Orden und mit 2 Äpfeln in der Tasche'; Grolle, *Der Hamburger Percy Ernst Schramm*, pp. 32, 59.

斯特朗（Roy Strong）2005年出版的《加冕礼》（Coronation）对英国加冕礼进行了权威考察，在此之前，人们所有的唯一综述就是施拉姆1937年发表的《英国加冕礼史》，该书以保守和怀旧著称。①

施拉姆认为，英国加冕礼"在中世纪和我们这个时代间全无断裂"，亨特曾以此作为施拉姆保守地强调延续性的论据。② 在莱特伯恩（Ronald Lightbown）的评价中，施拉姆的著作是"第一次尝试对英国加冕礼礼典进行严肃的历史融合"，但

施拉姆的结论过于草率，在处理英国加冕礼时，他更多地是作为一位王权和宪政事务的历史学家来写作，而不是作为一位礼仪和仪式的历史学家。③

勋位的时代

施拉姆也会强调主题上的长期连续性：他的权球史从凯撒一直

---

① Alice Hunt, 'The Tudor Coronation Ceremonies in History and Criticism', *Literature Compass* 6 (2009), pp. 362 – 372, at 364。Roy Strong 在其著作中盛赞施拉姆为"伟大的德国学者", Roy Strong, *Coronation: A History of Kingship and the British Monarchy*, London: Harper Collins, 2005, p. 471。

② Hunt, 'The Tudor Coronation Ceremonies in History and Criticism', p. 364; Alice Hunt, *The Drama of Coronation: Medieval Ceremony in Early Modern England*, Cambridge: Cambridge University Press, 2008, p. 5.

③ Ronald Lightbown, 'The English Coronation before the Commonwealth', in Claude Blair ed., *The Crown Jewels: The History of the Coronation Regalia in the Jewel House of the Tower*, 2 vols, The Stationery Office: London 1998, 1.53 – 256, at 246 n. 1.

延伸到伊丽莎白二世。虽然施拉姆这位社会和军事史学家生活在十九世纪和二十世纪，但他有一个有趣的倾向，就是他所作的价值判断似乎偏向中世纪早期和盛期，而非中世纪晚期。按照施拉姆的说法，骑士团于十四世纪初进入君权秩序：

> 追随当时的时尚和皇亲们的心血来潮，使人们能够把玩骑士精神更久一些，而现在骑士精神已经变味儿了。……骑士精神实际上已经死亡，这些"骑士"实际上是精于算计的政治家、狡猾的廷臣和名门望族子弟，他们的血统保证了他们得以加入骑士团。①

在中世纪往后的进程中，骑士团变成了"单纯的摆设"，被安排在金字塔形的等级制度中，施拉姆在此看到的只是堕落。②

施拉姆的家族史著作还包括一些进一步的反思，即现代勋章和奖章缺乏威望，例如，威廉"大帝"百岁诞辰纪念章由于其颜色和个头很大，俗称"橘子"，而施拉姆的外祖父奥斯瓦尔德从桑给巴尔苏丹国那里得到的骑士团勋章则"不被行家当回事儿"。德国统一时，一些汉堡爱国者对普鲁士勋章的泛滥甚为不满，当爱德华·施拉姆博士（Eduard Schramm）获颁一枚普鲁士勋章时，他来自梅登（Meden）家的妻子评价说："你肯定不会挂上那个狗牌吧！"当施拉

---

① Scharamm, *A History of the English Coronation*, pp. 93 – 94.
② Schramm, *Herrschaftszeichen und Staatssymbolik*, 3.975：'Die Neuzeit hat diese Degradierung der "Orden" zu "Abzeichen" zu Endegeführt und sie dabei nach ihrem "Wert" pyramidenförmig abgestuft – womit dem Ehrgeiz der Wegeröffnet war, sich möglichst viele Abzeichen solcher Art zu verdienen'。对这种态度的批评，见 Antti Matikkala, *The Orders of Knighthood and the Formation of the British HonoursSystem*, 1660 – 1760, Woodbridge：The Boydell Press, 2008, p. 19, 307。

姆的叔叔阿尔弗雷德·奥斯瓦尔德（Alfred O'Swald）胸前佩戴着一颗超大的桑给巴尔灿烂之星勋章时，威廉二世"鹰眼一瞥"，他"虽然在勋章饰品领域有最广泛的专业知识"，却没有认出勋章。在得到答复后，皇帝直言不讳地说，"这种东西不该佩戴"，但奥斯瓦尔德最后说了句："可是没有更好的啦！陛下！"①

本文后半部分将转而探讨施拉姆的名著《统治标志》及其在当时的影响和后来的遗产。在进行一般性的总结之前，先来讨论施拉姆本人在西德荣誉制度中的行政角色及其与他的学术研究的关系。

统治标志：词汇设定

施拉姆与《德意志文献集成》（*Monumenta Germaniae Historica*）结缘于20世纪20年代，他当了三年编辑，他的《统治标志与国家符号：三至十六世纪的历史文集》正是收录于1954至1956年间出版的该丛书系列（13/I-III）。正如古松（Nikolaus Gussone）所言，"施拉姆一生的作品里最重量级的部分可以用这对概念来概括"，以至于这对概念成了他的标签（Markenzeichen）。② 1955年出版的《弗里德里希二世皇帝的统治标志》（*Kaiser Friedrichs II. Herrschaftszeichen*）实际

---

① Schramm, *Neun Generationen*, 2.298, 393："没有被'行家'拿走"；414, 479："虽然他在勋章和饰物领域有最广泛的专业知识"。施拉姆还记录了(234)，"作为一份奇特的记忆"，他继承了巴西帝国玫瑰勋章，这是他祖父获得的。关于汉堡与荣誉体系，参 Alastair Thompson, 'HonoursUneven: Decorations, the State and Bourgeois Society in Imperial Germany', *Past and Present* 144 (1994), pp. 171-204, at 171, 174, 200。

② Gussone, 'Herrschaftszeichen und Sttatssymbolik', p. 93。Gussone 是1983年修订第二版 *Diedeutschen Kaiser und Könige in Bildern ihrer Zeit*（Prestel）的编辑之一。

上是该系列的第四卷，还有一卷专门针对权球，即1958年发表的《权球：从恺撒到伊丽莎白二世统治标志的演进与变迁：论古代的续存》（*Sphaira*、*Globus*、*Reichsapfel*：*Wanderung und Wandlung eines Herrschaftszeichens von Caesar bis zu Elisabeth II*：*Ein Beitrag zum "Nachleben" der Antike*），而《统治标志——赠予、抛弃、出售、抵押：来自中世纪的证据》（*Herrschaftszeichen*：*gestiftet*，*verschenkt*，*verkauft*，*verpfändet*：*Belege aus dem Mittelalter*）一文则处理了统治者因为某些原因与权力标记分离的情形。① 施拉姆的计划是在他的作品集《皇帝、国王与教宗》（*Kaiser*，*Könige und Päpste*）中专辟一卷，收入他关于统治标志和国家符号的进一步著作，但该计划没有实现。②

不过，施拉姆1978年发表了长达60页的《统治标志与国家符号》"补遗"稿，这证明了施拉姆的学术热情。③ 对施拉姆来说，研究是一个无休止的过程，既要收集和补充新的信息，又要修改以前

---

① In *Nachrichten der Akademie der Wissenschaften in Göttingen*（1957），161 - 226；Thimme，*Percy Ernst Schramm und das Mittelalter*，pp. 596 - 597.

② Percy Ernst Schramm，*Kaiser*，*Könige und Päpste*：*Gesammelte Aufsätze zur Geschicte des Mittelalters*，4 vols，Stuttgart：Anton Hiersemann，1968 - 1971，4：1. 728；Thimme，*Percy Ernst Schramm und das Mittelalter*，p. 571.

③ Percy Ernst Schramm et al.，*Herrschaftszeichen und Staatssymbolik*：*Beiträge zu ihrer Geschichte vomdritten bis zum sechzehnten Jahrhundert*：*Nachträge aus dem Nachlaß*，Monumenta Germaniae Historica：München，1978。富尔曼（Horst Fuhrmann）后来成为科学与艺术功勋勋章协会副会长，他代表德意志史料集成学会为这本小册子写了前言。富尔曼在他的"个人肖像画收藏"（*Menschen und Meriten*，Verlag C. H. Beck：München 2001）中收录了一篇论"骑士施拉姆"的文章。富尔曼还出版了一本小书 *Pour le mérite*：*über die Sichtbarmachung von Verdiensten*：*eine historische Besinnung*，Sigmaringen：Jan Thorbecke Verlag，1992；略作修改的版本，'"Pour le mérite" oder von der Sichtbarmachung der Verdienste'，in Horst Fuhrmann，*Überall ist Mittelalter*：*von der Gegenwart einer vergangenen Zeit*，München：Verlag C. H. Beck，1996，pp. 172 - 204.

发表的作品。

施拉姆在20世纪30年代后半期更加明确地表达了对这一主题的兴趣。他在1935年发表了一篇关于教宗三重冕的短文，其中提到了莱德纳（Gerhart Ladner, 1905—1993）关于教宗图像学的著作；①莱德纳在1980年发表的一篇详尽的文章中重新讨论了教宗三重冕的起源和中世纪的发展。② 不过，施拉姆为他的学生施温寇珀（Berent Schwineköper）的博士论文《法律、行政、习惯和大众信仰中的手套》（Der Handschuh im Recht, Ämterwesen, Brauch und Volksglauben, 1938）作了导言《中世纪"符号"研究：途径与方法》（Die Erforschung der mittelalterliche "Symbole"：Wege und Methoden），正是在这篇导言里，施拉姆阐述了他新的方法论和理论原则。

与瓦尔堡圈子的方法不同，此处施拉姆将自己与法律史的传统联系起来，首要代表人物是阿米拉（Karl von Amira）和格林（Jacob

---

① Percy Ernst Schramm, 'Zur Geschichte der päpstlichen Tiara', *Historische Zeitschrift* 152 (1935), pp. 307 – 312；略微修改的版本收入 Schramm, *Kaiser, Könige und Päpste*, 4：1. 107 – 112。

② Gerhart B. Ladner, 'Der Ursprung und die mittelalterliche Entwicklung der päpstlichen Tiara', in Herbert A. Cahn and Erika Simon eds., *Tainia*：*Roland Hampe zum 70. Geburtstag am 2. Dezember* 1978, 2 vols, Verlag Philipp von Zabern：Mainz am Rhein, 1980), 1. 449 – 481; and vol 2, plates 86 – 93. 拉德纳生于奥地利，由康托洛维茨引荐给格奥尔格，1933年从犹太教改宗天主教，1938年在加拿大成为教授，后来又在美国任教。拉德纳对康托洛维茨和格奥尔格的回忆，参 Gerhard B. Ladner, *Erinnerungen*, Herwig Wolfram and Walter Pohl eds., Wien：Verlag der Österreichischen Akademie der Wissenschaften, 1994, 32 – 46；以及拉德纳在该书79 – 82页的参考书目。关于皇帝的三重冠和教宗的三重冕，参 Robert W. Scheller, 'Corona Triplex und Triregnum：Überlegungen zu Kaiser – und Papstkronen in derbildenden Kunst des späteren Mittelalters', *Münchner Jahrbuch der bildenden Kunst* 3. Folge 53 (2002), pp. 57 – 101。

Grimm)。虽然文章按标题来看是关于中世纪符号的研究，但施拉姆表示他反对使用"符号"这个大词，因为他认为这个词过于含混。相反，他更倾向于使用义符（Sinnzeichen）一词，这个词并没有令含义更准确，而是列出了一个由不同的标记（Zeichen）与前缀组合而成的概念群，这些前缀包括了职务、等级、次序（Amts-，Standes-，Rang-），以及最重要的——统治标志（Herrschaftszeichen）。严格意义上的义符可以称为法律标志，因为它们表达的是法律关系。施拉姆谨慎地引用了弗雷泽爵士（Sir James Frazer）的说法，同时强调了重要的是要注意时间和地点方面的语境差异。① 施拉姆还提出了后来将要作为研究议程中心的主题：一种对中世纪所用方法的研究，"使不可见的东西变得可见，并以一种更显大义的方法，把可见的和可理解的东西组织起来"。② 后来，施拉姆将不同的符号分为两组，即义符与标识。③

施拉姆在《法兰西国王》（*Der König von Frankreich*，1939）中实践了他的理论，其中有一节涉及统治符号，④ 但该书付梓时，他已经

---

① 这个导论略微修改的版本收入 Schramm, *Kaiser, Könige und Päpste*, 4：1. 665-677。另参 Thimme, *Percy Ernst Schramm und das Mittelalter*, p. 449-464；Burkart,'Verworfene Inspiration', pp. 87-88。

② 英译见 David A. Warner, "Henry II at Magdeburg：Kingship, Ritual and the Cult of Saints", *Early Medieval Europe* 3 (1994), pp. 133-166, at 139。

③ Schramm,'Zur wissenschaftlichen Terminologie：Vorschläge zu einer Überprüfung der "Zunftsprache"', in Schramm, *Kaiser, Könige und Päpste*, 1. 23.

④ Schramm, *Der König von Frankreich：Das Wesen der Monarchie vom 9. zum 16. Jahrhundert*, 2 vols, 2nd ed., Hermann Böhlaus Nachfolger：Weimar 1960, 1. 204-217。这部作品被评论者与布洛赫《国王神迹》放在一起研究，见 Steffen Kaudelka, *Rezeption im Zeitalter der Konfrontation：Französische Geschichtswissenschaft und Geschichte in Deutschland 1920-1940*, Göttingen：Vanderhoeck & Ruprecht, 2003, pp. 188-203。

是东线的一名参谋官了。1950年,他在慕尼黑举办的"神圣艺术展"(Ars Sacra exhibition)上发表了题为"中世纪的统治标志"的演讲,由此重回统治标志的问题。① 施拉姆的另一个关键概念"国家符号"也首次出现于此。② 1953年施拉姆在《文化史档案》(Archiv für Kulturgeschichte)发表了《中世纪的统治标志是什么样的? 论回答此问题的方法》(Wie sahen die mittelalterlichen Herrschaftszeichen aus? Über die Methoden zur Beantwortung dieser Frage),该文也成为《统治标志与国家符号》的导言。统治标志一词出现在十七、十八世纪的文学和诗歌中(通常拼写为 Herrschaft Zeichen),但施拉姆的作品很大程度上塑造了它的现代用法。③ 如彼得森(Jürgen Petersohn)所说,统治标志

> 是一个现代术语,特别是受到……施拉姆……的青睐,并

---

① Schramm, 'Über die Herrschaftszeichen des Mittelalters', *Münchner Jahrbuch der bildenden Kunst* 3. Folge 1 (1950), 43 – 60。部分重印收入 Schramm *Herrschaftszeichen und Staatssymbolik*, 3. 1060 – 1063。

② 同上,页 50。Cf. Thimme, *Percy Ernst Schramm und das Mittelalter*, p. 561。

③ A. Erler, 'Herrschaftszeichen', in *Handwörterbuch zur deutschen Rechtsgeschichte*, Erich Schmidt Verlag: Berlin 1978, 2. 109 – 113; M. Hardt, 'Herrschaftszeichen', in *Reallexikon der Germanischen Altertumskunde*, Walter de Gruyter: Berlin 1999, 14. 457 – 466, at 457; Steffen Krieb, 'Herrschaftszeichen', in Werner Paravicini et al. eds., *Höfe und Residenzen im spätmittelalterlichen Reich: Bilder und Begriffe*, 2 vols, Jan Thorbecke Verlag: Ostfildern 2005, 1. 276 – 280, at 276; Christiane Hille, 'Herrscherinsignien', in Uwe Fleckner, Martin Warnke & Hendrik Ziegler eds., *Handbuch der politischen Ikonographie*, 2vols, München: Verlag C. H. Beck, 2011, 1. 491 – 498, at 492.

被他赋予了特定的含义。该词中世纪的拉丁语源指的是标记。[1]

王权标识(regalia)一词在英语中经常和更流行的王冠珠宝(crown jewels)共用。[2]

德国学者最新的研究在某种程度上又重新使用"徽记"(Znsignien)一词,而施拉姆认为这是个"破破烂烂的外来词"。[3] 统治符号首要的组成物是皇冠、权杖、权球、剑、杖、戒指、加冕长袍和其他"统治者实际携带或佩戴的、无形职权的可见标志"——按照巴克(János M. Bak)所言。[4] 在英语中,"从属君主的王室可见标志"通常被称为"王冠珠宝或王权标识",大英百科全书的条目就是这样说的,因为该条目由施拉姆作了部分修订。[5] 然而,施拉姆的

---

[1] Jürgen Petersohn, 'The Symbols of Rulership of the Roman Empire in the Tenth and Eleventh Centuries', in Alfried Wieczorek & Hans-Martin Hinz eds., *Europe's Centre Around AD 1000*, 2 vols, Stuttgart: Theiss, 2000, 1.606-608, at 606.

[2] E. g. William Jones, *Crowns & Coronations: A History of Regalia*, Chatto and Windus: London, 1883; Lord Twining, *A History of the Crown Jewels of Europe*, London: B. T. Batsford, 1960; Lord Twining, *European Regalia*, London: B. T. Batsford, 1967; Claude Blair ed., *The Crown Jewels: The History of the Coronation Regalia in the Jewel House of the Tower*, 2 vols, London: The Stationery Office, 1998; Anna Keay, *The Crown Jewels*, London: Thames & Hudson, 2011.

[3] Schramm, 'Zur wissenschaftlichen Terminologie: Vorschläge zu einer Überprüfung der "Zunftsprache"', in Schramm, *Kaiser, Könige und Päpste*, 1.19-29, at 22.

[4] J. M. Bak, 'Medieval Symbology of the State: Percy E. Schramm's Contribution', *Viator* 4 (1973), pp. 33-63, at 44, reprinted in János M. Bak, *Studying Medieval Rulers and Their Subjects: Central Europe and Beyond*, Balazs Nagy and Gabor Klaniczay eds., Farnham: Ashgate, 2010.

[5] 'Crown and Regalia', in *Encyclopaedia Britannica*, London: William Benton: 1960, 4.762.

统治标志涵盖更广泛——如宝座、遗物、盾徽、旗帜和姿势——这些使某人显形为"皇帝、国王、公爵、王亲或伯爵"。① 事实上,施拉姆对统治标志的理解主要限于君主-贵族的范畴,他因此受到诟病。② 可以说这不太公正,因为施拉姆并没有忘记教会的徽章或威尼斯总督的徽章等物,后者"本来就是真领导"。③ 此外,即使是当前的社会理论也将"统治"视为一个基本范畴,按照其定义,统治表示"不对称的社会交往"。④ 对于不清楚某个符号是否属于统治者的情况,施拉姆建议使用尊荣标志(Würdezeichen)一词,仿照豪克(Karl Hauck, 1916—2007)的做法,豪克也是《统治标志与国家符号》的贡献者之一。拉德纳对徽记作了一个宽泛的定义,包括"统治权或职权上的政治或教会标记……以及……指向各种团体、等级和尊荣的其他标记"。⑤

在英语主导的学术界,施拉姆的术语稍有问题,因为统治标志和国家符号这两个词都不能很好地翻译成英语。施拉姆以前的学生巴克将其译为统治者的徽记和国家符号系统,⑥ 但统治标志也被变通

---

① Schramm, *Kaiser, Könige und Päpste*, 1.22.

② *Herrschaftszeichen und Staatssymbolik* 最严厉的批评者之一是法律史学家 Karl S. Bader (1905-1998), 见 *Historische Zeitschrift* 185 (1958), 114-125。

③ Schramm, *Herrschaftszeichen und Staatssymbolik*, 3.860:'war ja ursprünglich wirklich ein dux'.

④ Clause Leggewie, 'Herrschaft (rule)', in George Ritzer ed., *Encyclopedia of Social Theory*, 2 vols, Sage: Thousand Oaks, CA 2004, 1.364-368, at 364.

⑤ Gerhart B. Ladner, 'Medieval and Modern Understanding of Symbolism: A Comparison', *Speculum* 54 (1979), pp. 223-256, at 225-226.

⑥ János M. Bak, 'Schramm, Percy Ernst 1894-1970', in Kelly Boyd ed., *Encyclopedia of Historians and Historical Writing*, London: Fitzroy Dearborn Publishers, 1999, 2.1066-1067, at 1066.

地译为统治的标志、①领主的标志、②治权的标志、权力的标志、③或者使用被施拉姆弃用的符号和徽记,译作:主权的象征、④统治和权威的象征、⑤王室的象征、⑥统治权的象征、⑦主权的徽记⑧以及统治权的徽记⑨。

寻找国家

施拉姆引用了歌德对象征主义的思考,将其用作《统治标志与

---

① Cantor, *Inventing the Middle Ages*, p. 112.

② Timothy Reuter, 'Introduction: Reading the Tenth Century', in idem ed., *The New Cambridge Medieval History*, III: c. 900 - c. 1024, Cambridge, Cambridge University Press, 1999, pp. 1 - 26, at 3.

③ Giorgio Agamben, *The Kingdom and the Glory: For a Theological Genealogy of Economy and Government* (Homo Sacer II, 2), Lorenzo Chiesa with Matteo Mandarini transl., Stanford University Press: Stanford 2011, p. 178.

④ Arne Odd Johnsen 对 Schramm 的 *Kaiser, Könige und Päpste* 的评论,见 *Mediaeval Scandinavia* 6 (1973), pp. 198 - 205, at 200。

⑤ Alan Dundes, 'The 1991 Archer Taylor Memorial Lecture: The Apple - Shot: Interpreting the Legend of William Tell', *Western Folklore* 50 (1991), pp. 327 - 360, at 348.

⑥ Otto Gerhard Oexle, 'German Malaise of Modernity: Ernst H. Kantorowicz and his "Kaiser Friedrich der Zweite"', in Robert L. Benson & Johannes Fried eds., *Ernst Kantorowicz: Erträge der Doppeltagung Institute for Advanced Study, Princeton, Johann Wolfgang Goethe - Universität, Frankfurt*, Stuttgart: Franz Steiner Verlag, 1997, pp. 33 - 56, at 55.

⑦ Petersohn, 'The Symbols of Rulership of the Roman Empire in the Tenth and Eleventh Centuries', p. 606.

⑧ Egil Bakka, 'The Alfred Jewel and Sight', *The Antiquaries Journal* 46 (1966), pp. 277 - 282, at 278.

⑨ Bak, 'Medieval Symbology of the State', p. 38 n. 18.

国家符号》的题记:

> 象征,乃是以不成为对象的方式,构成了它所象征的东西;它是一个被拉进精神之镜的形象,但又与它的对象同一。①

正如布克(Philippe Buc)所指出的,施拉姆读过歌德的书,他在其他的表述中可能也受到了歌德文学模式的影响。例如,布克引用了歌德1786年的意大利旅行日记中对人的聚合的描述——"联合成一个高贵的身体,被定义为一个单位,集合并固定在一个单一的群体中,一个由单一的精神驱动的单一形式",并将其与施拉姆在《英国加冕礼史》中对"国家的本质"的立场作了比较:它"不仅仅是它的宪法、它的法律体系和它的理论",它"必须证明……它的生命","有一个身体……每个人都能用自己的感官……同化为自己……"按照布克的解释:

> 在大众民主政治的混乱世界中,人们不能指望暴民理性地理解国家,从而构成一个民族和人民,这促使施拉姆把中世纪的国度视为一种在国家真正出现之前的"不在场的在场"(absent presence)。②

施拉姆"黑格尔式地寻找国家的抽象概念",其他学者也对此进行了评论。比如,加里普赞诺夫(Ildar H. Garipzanov)说,这样的立场"在后现代主义者的批评下几乎无法幸存",因为后现代的焦点

---

① Translation by Brad Prager, *Aesthetic Vision and German Romanticism: Writing Images*, Camden House: Rochester, NY, 2007, p. 150.

② Philippe Buc, '1701 in Medieval Perspective: Monarchical Rituals between the Middle Ages and Modernity', *Majestas* 10 (2002), pp. 91–124, at 121–122.

已经"从抽象的观念和制度转向了人类行动者和具体历史现象之间的关系"①;鲁伊特(Timothy Reuter)则指出:"与施拉姆谈论国家符号,恰恰意味着在某个地方存在着一个可以被符号化的独立、真实存在的国家"。②

"统治标志学"?

在1953年的德国历史学家大会上,施拉姆宣布他打算创立"统治标志的科学"(Wissenschaft der Herrschaftszeichen)。他更倾向于用这个表达"而不是一个外来词",③但是维赛尔(Klaus Wessel)在1958年为《统治标志与国家符号》所作的书评中认为,虽然施拉姆对徽记(Insignium)这个词干表示反感,但这个新形成的学科还是应该称为徽记学(Insignologie)。④汉宁(Eckart Henning)使用了几乎相同的术语——铃记学(Insigniologie),将其置于法律考古学

---

① Ildar H. Garipzanov, *The Symbolic Language of Authority in the Carolingian World* (*c.* 751 – 877) (Brill's Series on the Early Middle Ages, 16), Leiden: Brill, 2008, p. 4.

② Timothy Reuter, *Medieval Polities and Modern Mentalities*, Janet A. Nelson ed., Cambridge University Press, 2006, pp. 127 – 128.

③ Percy Ernst Schramm, 'Die Geschichte des mittelalterlichen Herrschertums im Lichte der Herrschaftszeichen', *Historische Zeitschrift* 178 (1954), pp. 3 – 24.

④ *Deutsche Literaturzeitung für Kritik der internationalen Wissenschaft* 79 (1958), pp. 31 – 42, at 32. See also, Franz Gall, 'Insignologie: Umfang und Aufgaben', in idem & Hanns Jäger – Sunstenau, *Genealogica et heraldica*: 10. *Internationaler Kongreß für genealogische und heraldische Wissenschaften*, Wien 14. – 19. September 1970, Kongreßberichte, 2 vols, Verlag der Wiener Medizinischen Akademie: Wien, 1972, 2. 693 – 697.

（Rechtsarchäologie）之下，①并称施拉姆为"伟大的钤记学家"。②按照哈特曼（Martina Hartmann）的说法，施拉姆开创了钤记学研究。③施拉姆的学生沙勒（Hans Martin Schaller, 1923—2005）更忠实于施拉姆的术语，在《新德意志传记》（Neue Deutsche Biographie）中称他为"史学的一门新兴辅助科学——统治标志与国家符号的创始人"。④有时人们也用统治标志研究（Herrschaftszeichenforschung）一词。

在德国学界的方法论书籍以及史学理论的讨论中，人们可以发现诸如"作为一种权力符号科学的徽记学"这样的表述，⑤而施拉姆的名字有时也与上面提到的徽记学联系在一起。⑥早在1976年，艺术史学家戴恩斯（Wayne Dynes）就指出：

---

① Eckart Henning, 'Begriffsplädoyer für die Historischen "Hilfs" wissenschaften', in idem, *Auxilia Historica: Beiträge zu den historischen Hilfswissenschaftenundihren Wechselbeziehungen*, 2nd rev. ed., Böhlau Verlag: Köln, 2004, pp. 14 – 27, at 18.

② Henning, "Das Unsichtbare Sinnfällig machen", p. 60.

③ Martina Hartmann, *Mittelalterliche Geschichte studieren*, 2nd ed., UTB: Konstanz, 2007, 215; Achim Th. Hack, 'Karl der Große hoch zu Ross: Zur Geschichte einer (historisch falschen) Bildtradition', *Francia* 35 (2008), pp. 349 – 380, at 375.

④ Hans Martin Schaller, 'Schramm, Percy Ernst', in *Neue Deutsche Biographie*, Duncker & Humblot: Berlin, 2007, 23. 515 – 517, at 516.

⑤ Peter Borowsky, Barbara Vogel and Heide Wunder, *Einführung in die Geschichtswissenschaft I: Grundprobleme, Arbeitsorganisation, Hilfsmittel*, 5th ed., Westdeutscher Verlag: Opladen 1989, 141.

⑥ Hans – Werner Goetz, *Moderne Mediävistik: Stand und Perspektiven der Mittelalterforschung*, Wissenschaftliche Buchgesellschaft: Darmstadt, 1999, p. 213; Hans – Werner Goetz, *Proseminar Geschichte: Mittelalter*, 2nd ed., Verlag Eugen Ulmer: Stuttgart, 2000, pp. 320, 350.

  总体上，关于国家徽记与象征的研究正在蓬勃发展。这一研究领域的存在，几乎完全归功于施拉姆及其学生的努力。①

  不过，对于施拉姆是否真的创立了一门新的辅助科学，学界众说纷纭。按照科恩特根（Ludger Körntgen）的说法，"在学术图景中，施拉姆的广泛研究比较像赢得普遍赞赏但有些格格不入的那一块儿"，虽然产生了"很多共鸣"，但"并未被真正接受"，"仅有一点儿批判性的讨论"。科恩特根认为，"统治标志的科学"并没有真正被接受为一门独立的学科。② 阿甘本也有类似的观点，认为"权力标记科学的基础尚未建立"。③

"伟大的施拉姆"——"主权标志学在德国的林奈"④

  法国中世纪学家博茹（Alain Boureau）和帕斯图鲁（Michel Pastoureau）分别于1990年和2004年发表了介绍施拉姆的文章，这证

---

① Wayne Dynes, 'Tradition and Innovation in Medieval Art', in James M. Powell ed., *Medieval Studies: An Introduction*, Syracuse: Syracuse University Press, 1976, pp. 313–342, at 337.

② Ludger Körntgen, *Königsherrschaft und Gottes Gnade: zu Kontext und Funktion sakraler Vorstellungen in Historiographie und Bildzeugnissen der ottonisch-frühsalischen Zeit*, Oldenbourg Akademieverlag: Berlin, 2001, pp. 161–166, quotation at 162 ('viel Resonanz, aber keine durchgreifende Rezeption und vor allem nur wenig kritische Diskussion', 'Schramms großangelegtes Projekt eher wie ein allseits bewunderter erratischer Block in der Forschungslandschaft steht').

③ Agamben, *The Kingdom and the Glory*, pp. 179–180.

④ Michel Pastoureau, *Une histoire symbolique du Moyen Âge occidental*, Éditions du Seuil: Paris, 2004, p. 348; Alain Boureau, *Histoires d'un historien: Kantorowicz*, Éditions Christian: Paris, 1990, p. 10.

明了他在法国一直都很重要。在法国，早先就有对施拉姆的盛赞，比如特西埃（Georges Tessier）称《统治标志与国家符号》为"一座博学的丰碑"。① 专门研究法国君主制的贵族学者皮诺多（Hervé Pinoteau）男爵（出生于1927年）在1972年发表的关于所谓查理曼王冠的文章中，对"徽记学大师"施拉姆致敬，施拉姆曾说他饶有兴趣地关注着皮诺多的工作进展。② 后来皮诺多称施拉姆为"学术界的巨人"。③ 诺拉（Pierre Nora）对康托洛维茨的思想在法国的复兴起到了重要作用，他组织翻译了《国王的两个身体》（1989），④ 但无论是诺拉自己的伟大合作作品《记忆之场》（1984—1992）的概念，还是国家这个观念在其中的中心地位，似乎要归功于施拉姆的《统治标志与国家符号》，尽管诺拉书中那种较为笼统的方法和轻巧的法式散文，实在无法与施拉姆带着重重注释的日耳曼式博学相提并论。诺拉称他为"权力符号学在德国的林奈"，与博茹的说法相呼应。⑤ 诺

---

① *Bibliothèque de l'école des chartes* 113（1955），pp. 254 – 258, at 258。Tessier 对 *Sphaira*, *Globus*, *Reichsapfel* 的书评见同一期刊 117（1959），pp. 348 – 351。

② Reprinted in Hervé Pinoteau, *Vingt – cinq ans d'études dynastiques*, Éditions Christian：Paris, 1982, p. 430.

③ Hervé Pinoteau, 'Les insignes du pouvoir en France', in *Le sacre des rois：actes du colloque international d'histoire sur les sacres et couronnements royaux*（Reims 1975），Les Belles Lettres：Paris, 1985, p. 75.

④ Peter Schöttler, 'Ernst Kantorowicz in Frankreich', in Robert L. Benson & Johannes Fried eds., *Ernst Kantorowicz：Erträge der Doppeltagung Institute for Advanced Study, Princeton, Johann Wolfgang Goethe – Universität, Frankfurt*, Franz Steiner Verlag：Stuttgart, 1997, pp. 144 – 161, 147, 150; and in the same volume, Jean – Philippe Genet, 'Kantorowicz and the King's Two Bodies：A non Contextual History', pp. 265 – 273, at 265 – 266.

⑤ Pierre Nora ed., *Les Lieux de mémoire：Les France III：3 De l'archive à l'emblème*, Gallimard：Paris, 1992, p. 788.

拉在其杂志《争论》(*Le Débat*)起初几卷中，发表了布劳恩施泰因（Philippe Braunstein）为《统治标志与国家符号》所作的全书剪影，也就是带评注的摘译。① 鉴于施拉姆的长战线进路，勒高夫（Jacques Le Goff）在1995年将他与布洛赫（Marc Bloch）和布罗代尔（Fernand Braufel）相比。②

蒂梅详细讨论过德国对施拉姆作品的接受情况，虽然他也勾勒了施拉姆的学术网络，但较少关注他在国外的接受情况。③ 20世纪50年代，施拉姆与英国的联系得以恢复，但与战前不太一样，④ 而且英国人对其作品的接受程度也有所保留。霍姆斯（Martin R. Holmes, 1905—1997）在评论《统治标志与国家符号》时发现，施拉姆"对英国历史和英国权标的引用……有许多对证据的曲解，偶尔也有对事实的误判"，然而，"这并不影响该书作为王室装饰品图像学和文献学著作的实用性"。总之，霍姆斯对施拉姆的"图

---

① Philippe Braunstein, 'Livre – montage: Percy Ernst Schramm: Les signes du pouvoir et la symbolique de l'État', *Le Débat* 14 (1981), pp. 166 – 192.

② Kaudelka, *Rezeption im Zeitalter der Konfrontation*, p. 190.

③ Schramm et al. 1978, 7 所收录的对 *Herrschaftszeichen und Staatssymbolik* 的书评清单，还可以补充，例如，Iso Müller 的评论，*Schweizerische Zeitschrift für Geschichte* 5 (1955), pp. 386 – 388; and pp. 6 (1956), 239 – 240, 517 – 519。Müller 在同一期刊 [6 (1956), 132; and 9 (1959), pp. 250 – 251] 也评论了 *Kaiser Friedrichs II. Herrschaftszeichen* 以及 *Sphaira*, *Globus*, *Reichsapfel*。

④ Thimme, *Percy Ernst Schramm und das Mittelalter*, p. 529。根据 Martina Steber 的研究，施拉姆是与剑桥的 Herbert Butterfield 教授有联系的德国"民族－保守主义"历史学家之一。Martina Steber, 'Herbert Butterfield, der Nationalsozialismus und die deutsche Geschichtswissenschaft', *Vierteljahrshefte für Zeitgeschichte* 55 (2007), pp. 269 – 307, at 271, 277, 301。

片和论据"表示欢迎,"但不一定全盘接受他对它们的解释"。① 数学家兼科学史家诺伊格鲍尔(Otto E. Neugebauer)在《瓦尔堡学报》(*Journal of the Warburg and Courtauld Institutes*)发表文章,从星相学的角度指出,在《权球史》中,"技术术语对作者而言毫无意义"。②

施拉姆的工作仍然以日耳曼为中心,并沿袭了帝国中世纪研究和帝国史的传统,③ 但阿尔特霍夫(Gerd Althoff)等人认为他的贡献属于那种从根本上改变"德国学术"的"全新重要方向"之一,因为他

> 和其他人开始了对王室和帝国仪式以及象征性表征系统的分析,布洛赫的同时代作品研究法国御触(Royal touch),借鉴了符号学及民族志,施拉姆虽然没怎么借鉴这些符号学和民族志,但却为理解国王的自我表征和意识形态开辟了新的方向。④

虽然施拉姆的目标是一种全面的泛欧徽记史,但他的方法仍然以日耳曼为中心;他在讨论周边地区时并不顺手,正如挪威历史学家约翰森(Arne Odd Johnsen)所说:"即使是这位学者中的巨人,

---

① *The Antiquaries Journal* 38 (1958), 116 – 117, at 117. Holmes authored jointly with H. D. W. Sitwell, *The English Regalia: Their History, Custody and Display*, London: H. M. Stationery Office, 1972.

② O. Neugebauer, 'Sense or Nonsense in Scientific Jargon', *Journal of the Warburg and Courtauld Institutes* 23 (1960), pp. 175 – 176, at 175.

③ Burkart, 'Verworfene Inspiration', p. 84.

④ Gerd Althoff, Johannes Fried and Patrick J. Geary, 'Introduction', in eidem eds., *Medieval Concepts of the Past: Ritual, Memory, Historiography*, Cambridge: Cambridge University Press, 2002, pp. 1 – 17, at 4.

其博学和知识也有限度。"①

关于符号的活力人生

借用施拉姆1938年关于中世纪符号的文章中的一句话，他仍在继续自己"关于符号的活力人生"，② 即使在20世纪50年代他的大作出版之后也是如此。然而，蒂梅为施拉姆的出版物列的书单却差强人意。为了更全面地了解施拉姆1963年以前的创作情况，可以参考他在《纪念文集》(*Festschrift*) 中所列的书目，③ 其中还包括了一些更短的札记和书评。

在施拉姆的晚期作品中，有一篇关于礼仪伞的文章被蒂梅忽略了，该文在施拉姆死后于1972年发表在为海姆佩尔（Hermann Heimpel）结集的《纪念文集》中。这篇文章涉猎广泛，图文并茂，有六十多幅图片，从古埃及到当代的达赖喇嘛都有涉及。施拉姆在文中提出，要妥善研究这个主题，最好的办法是由来自不同领域的学者组成一个国际团队，但他意识到，"伞类科学研究委员会"会是"从一开始就没有希望的冒险"。施拉姆进一步观察到，十九世纪的欧洲在礼仪上用旗帜取代了伞，他用威廉二世皇帝和佛朗哥将军在旗帜前的照片来说明这一点，并指出这个主题将形成另一个新的领

---

① Johnsen，*Mediaeval Scandinavia* 6 (1973)，203。北欧学者的观点，另参Nils Ludvig Rasmusson 对 *Herrschaftszeichen und Staatssymbolik* 的书评，见 *Fornvännen* 54 (1959)，pp. 206–213。

② Schramm，*Kaiser, Könige und Päpste*，4：2.668。

③ Ritter 'Veröffentlichungen von Prof. Dr. Percy Ernst Schramm'，pp. 291–316。

域,即"旗帜研究"。① 施拉姆生前最后的出版物中有一则关于旗帜史的简要札记,② 在文中他引导读者注意霍斯特曼(Hans Horstmann, 1901—1983)关于欧洲旗帜前史和早期历史的文章,③ 以及纹章学的姊妹学科"旗帜学"——德语称为 Flaggenkunde,英语称为 vexillology。④

无施拉姆学派

瓦尔堡"既是收藏家又是组织者",对他来说,团队工作是一种

---

① Percy Ernst Schramm, 'Der Schirm: Herrschafts -, Würde - und Rangzeichen in drei Erdteilen', in *Festschrift für Hermann Heimpel: zum 70. Geburstag am 19. September* 1971, 3 vols, Göttingen: Vandenhoeck & Ruprecht, 1971 - 1972, 3. 567 - 593, quotations at 568, 579 and 592。关于施拉姆对这一主题之解释的探讨,见 Michail A. Bojcov, 'Der Schirm des Papstes, der Sonnengott und die historischen Wege Russlands', in Jörg Gengnagel, Monika Horstmann & Gerald Schwedler eds., *Prozessionen, Wallfahrten, Aufmärsche: Bewegung zwischen Religion und Politik in Europa und Asien seit dem Mittelalter*, Köln: Böhlau Verlag, 2008, pp. 163 - 203。

② Percy Ernst Schramm, 'Zur Geschichte der Flagge', *Deutsches Archiv für Erforschung des Mittelalters* 25 (1969), pp. 233 - 234.

③ Horstmann later published a book on the subject, *Vor - und Frühgeschichte des europäischen Flaggenwesens: die Rechtszeichen der europäischen Schiffe im Mittelalter*, Breme: Schünemann Universitätsverlag, 1971.

④ Christoph Friedrich Weber (*Zeichen der Ordnung und des Aufruhrs: Heraldische Symbolik in italienischen Stadtkommunen des Mittelalters*, Köln: Böhlau Verlag, 2011, 10.)将注意力转向赫德曼(Carl Erdmann, 1898—1945)在 20 世纪 30 年代从中世纪学 - 历史学视角所作的重要工作。施拉姆的研究兴趣与赫德曼有重叠,赫德曼还是《皇帝、国王与教宗》第一卷题献的对象之一。Thimme, *Percy Ernst Schramm und das Mittelalter*, pp. 503 - 504。

顺手的方式。① 施拉姆沿袭了这一方式，尤其是《统治标志与国家符号》，它是不同领域的学者之间国际合作的结果。例如，撰稿人中有贝格斯（Wilhelm Berges，1909—1978），被称为"也许是最重要的"施拉姆的中世纪学学生。② 其他重要的合作者有凯尔斯特罗姆（Olle Källström，1900—1983）、迪尔（József Deér，1905—1972）、德克尔-豪夫（Hansmartin Decker‐Hauff，1917—1992）以及埃尔策（Reinhard Elze，1922—2000）；原本康托洛维茨也计划参与，但最终未果。③ 加冕礼仪的研究成为埃尔策的毕生之业。1982 年阿什盖特论文集系列（Ashgate Variorum Collected Studies）出版了埃尔策的论文集，书名为《教宗-皇帝-国王与中世纪的统治符号》（*Päpste – Kaiser – Könige und die mittelalterliche Herrschaftssymbolik*），隐约向施拉姆的《皇帝、国王与教宗》（*Kaiser, Könige und Päpste*）致意。

施拉姆鼓励他的学生早日独立，也没有建立任何历史学派。他不希望看到他的学生变成一个小施拉姆，因此也就没有什么施拉姆派了。④ 不过，提起施拉姆的一群更广的伙伴，恩莱特（Michael

---

① Percy Ernst Schramm, 'Mein Lehrer Aby Warburg', in Stephan Füssel ed., *Mnemosyne*: *Beiträge* [...] *zum 50. Todestag von Aby M. Warburg*, Göttingen: Bamberger Schriften zur Renaissanceforschung, 1979, pp. 36 – 41, at 38.

② Wolfgang Weber, *Priester der Klio*: *historisch – sozialwissenschaftliche Studien zur Herkunft und Karriere deutscher Historiker und zur Geschichte der Geschichtswissenschaft* 1800 – 1970, 2nd ed., Verlag Peter Lang: Frankfurt am Main 1987, p. 260.

③ Thimme, *Percy Ernst Schramm und das Mittelalter*, p. 563.

④ 同上，页 519；János M. Bak, 'Percy Ernst Schramm (1895 [sic] – 1970) on P. E. Schramm', in idem, *Studying Medieval Rulers and Their Subjects*: *Central Europe and Beyond*, Balázs Nagy and Gábor Klaniczay eds. Farnham: Ashgate, 2010, II. 13。

J. Enright）甚至说他们是"施拉姆的亲兵"。① 的确，施拉姆的学生里出现了几位重要的中世纪学家，博斯特（Arno Borst, 1925—2007）也许是其中最著名的之一。② 施拉姆教过的一些学生——最主要的是格罗勒（1932）和巴克（János M. Bak, 1929）——也对他在历史学界的形象做出了巨大贡献。后来成为哥廷根大学校长的坎普（Norbert Kamp, 1927—1999）也发表过一篇关于施拉姆和中世纪研究的文章。③

在某种程度上延续了施拉姆传统的统治权研究的是王威（Majestas）学会，它是"一个研究世界各地数世纪以来的帝国、国王、公爵、教宗、主教和其他世俗和属灵统治权的国际跨学科学术协会"。④ 埃尔策是其创始成员之一，巴克则是《王威》杂志的编辑之一，该杂志在1993年至2005年期间出版了13卷。

《统治标志与国家符号》的遗产

施拉姆的《统治标志与国家符号》被认为是欧洲君主制研究

---

① 根据恩莱特的说法，豪克"早先追随施拉姆，以及他对《统治标志与国家符号》的贡献为他铺平了通向杰出生涯的道路"。Michael J. Enright, review of *Die Goldbrakteaten der Völkerwanderungszeit* by Karl Hauck et al., Speculum 63 (1988), 403–406, at 404。

② 施拉姆从事中世纪学研究的学生们（博斯特、克拉森以及施温寇珀）的生平以及著作目录可见 Jürgen Petersohn and Jörg Schwarz eds., *Der Konstanzer Arbeitskreis für Mittelalterliche Geschichte 1951–2001：Die Mitglieder und ihr Werk：Eine bio-bibliographische Dokumentation*, Stuttgart：Jan Thorbecke Verlag, 2001。

③ Norbert Kamp, 'Percy Ernst Schramm und die Mittelalterforschung', in Hartmut Boockmann & Herman Wellenreuther eds., *Geschichtswissenschaft in Göttingen*, Göttingen：Vandehoeck & Ruprecht, 1987, pp. 344–363。

④ http://www.freeweb.hu/majestas/ (accessed 2 December 2011).

在二十世纪最重要的著作之一,与之同列的还有康托洛维茨的《国王的两个身体》以及埃利亚斯(Norbert Elias)的《宫廷文化》(*Die höfische Gesellschaft*)。① 随着《国王的两个身体》翻译成西班牙文、意大利文、法文、德文和葡萄牙文,② 恩斯特·H."埃卡"·康托洛维茨在20世纪80至90年代经历了一次复兴——如吉塞(Ralph E. Giesey)所说,一股名副其实的"埃卡热",相比之下,施拉姆仅有两本从德文原版翻译成英文的著作,一是《英国加冕礼史》(1937),一是《希特勒:其人与军事领袖》(*Hitler:The Man and the Military Leader*)。但值得注意的是,帕尔加(Luis Vázquez de Parga)翻译了134页的《统治标志与国家符号》西班牙语节译本,该译本于1960年出版。③ 相比之下,《国王的两个身体》和布洛赫的《国王神迹》的西班牙语译本分别到1985年和1988年才出版,这一事实被挑出来证明"德国史学对佛朗哥治下西班牙的影响"。④

关于历史学派,阿布拉菲亚(David Abulafia)的告诫值得铭记:"一位历史学家的知识谱系不是简单地在他直接的物质学术环境中寻

---

① Johannes Paulmann, *Pomp und Politik:Monarchenbegegnungen in Europa zwischen Ancien Régime und Erstem Weltkrieg*, München:Ferdinand Schöningh, 2000, p. 17 n. 16.

② 关于 *The King's Two Bodies* 现在影响的分析,参见 Bernhard Jussen, 'The Kings Two Bodies Today', *Representations* 106 (2009), pp. 102 – 117。

③ Percy E. Schramm, *La insignias de la realeza en la Edad Media española*, Luis Vázquez de Parga transl., Madrid:Instituto de Estudios Políticos, 1960.

④ Adeline Rucquoi, 'Spanish Medieval History and the Annales:Between Franco and Marx', in Miri Rubin ed., *The Work of Jacques Le Goff and the Challenges of Medieval History*, Woodbridge:Boydell Press, 1997, pp. 123 – 141, at 124 – 125.

找，而是要在他的书架上寻找。"① 尼尔森（Janet Nelson）提到施拉姆是早期对她产生影响的欧陆学者之一，说他"开辟了一个全新的领域，那就是仪式和符号学的研究"，并且他的作品展示了"这种研究文化史和政治史方法异常宽广的维度"。在尼尔森的评价中，施拉姆"是一个先驱，很多人紧随其后，带来了更广泛的影响，比如对人类学和社会学的影响"。② 施拉姆本人自认为他的作品与德国法律史和考古学的研究传统有联系。不过，格拉乌斯（František Graus）在1986年表示，施拉姆"几乎没有直接影响德国宪法史"③，但还是有一些共鸣。韦奇（Miloš Vec）用施拉姆的术语将自己的研究兴趣之一定义为"国家与统治符号"。④

在谈到中世纪早期政治的现代史论时，加里普赞诺夫曾提到施拉姆"通过仔细研究中世纪统治权和国家的图像和符号，并确立了图像证据——以及一般的权威符号——对于分析统治权的意义，从

---

① David Abulafia, 'Institutions and Individuals: Some Medieval Historians of the Twentieth Century', *Journal of Medieval History* 18 (1992), pp. 183 – 201, at 201.

② Danny Millum 对 Dame Janet Nelson 的采访，为 'Making history: the discipline in perspective' 项目而作, 30 May 2008. http://www.history.ac.uk/makinghistory/resources/interviews/Nelson_Janet.html (accessed 28 January 2012)。关于她对施拉姆作品的修正，例如，参 Janet L. Nelson, *Politics and Ritual in Early Medieval Europe*, London: Hambledon Press, 1986。

③ František Graus, 'Verfassungsgeschichte des Mittelalters', *Historische Zeitschrift* 243 (1986), pp. 529 – 589, at 557.

④ http://www.rg.mpg.de/de/personen/milos.vec/ (accessed 2 December 2011). Regine Jorzick, *Herrschaftssymbolik und Staat: Die Vermittlung königlicher Herrschaft im Spanien der frühen Neuzeit (1556 – 1598)*, München: Oldenbourg Wissenschaftsverlag, 1998, p. 11, 18, 该书也清楚地提到了施拉姆的奠基性工作。

而对这一领域做出了巨大的贡献"。① 戈麦斯（Rita Costa Gomes）在2003年发表的对中世纪晚期葡萄牙王室的研究中认为，关于"王室的构造"问题，"重要的是回到施拉姆和康托洛维茨大量的经典研究中去"。② 虽然施拉姆的作品仍然是中世纪学者避不开的参考，但其作品以德语写成，对于英语国家研究晚期君主制的历史学家来说，这种局限性无疑使施拉姆这个参考点不再显眼。例如，夏普（Kevin Sharpe）在其关于都铎君主制的权威与形象的著作中指出，康托洛维茨的国王二体模型"没被后世充分发掘"，③ 但他甚至没有提到施拉姆——真正开启了君主图像的现代研究的人。

阿尔特霍夫在1990年写道：

> 在施拉姆的开创性研究之后……历史学家们觉得没有必要再详细考察中世纪政治生活的姿势、标志和仪式等主题了。④

现在时过境迁。阿尔特霍夫在另一处评论中谈到，施拉姆及其追随者避免使用仪式一词，而且，施拉姆的兴趣强烈地指向"徽记的物质性"，并补充说，"符号性的交流和仪式"只在仪典研究中引

---

① Garipzanov, *The Symbolic Language of Authority in the Carolingian World* (*c.* 751 – 877), p. 4.

② Rita Costa Gomes, *The Making of a Court Society: Kings and Nobles in Late Medieval Portugal*, Cambridge University Press, 2003, p. 4.

③ Kevin Sharpe, *Selling the Tudor Monarchy: Authority and Image in Sixteenth-Century England*, New Haven: Yale University Press, 2009, p. 10.

④ Gerd Althoff, *Family, Friends and Followers: Political and Social Bonds in Early Medieval Europe*, Cambridge University Press, 2004, 16 n. 44 (German original in 1990).

起他们的注意。① 不过，在谈到施拉姆对"政治戏剧"这一概念的使用时，施拉姆应该被视为关注中世纪政治之戏剧性这一研究传统的开创者之一。② 虽然中世纪学者现在将"仪式"称为"20世纪90年代以来中世纪仪式研究的对象"，但还是有人记得这要归功于施拉姆等人早期所做的基础性工作。③

至于王冠，哈腾（Fritz Hartung, 1883—1967）在1941年发表《作为中世纪晚期君主统治符号的王冠》（*Die Krone als Symbol der monarchischen Herrschaft im ausgehenden Mittelalter*）④，康托洛维茨认为他的研究"极为有用"⑤。哈腾"采用了一条与施拉姆不同的路线，集中讨论了王冠的概念意义"。⑥ 哈腾的论文后来收入海尔曼（Manfred Hellmann, 1912—1992）编辑的文集《作为中世纪晚期国家符号的王冠研究文集》（*Corona regni*: *Studien über die Krone als*

---

① Gerd Althoff, 'Rituels et institutions', in Jean-Claude Schmitt and Otto Gerhard Oexle eds., *Les tendances actuelles de l'histoire du Moyen Âge en France et en Allemagne*: *Actes des colloques de Sèvres* (1997) *et Göttingen* (1998), Paris: Publications de la Sorbonne, 2002, pp. 231-242, at 232.

② Christiane Witthöft, *Ritual und Text*: *Formen symbolischer Kommunikation in der Historiographie und Literatur des Spätmittelalters*, Darmstadt: Wissenschaftliche Buchgesellschaft, 2004, p. 1.

③ Christina Pössel, 'The Magic of Early Medieval Ritual', *Early Medieval Europe* 17 (2009), pp. 111-125, at 112 n. 1.

④ *Abhandlungen der Preußischen Akademie der Wissenschaften*, Phil.-Hist. Kl. 13 (1940).

⑤ Ernst H. Kantorowicz, 'Inalienability: A Note on Canonical Practice and the English Coronation Oath in the Thirteenth Century', *Speculum* 29 (1954), pp. 488-502, at 500 n. 61.

⑥ Walter Ullman, Review of *Corona regni*: *Studien über die Krone als Symbol des Staates im späteren Mittelalter* by Manfred Hellmann, *The English Historical Review* 78 (1963), p. 564.

Symbol des Staates im späteren Mittelalter，1961）中。其他学者也纷纷跟进；霍夫曼（Hartmut Hoffmann）在1963年写了《中世纪盛期国家思想中的王冠》（Die Krone im Hochmittelalterlichen Staatsdenken）一文，① 而施拉姆学生克拉森（Peter Classen）的《皇帝之冠：作为12世纪罗马－德意志帝国象征的皇冠》（Corona Imperii：Die Krone als Inbegriff des römisch－deutschen Reiches im 12. Jahrhundert）一文几乎讨论了同样的主题，该文收入《施拉姆七十寿诞纪念文集》（*Percy Ernst Schramm zu seinem siebzigsten Geburtstag*，1964），克拉森是该书的合作编辑。② 之后，奥特（Joachim Ott）继续了王冠研究的概念性方法，他在1995年马堡大学论文的基础上修订出版了《皇冠与加冕》（*Krone und Krönung*，1998）。奥特研究的重点是将王冠作为一种标志，分析它的"伦理意义"，并强调礼仪的背景，③ 但另一方面，由于其运用的资料规模庞大，他的作品在某种意义上带有很浓的施拉姆风格。彼得森和门策尔－鲁伊特斯（Arno Mentzel－Reuters）也

---

① In Hans Martin Freiherr von Erffa & Elisabeth Herget eds.，*Festschrift für Harald Keller：zum sechzigsten Geburtstag dargebracht von seinen Schülern*，Darmstadt：E. Roether，1963，pp. 71－85.

② Reprinted in Peter Classen，*Ausgewählte Aufsätze*，Josef Fleckenstein with Carl Joachim Classen and Johannes Fried eds.，Jan Thorbecke Verlag：Sigmaringen，1983，503－514。对 *Corona regni* 的书评，将其放在此处提到的其他研究的语境中，参见 Laetitia Boehm，'Die Krone, Herrschaftszeichen monarchischer Gewalt, als Wegbereiterin transpersonalen Staatsdenkens：Bericht über ein vergriffenes Buch'，*Jahrbücher für Geschichte Osteuropas* N. F. 17（1969），pp. 86－92。

③ Joachim Ott，*Krone und Krönung：Die Verheißung und Verleihung von Kronen in der Kunst von der Spätantike bis um 1200 und die geistige Auslegung der Krone*，Verlag Philipp von Zabern：Mainz am Rhein，1998，p. 22.

继续对王冠进行了更多的概念性研究。①

对施拉姆来说,"王权神话"乃是"理解欧洲"的关键主题之一。② 然而,他自己的研究主要集中在王权的外在形式和表达上。事实上,华纳(David A. Warner)曾总结道:

> 实际上,施拉姆认为,中世纪的统治权可以通过对其标志、符号和形象的研究来理解,而非他的许多前辈和同代人所追求的制度或宪政史。施拉姆感兴趣的并不是统治权的粗糙外表,而是其理念……③

阿甘本(Giorgio Agamben)在其著作《王国与荣耀》中指出,施拉姆、康托洛维茨等人没有提出"权力为什么需要荣耀"这类"相当明显的问题"。对阿甘本来说,《统治标志与国家符号》"实际上是一首献给权力标志的宏歌"。④

---

① Jürgen Petersohn, 'Echte' und 'falsche' Insignien im deutschen Krönungsbrauch des Mittelalters? Kritik eines Forschungsstereotyps (Sitzungsberichte der Wissenschaftlichen Gesellschaft an der Johann Wolfgang Goethe – Universität Frankfurt am Main 30: 3), Franz Steiner Verlag: Stuttgart 1993; Jürgen Petersohn, 'Über monarchische Insignien und ihre Funktion im mittelalterlichen Reich', Historische Zeitschrift 266 (1998), pp. 47 – 96; Arno Mentzel – Reuters, 'Die goldene Krone: Entwicklungslinien mittelalterlicher Herrschaftssymbolik', Deutsches Archiv für Erforschung des Mittelalters 60 (2004), pp. 135 – 182.

② Percy Ernst Schramm, ' "Mythos" des Königtums: Eine Einführung in das Problem: Monarchie in Europa', in Schramm, Kaiser, Könige und Päpste, 1. 68 – 78, at 68.

③ David A. Warner, 'Rituals, Kingship and Rebellion in Medieval Germany', History Compass 8 (2010), pp. 1209 – 1220, at 1212.

④ Agamben, The Kingdom and the Glory, xii, p. 178.

科学与艺术功勋勋章协会主席

前面提到施拉姆关于现代功勋勋章的观点很是切题,尤其是考虑到他在 1958 年被任命为科学与艺术功勋勋章协会(the Order Pour le Mérite für Wissenschaften und Künste)成员——该勋章是德意志联邦共和国向学者和艺术家颁发的最高荣誉,施拉姆随后在 1963 年当选为该协会主席。[①] 在这里,连续性或者重塑连续性也起着核心作用。功勋勋章由弗里德里希二世于 1740 年设立,虽然其早期成员包括一些非军事人员,如伏尔泰,但它主要是一种军事勋章。1842 年,在洪堡男爵(Baron Alexander von Humboldt)的倡议下,艺术和科学和平勋章产生了,施拉姆在一篇纪念洪堡诞辰 200 周年的文章中讨论了诸如洪堡作为皇室侍从的作用等问题。[②]

施拉姆在 1964 年作为会长发表的第一次仪式性演讲中,回顾了 1933 年至 1945 年期间协会的命运。在开场白中,他向军事勋章的持

[①] 尽管在当时的西德背景下获得这一荣誉并没有什么惊人之处,但加里森写道:"考虑到施拉姆在 1964 年退休后所发表的著作,西德的中央和地方政治体选择授予跟他的学术直接相关的奖励,这还是很令人瞩目。"('Ottonian Art and Its Afterlife', p. 220)

[②] Percy Ernst Schramm, 'Alexander von Humboldt: bewunderungswürdig, beneidenswert', *Jahrbuch Preussischer Kulturbesitz* 5 (1968), 25 – 40, reprinted as Percy Ernst Schramm, 'Zum 200. Geburtstag von Alexander von Humboldt des ersten Ordenskanzlers', *Orden Pour le Mérite für Wissenschaften und Künste: Reden und Gedenkworte* 9 (1968/1969), pp. 175 – 198. 蒂梅开列的施拉姆作品清单没有收入这些文献以及下文脚注中的文章。蒂梅也略过了施拉姆担任协会会长期间为新成员所作的贺词。可在线查询 http://www.orden-pourlemerite.de。

有者致以问候,该勋章 1918 年后再未颁发过。① 在施拉姆担任会长期间,和平勋章协会与军事勋章的持有者一直保持着联系。② 这里有一种有趣的延续性——云格尔 1998 年去世,他成了这一战争勋章的最后一位在世的持有者。作为一名作家,云格尔理论上也可以成为和平勋章的候选人。由于魏玛共和国禁止颁发勋章和奖章,"科学与艺术功勋勋章"协会于 1922 年改组,实行合作原则。历史学家的任务是重建第三帝国下协会的命运,但由于 1930 年以来保存在普朗克(Max Planck)公寓里的档案被盟军的炸弹炸毁,历史学家的任务变得困难重重。

施拉姆在演讲中称豪斯(Theodor Heuss)为英雄,后者在 1942 年为《法兰克福汇报》(*Frankfurter Zeitung*)撰写了一篇匿名文章,以纪念协会成立一百周年。豪斯担任德意志联邦共和国第一任总统期间,在确保协会续存方面发挥了重要作用,到 1952 年,协会仅剩下三名成员在维系。③

协会的"名额限制"保证了其排他性,成员人数不超过三十名德国人和三十名外国人(自 1990 年起改为四十名),④ 人文科学、自然科学和艺术领域所占名额相同。施拉姆在对协会历史的这一概述中承认,要评估人文学者和艺术家的持久影响和名声不容易。对

---

① Percy Ernst Schramm, 'Rückblick auf die Schicksale des Kapitels in den Jahren 1933 bis 1945', *Orden Pour le Mérite für Wissenschaften und Künste: Reden und Gedenkworte* 6 (1963/1964), pp. 83 – 104, at 83.

② Percy Ernst Schramm, '1842 – 1967: Rückblick und Rundblick', *Orden Pour le Mérite für Wissenschaften und Künste: Reden und Gedenkworte* 8 (1967), pp. 89 – 113, at 90.

③ Schramm, *Neun Generationen*, passim.

④ 1969 年该规则稍作修改,以使旧有非活动成员不包括在这些数字中。

他来说，很容易编制一份回顾名单，列出谁也许应该当选，谁不应该。① 当选为协会成员后，施拉姆开始在荣誉政治中发挥他的作用。他在1959年比利时中世纪学家冈绍夫（François - Louis Ganshof, 1895—1980）当选的过程中发挥了重要作用。② 1963年去世的康托洛维茨没有成为协会成员，这并不奇怪，因为正如弗里德（Johannes Fried）所说，在战后的德国，"康托洛维茨并不是历史学的英雄"。③ 两位与施拉姆本人研究兴趣相关的拜占庭学者分别于1963年和1966年当选为外国成员——一位是格拉巴（André Grabar, pp. 1895—1990），他全面审阅了施拉姆关于统治标志的主要著作，另一位是奥斯特罗戈尔斯基（Georg Ostrogorsky, 1902—1976），他是施拉姆自20世纪20年代以来的老朋友，也是《权球史》题献的对象之一。④ 除了推选的政治活动之外，还有"跟近代德国的过去关联得当"的政治。康托洛维茨最亲密的朋友之一鲍勒爵士（Sir Maurice Bowra）1969年获此奖，如鲍勃的传记作者所言，"只是因为它是德国学者颁发的，与国家无关"。施拉姆在德国驻伦敦大使馆为鲍勒爵士颁发了勋章。⑤

---

① Schramm, '1842 - 1967: Rückblick und Rundblick', passim.

② Thimme, *Percy Ernst Schramm und das Mittelalter*, p. 531.

③ Johannes Fried, 'Ernst H. Kantorowicz and Postwar German Historiography: German and European Perspectives', in Robert L. Benson & Johannes Fried eds., *Ernst Kantorowicz: Erträge der Doppeltagung Institute for Advanced Study, Princeton, Johann Wolfgang Goethe - Universität, Frankfurt*, Franz Steiner Verlag: Stuttgart 1997, pp. 180 - 201, at 192.

④ Thimme, *Percy Ernst Schramm und das Mittelalter*, p. 200.

⑤ Leslie George Mitchell, *Maurice Bowra: A Life*, Oxford: Oxford University Press, 2009, p. 221.

在施拉姆任期内的获奖名单中，1967年潘诺夫斯基的当选引发了最多的关注，至少是回顾性的关注。蒂梅根据潘诺夫斯基遗孀格尔达（Gerda）编撰的《丑闻纪事》（*Chronique scandaleuse*）描述了这场争论。① 在此以后，潘诺夫斯基的书信选集②以及格尔达对该书信集的补充和勘误继续讨论了这一问题，她对书信编辑者给这个问题留出的那么大空间表示很难过。③ 早在1961年就已经提到潘诺夫斯基当选的事，随后，奥斯特恩（Gert von der Osten）在1966年提出的建议书中指出，他的当选将"在所有知识和艺术领域意难平的移民中引起广泛的共鸣"。起初，潘诺夫斯基表示只要施拉姆是会长，自己就不愿加入该会，因为他不希望由"希特勒的修昔底德"授予奖章。看起来，直到1968年潘诺夫斯基去世后，格尔达·潘诺夫斯基写信给自己时，施拉姆才知道这件事。然而，当时潘诺夫斯基匆匆当选，以便在他访问德国期间获颁勋章，施拉姆将当选情况告诉他时，潘诺夫斯基回答说，他"特别高兴从施拉姆手中接过勋章"，因为他对施拉姆的父亲怀有感激之情。潘诺夫斯基当选的动力之一是施拉姆的老朋友海登莱希（Ludwig Heinrich Heydenreich，

---

① Thimme, *Percy Ernst Schramm und das Mittelalter*, pp. 531 – 533.

② Panofsky, *Korrespondenz* 1910 *bis* 1968, 5. V, xxx – xxxi, 864 – 865, 930, 990, 1016 – 1017, 1021 – 1026, 1031, 1033, 1048 – 1053, 1055 – 1062, 1076, 1080, 1118 – 1120, 1138 – 1142, 1146 – 1174.

③ Gerda Panofsky, 'Addenda et Corrigenda zu: Erwin Panofsky, *Korrespondenz* 1910 *bis* 1968. Eine kommentierte Auswahl in fünf Bänden, herausgegeben von Dieter Wuttke: Band V: *Korrespondenz* 1962 *bis* 1968, Wiesbaden: Harrassowitz Verlag, 2011'; available at http://edoc.hu – berlin.de/kunsttexte/2011 – 4/panofsky – gerda – 2/PDF/panofsky.pdf（accessed 11 January 2012）, 2, 31 – 32, 38 – 50.

1903—1978），① 他时任慕尼黑艺术史中心研究院（Zentralinstitut für Kunstgeschichte）院长，正是在该学院成立二十周年之际，施拉姆亲自向潘诺夫斯基颁发了勋章。

正如施拉姆的继任者比特尔（Kurt Bittel）所言，在施拉姆担任会长期间，他"与协会同生共死"，通过与协会成员保持会议之外的联系，努力增强协会的团体情谊。例如，施拉姆与雅斯贝尔斯（Karl Jaspers）有通信联系。② 不过，施拉姆酝酿撰写的关于协会的书并没有完成。③ 靠着对礼仪的专长以及对象征形式的敏感，施拉姆在会长的位子上如鱼得水。当1933年离开德国入籍法国的和平主义作家科尔布（Annette Kolb）于1966年当选时，施拉姆不忘提及，她将被授予的协会徽章也是T. S. 艾略特佩戴过的徽章。④

在施拉姆同时代的协会成员中，罗特菲尔斯（Hans Rothfels）因其专制的民族主义思想而成为德国近代史学史上争议较大的人物。⑤

---

① 本以为潘诺夫斯基的资格论文已佚失，最近却在海登莱希遗留的文稿中被发现，显然是他故意隐藏。Julia Voss,'Der Fund im Panzerschrank', *Frankfurter Allgemeine Zeitung* 31 August 2012。我向提供此条注释的匿名朋友致谢。有趣的是，海登莱希的哥哥（Bernhard Heydenreich, 1894—1978），一位退休的少将，1960年在维尔茨堡的尤里乌斯-马克西米连大学完成了一部博士论文，*Ritterorden und Rittergesellschaften：Ihre Entwicklung vom später Mittelalter bis zur Neuzeit：Ein Beitrag zur Phaleristik*。

② Thimme, *Percy Ernst Schramm und das Mittelalter*, pp. 533 – 534.

③ Wolfgang Ribbe, 'In memoriam Percy Ernst Schramm 1894 – 1970', *Der Herold* N. F. 7（1969 – 1971）, p. 215.

④ 施拉姆告诉科尔布关于她获选的信件刊登在 Sigrid Bauschinger ed., *Ich habe etwas zu sagen：Annette Kolb 1870 – 1967：Ausstellung der Münchner Stadtbibliothek*, München：Diederichs, 1993, p. 186。

⑤ 关于这次争论，参 Jan Eckel, 'Hans Rothfels：An Intellectual Biography in the Age of Extremes', *Journal of Contemporary History* 42（2007）, pp. 421 – 446。

当时居住在芝加哥的罗特菲尔斯是1947年支持施拉姆重新接任哥廷根教席的学者之一，施拉姆去世后，正是罗特菲尔斯在协会的一次会议上发表了纪念辞。施拉姆担任会长之后，还获得了更多的荣誉。他获得了德意志联邦共和国的大十字勋章与功勋之星勋章（相当于高级将佐勋章），还在1964年获得了奥地利科学与艺术荣誉勋章。尽管功勋勋章协会的成员资格——尤其是会长职务——给施拉姆带来了特殊的声望，但我们可以对比一下，《日耳曼历史文献集成》前主席贝特根（Friedrich Baethgen，1890—1972）在1964年获得了更高级别的大十字勋章，并获得了德意志联邦共和国功勋勋章的星章和腰带。

"历史不仅仅是一连串的事实"

1970年，有一本纪念文学史家和语言学家沙德瓦尔特（Wolfgang Schadewaldt）的文集出版，此人是功勋勋章协会的成员之一。文集的作者中包括了加达默尔（Hans-Georg Gadamer）和将军斯佩德尔博士（Hans Speidel），后者写了自己对古代和现代将军制度的思考。1963年，当《弗里德里希二世皇帝传》（*Kaiser Friedrich der Zweite*）再版时，当时在枫丹白露担任北约中欧地面部队总司令的斯佩德尔祝贺康托洛维茨这部"关于伟大的霍亨斯陶芬的了不起的、感动常在的作品"，这惹怒了康托洛维茨。[1] 斯佩德尔向康托洛维茨寄去了他的文章《穿制服的众神》（Gods in Uniform），后者报以彬

---

[1] Robert E. Lerner, 'Ernst Kantorowicz and Theodor E. Mommsen', in Hartmut Lehmann and James J. Sheehan ed., *An Interrupted Past: German-speaking Refugee Historians in the United States after 1933*, Washington 1991, pp. 188–205, at 195.

彬有礼的回复。① 施拉姆为这本纪念文集所作的论文是关于《九代人》（*Neun Generationen*）的读者的文学史，② 但他要表达的观点也适用于斯佩德尔和康托洛维茨之间的信件往来。斯坦伯格（Jonathan Steinberg）在评论施拉姆的《九代人》时指出，"文化的环境方法"（environmental approach to culture）是指引

> 施拉姆探究思想史和文学史的核心奥秘：思想的传播方式。他认为，有一种不成文的"读者文学史"，它与通常的文学史或思想史有非常大的不同。在作家放弃了一种风格或情调之后很久，读者仍然将其延续。作家和读者之间的滞后关系随着时间的推移而或紧或松，公众对作者的态度也不断地修正。③

在美国的岁月里，康托洛维茨的工作重心和风格已经发生了变化，但就连斯佩德尔也没有意识到这一点，④ 他不是一个典型的德国军人，他在1925年完成了博士学位，并在1948年至1955年期间在

---

① Eckhart Grünewald, ' "Not Only in Learned Circles": The Reception of *Frederick the Second* in Germany before the Second World War', in Robert L. Benson & Johannes Fried eds., *Ernst Kantorowicz: Erträge der Doppeltagung Institute for Advanced Study, Princeton, Johann Wolfgang Goethe – Universität, Frankfurt*, Stuttgart: Franz Steiner Verlag, 1997, pp. 162 – 179, at 178.

② Percy Ernst Schramm, 'Zur Literaturgeschichte der Lesenden', in Konrad Gaiser ed., *Das Altertum und jedes neue Gute: für Wolfgang Schadewaldt zum 15. März 1970*, Stuttgart: Verlag W. Kohlhammer, 1970, pp. 325 – 341.

③ *The Historical Journal* 9 (1966), pp. 242 – 244, at 243.

④ Carl Landauer, 'Ernst Kantorowicz and the Sacralization of the Past', *Central European History*, 27 (1994), 1 – 25; 文章指出："正如国王的两个身体乃是一个中世纪的法律拟制，'两个康托洛维茨'也是一个现代的拟制，因为与其说是两个康托洛维茨，不如说是一个康托洛维茨经历了如此的政治流浪却又保持了自己过往的许多情感和价值观。"

图宾根教授现代史。①

"历史不仅仅是一连串的事实,"施拉姆写道,"它还包涵了人们伴随着他们所经历的事实而产生的希望和恐惧。"② 施拉姆本人只提出了几个综合的看法。不过,对他作品的评价中也不乏赞誉之词。沙利文(Richard E. Sullivan)在《美国历史评论》(*The American Historical Review*)上评论《皇帝、国王与教宗》时,提到了"施拉姆的丰沛天才"。然而,到了该书的最后几卷,连沙利文也觉得施拉姆的"总结性考察"令人沮丧,因为它不是一个"总体性的概括",而是"装了各种材料的、奇异而未加整合的大杂烩"。③

正如巴克所说,"在施拉姆的作品中,更多的是原材料,或者说是'半成品',而不是'成品'"。④ 施拉姆意识到自己研究的"碎片性",并在回顾中自述:"我写了很多,但不成系统。"⑤ 用巴克的话说,施拉姆的另一个特点是:"他的作品往往具有类似博物馆的特

---

① Speidel 的前下属 Ernst Jünger 是该书撰稿者之一:Max Horst ed., *Soldatentum und Kultur*: *Festschrift. 70. Geburtstag von Hans Speidel*, Berlin: Propyläen Verlag, 1967。

② Percy Ernst Schramm, 'Kaufleute während Besatzung, Krieg und Belagerung (1806 – 1815): der Hamburger Handel in der Franzosenzeit dargestellt an Hand von Firmen – und Familienpapieren', *Zeitschrift für Firmengeschichte und Unternehmerbiographie* 4 (1959), pp. 1 – 22, at 1: 'Geschichte ist nicht nur eine Abfolge von Fakten [⋯] sondern zu ihr gehören auch die Hoffnungen und Befürchtungen, mit denen die Menschen die von ihnen erlebten Fakten begleiten'; 重印收入 Schramm, *Neun Generationen*, 1. 357; 收录于施拉姆关于历史基本问题的简要观点之中,见 Schramm, *Kaiser, Könige und Päpste*, 4: 2. 647。

③ *The American Historical Review* 75 (1969), pp. 462 – 463, at 462; 80 (1975), 89 – 91, at 90.

④ Bak, 'Percy Ernst Schramm (1895 [sic] – 1970) on P. E. Schramm', p. 258.

⑤ Schramm, *Kaiser, Könige und Päpste*, 1. 9; 4: 1. 7.

征,试图完全覆盖各个领域。"① 作为一个不屈不挠的收藏家,施拉姆乐于成为一个"解决麻烦的人",解决具体的个别问题。② 他在这一领域的主要功绩之一,是将贝尼尼(Bernini)的《圣彼得的座椅》(*Cathedra Petri*)内的木椅鉴定为秃头查理的宝座。③ 在总结施拉姆的学术贡献时,舒伯特(Ernst Schubert)强调了他的跨学科性、国际性和方法论的严谨性。④ 不过,杰克逊(Richard A. Jackson)指出"施拉姆的作品有一个重大的缺陷:作为一位杰出的历史学家,他实际上却只研究一丁点儿相关手稿"。⑤

虽然施拉姆生前取得了最高的荣誉,但他的研究的后世影响却没有达到当代学者康托洛维茨和潘诺夫斯基的水平。康托洛维茨和潘诺夫斯基后来的作品用英文写成,而有点讽刺的是,亲英的施拉姆在中世纪史领域的主要著作,却因为没有英译本而受到了影响。从某种程度上说,施拉姆的研究课题领先于时代。然而,与此同时,他又深深地扎根于德国老一辈的学术传统,重在编目式的资料汇编。至于施拉姆研究的碎片化特征是不是因为他不愿或无力整合而造成,这点尚待讨论。

---

① Bak, 'Percy Ernst Schramm (1895 [sic] – 1970) on P. E. Schramm', p. 259.

② Thimme, *Percy Ernst Schramm und das Mittelalter*, p. 589.

③ 同上,页 572 – 573;Schramm, *Kaiser, Könige und Päpste*, 4:1. 113 – 122。

④ E. Schubert, 'Schramm, Percy Ernst', in *Reallexikon der Germanischen Altertumskunde*, 2. ed., Walter de Gruyter:Berlin 2004, 27. 279 – 285.

⑤ Richard A. Jackson, *Vive le Roi!:A History of the French Coronation from Charles V to Charles X*, Chapel Hill:University of North Caroline Press, 1984, p. 26.

"永远只是一张面具"

在他未出版的回忆录中，施拉姆认为，一个人对另一个人的观感"永远只是一张面具"。① 对于一个并未亲身结识传主的传记作者来说，揭开面具的任务就更加困难。在写给约德尔将军遗孀的信中，施拉姆说，要写一本关于约德尔的传记是很困难的，因为"人们常常想知道，在他经常戴着的那张面具后面，他到底是什么样子"。② 用格罗勒关于施拉姆的文章的副标题来说，他是"一位寻找现实的历史学家"。这话又跟 T. S. 艾略特的《大教堂谋杀案》（1935）中的两句引文有联系，施拉姆在他的回忆录手稿中用这两句引文作为座右铭："人如此行过/从不现实到不现实"和"人类不能承受太多的现实"。③

一位历史学家的传记，对于其学术网络的讨论以及对学术遗产的分析范围应该延伸到何种程度，这是一个见仁见智的问题。正如本文所示，在施拉姆的案例中，蒂梅原本可以就前者说得更多，而后者则显然是无底洞。举例来说，哲学家兼社会学家普莱斯纳（Helmuth Plessner）因父亲是犹太人而于 1933 年离开德国，自 1952 年起担任哥廷根大学教授，施拉姆与他的友谊在普莱斯纳的传记中

---

① Thimme, 'Die Erinnerungen des Historikers Percy Ernst Schramm', p. 238: 'immer nur eine Maske'.

② Jodl, *Jenseits des Endes*, p. 163.

③ Grolle, *Der Hamburger Percy Ernst Schramm*, p. 12, 41; Thimme, 'Die Erinnerungen des Historikers Percy Ernst Schramm', p. 229, 250.

曾有描述。① 蒂梅提到，施拉姆的次子戈特弗里德·施拉姆（Gottfried Schramm，1929 年生）与父亲一样对波兰历史感兴趣，② 但他没有说戈特弗里德·施拉姆在 1965 年成为历史学教授，任职时几乎和他父亲一样年轻。施拉姆妻子的侄子冯·塔登（Rudolf von Thadden，1932 年生）1969 年成为哥廷根大学历史学教授，后任校长。他最近写了一篇关于冯·塔登家族祖传的特里格拉夫（Trzygłów）庄园的文章③——1925 年施拉姆就在那里结婚。这个家族担任历史学教授的传统现在由犹太史专家盖斯内特（François Guesnet）进一步继承，他是艾伦加德·施拉姆（Ehrengard Schramm）的儿子，艾伦加德是冯·塔登同父异母的妹妹，比后者小 30 岁。

施拉姆最后的、鲜为人知的出版物之一是他 1968 年在芬兰奥卢大学（University of Oulu）发表的文稿长达 30 页的演讲《作为科学问题的第二次世界大战》（*Der zweite Weltkrieg als wissenschaftliches Problem*）。尽管这个演讲相对简略，但它却成功地捕捉到了施拉姆自画像的一些有趣方面。施拉姆强调，他是以一名学者的身份来谈论第二次世界大战的，试图"作为人类一员，尽可能远地"从他既

---

① Carola Dietze, *Nachgeholtes Leben: Helmuth Plessner 1892 – 1985*, Göttingen: Wallstein Verlag, 2006, pp. 422 – 424, 435.

② Thimme, Percy Ernst Schramm und das Mittelalter, p. 542 n. 165。关于施拉姆与东欧史的关联，参见 Eduard Mühle, 'Hans Rothfels, Percy Ernst Schramm, der "Ostraum" und das Mittelalter: Zu einigen historiographiegeschichtlichen Neuerscheinungen', *Zeitschrift für Ostmitteleuropa – Forschung* 57 (2008), pp. 112 – 125, at 119 – 122.

③ Rudolf von Thadden, *Trieglaff: Eine pommersche Lebenswelt zwischen Kirche und Politik 1807 - 1948*, Wallstein Verlag: Göttingen, 2010。施拉姆妻子的同父异母妹妹 Maria Wellershoff 也出版了她关于年轻时的回忆录：*Von Ort zu Ort: Eine Jugend in Pommern*, Du Mont Buchverlag: Köln, 2010。

是一个德国人又是一个当代人的事实中脱离出来。可是，他在谈到自己的个人经历和自己在战争中的角色时，却多用第一人称复数："我们在总参谋部……"。至于"希特勒问题"，施拉姆警告说，不要"把历史简单化"。他并没有把所有的罪过都归咎于希特勒，而是认为"关于德国人的集体罪过，还有很多话要讲"。①

然而，施拉姆显然被这种与权力的亲近所迷惑，而且他不乏自信。施拉姆认为，尽管他本人从未与希特勒交谈过，但由于他跟"刚刚与希特勒交谈过"的人一起服役了两年多，而且在纽伦堡监禁期间他采访过希特勒的几个亲密下属，因此能够"解剖"希特勒，把他"作为一种历史的、心理的现象"（同上，页5）。在施拉姆感兴趣的问题中，有一个是关于希特勒对诸如查理曼或弗里德里希大帝的看法。施拉姆对权力及其标志的兴趣——无论是中世纪的、近代的还是当代的——超越了他作为历史学家、士兵和勋章协会会长的角色。

---

① Schramm, *Der zweite Weltkrieg als wissenschaftliches Problem*, pp. 3, 4, 12, 18.

旧文新刊

荀子學説

胡樸安 撰　潘林 校注

[校注説明]民國時期著名學者胡樸安（學名韞玉）撰有《荀子學説》一文，載於《儉德儲蓄會月刊》第 2 卷第 4－5 期（1920 年印）、《國學週刊》第 27－34 期（1923 年印）、《國學彙編》第 2 集（1924 年印）等期刊，諸本文字有些許出入。此次校注以晚出的《國學彙編》刊文爲底本，并參校了上述前兩種版本。方括號内小字内容爲作者自注，圓括號内小字内容及脚注爲校注者新增。

（一）緒言

荀子之學，出於孔子。其語聖人，必曰孔子、子弓。子弓之事業不傳。或曰"馯臂子弓"①，子弓嘗受《易》於商瞿；或曰"朱張字子弓，荀子以比孔子"②；或曰仲弓。第勿深考，惟其稱聖王曰堯、舜、禹，稱聖人曰孔子、子弓，固儒家之流也。意者子弓係荀子之師，故尊之與孔子相并與。

司馬遷作列傳，論次諸子，獨以孟荀并論。若談天、雕龍、炙轂，及慎子、公孫子、劇子、李悝、尸子、墨子之屬，僅附見於《孟荀傳》。

劉向校書，亦稱公孫龍、處子、[原注：處子即劇子。]李悝之言，皆非先王之法，"惟孟軻、荀卿爲能尊仲尼"。③

自漢以來，孟荀并稱已久。《孟子》有趙氏《章句》，漢亦嘗立博士，故傳習不絶。然觀《韓詩外傳》及《戴禮》所稱，多有見於《荀子》，可知漢時私家習《荀》者頗多，特未立學官，其傳不盛耳。

魏晉六朝，老莊日盛，荀學日微。唐楊氏倞推尊荀子，謂荀子之書"羽翼六經，增光孔氏"，又曰"周公制作之，仲尼祖述之，荀孟贊成之"。（楊倞《荀子注序》）楊之尊荀，可謂極至已。

韓氏愈謂孟子"醇乎醇"、荀子"大醇而小疵"，（《韓愈集·讀荀子》）揚孟抑荀，較然可見，視漢時以孟荀并稱者不同也。蘇氏軾以惡王安石之故惡李斯，以惡李斯之故惡荀卿。謂其父殺人報仇，其子必且行劫；謂李斯之焚書坑儒，由荀子之言性惡。此文人馳騁之筆，非學者平心之論。理學諸儒斤斤於道統之傳，謂孔子之道傳之子思、孟子。荀子則謂子思、孟子"略法先王而不知其統"（《荀子·

---

① 見《史記·仲尼弟子列傳》、《漢書·儒林傳》。弓，《史記》通行本作"弘"，司馬貞《索隱》謂"弘"蓋字之誤耳。
② 見陸德明《經典釋文·論語音義》引王弼注。
③ 見劉向《孫卿書録》，載於楊倞注本《荀子》二十卷之後。

非十二子篇》)。所以交口攻擊，而以性惡爲攻擊荀子之由。

王氏應麟據《韓詩外傳》引荀子，但非十子，無子思、孟子。①今本爲其徒李斯所增，極力爲荀子出脱。性惡之説終無以執世儒之口。明歸氏有光獨謂荀子之精處雖孟子不能過，可謂卓識。蓋孟子之學説，實不如荀子之有條理也。

有清諸儒於《荀子》一書，考覈精審者頗不乏人，大概於性惡之説皆無精確之見解。謝氏墉謂孟子言性善，蓋勉人爲善也；荀子言性惡，蓋疾人之爲惡。〔原注：錢大昕持論亦同。〕王氏先謙謂性惡之説非荀子本意。要之，皆非深知荀子者也。

又近儒謂荀子得小康學派，至目荀子爲君學，實則荀子之尊君，非尊繼體之君，尊有學術、能制作禮樂之君。世儒於荀子未能融會全書，尋其條目，宜乎多異辭也。

竊嘗謂荀子之學説全在性惡，因性惡故重學，因重學故尊師，因尊師故大分②，因大分故重禮，因重禮故尊君。有一貫之精神，不難於各篇中尋繹得之。世儒謂荀子之重學重禮爲大純，性惡爲小疵，可謂不通之論矣。

總之，荀子與孟子同爲儒家，而學派不同，孟子爲民權派之代表，荀子爲君權派之代表；〔原注：按：《荀子》云："君者群也。"據此，君不過政治上之名詞，不得以李斯助秦專制罪荀。〕而根據之差異，由於性善性惡之不同。

蓋孟子言性善，"人皆可以爲堯舜"（《孟子·告子下》），故曰"舜亦人也，我亦人也"，又曰"堯舜與人同耳"（《孟子·離婁下》），則是蒸蒸之民皆有可貴之實。故庶政公諸人民；用賢退不肖、戮有

---

① 見王應麟《困學紀聞》卷十《諸子》。
② 大分，指等級名分上有根本區別。

罪，必徵人民之同意；人民雖或未學，而本然之性固能辨別賢否。此孟子所以重民權也。

荀子言性惡，順其性則攘奪争國，必有聖王起，以師法導之，以禮義防之，然後智識進而社會寧。故曰人性惡，必將師法而後正，得禮義而後治。是未學之人民，毫無分別賢否之能力，而學又不能普及，故積學而聖之君子，既爲一群之君，即當握絶大之權。此荀子所以重君權也。荀子重形式，尊法律，爲儒家之實驗派，且與進化之公理合，自來未有能闡明荀子之學説而貫通之者。

汪氏中極力尊荀，謂荀子之學"出於孔子，尤有功於諸經"；《詩》《禮》《春秋》，皆荀子之傳。[1] 近世劉師培本之作《荀子與群經大義相通考》，然終未能"若挈裘領，詘[2]五指而頓[3]之，順者不可勝數也"（《荀子·勸學篇》）。爰據《荀子》本文，并采諸家，作《荀子學説》。

（二）性惡説

荀子學説以性惡爲根據，其言性惡也，視孟子言性善較爲有證。孟子言性善，以"孩提之童無不知愛其親"（《孟子·盡心上》），"今人乍見孺子將入於井，皆有怵惕惻隱之心"（《孟子·公孫丑上》）爲證。然而小鳥依人，雞犬隨主，不可謂人之性猶物之性也。怵惕惻隱之心，雖爲人之所共有，然聲色貨利之心，往往能奪其怵惕惻隱之心而有餘。不忍於孺子入井，忍於操刀殺人，究以何者爲性之本

---

[1] 見汪中《述學·補遺·荀卿子通論》。
[2] 詘（qū），屈，彎曲。
[3] 頓，引，用力猛拉。

質，未可知也。荀子言性惡，以不教而自知者謂之性，教而知之者謂之僞。蚩蚩之氓，飢求食，寒求衣，勞求休息，此無待教而自知者，性也；有目知好色，有耳知好聲，有口知好味，此亦無待教而自知者也，性也。以此可見，人性本惡。

順其性則争奪殘賤，相争相競，靡所底止①，於是辭讓、忠信、禮義之名以起。辭讓、忠信、禮義者，所以矯拂人之性，而止其争奪也。譬如有水，然後有禦水之方；有盗，然後有防盗之法。使人性本善，毋用以禮義化之矣，禮義必待教而後知也。飢欲食，寒欲衣，勞欲休息，此人之性。飢而不敢先食，將有所待；寒而不敢自衣，將有所讓；勞而不敢休息，將有所代。此禮義之教，而悖其性，其教愈深，其悖性愈甚。"曾、騫、孝己②，獨厚於孝之實，而全於孝之名"，"綦③於禮義故也"；"秦人不如齊魯之孝敬者"，"以秦人之性恣睢，慢於禮義故也"。（《荀子·性惡篇》）

由是論之，性之本質皆惡。其善者，以禮義化之也。故曰：桀紂爲率性之極，堯舜爲拂性之極。

《正名篇》云：

> 生之所以然者謂之性。生之和所生，［原注：原本"性之和所生"，據王先謙校。］精合感應，不事而自然謂之性。性之好、惡、喜、怒、哀、樂謂之情。情然而心爲之擇謂之慮。心慮而能爲之動謂之僞。慮積焉、能習焉而後成謂之僞。

---

① 底止，終止。
② 楊倞注："曾、騫，曾參、閔子騫也；孝己，殷高宗之太子：皆有至孝之行也。"
③ 綦（qí），極也。

荀子言性僞之分極爲明顯：性者，生之所以然也，生之不事而自然者也；僞者，心有所選擇，動而行之者也，積久學習而後成之者也。蓋人性本惡，所以能矯拂其性，以成於善者，由外物相逼而來，不得不矯拂之也。人性感於物而情生，好、惡、喜、怒、哀、樂，緣情而起。順其性，則好者、喜者、樂者不能如願而償，惡者、怒者、哀者不能如願而去。於是常多悲苦之境，而少怡悦之時。由是知率性之不足以處世，心之擇而慮生焉。積慮既久，知矯拂其性，正所以怡悦其情也，而僞尚焉。故曰："桀紂性也，堯舜僞也。"（《蘇軾文集・荀卿論》）性惡而僞，以至於善，此荀子意也。

荀子言性惡，以欲爲人所必不能免。《正名篇》云："性者，天之就也；情者，性之質也；欲者，情之應也。"人不能無欲，貴能導欲而合乎道。"人體安駕乘，爲之金輿錯衡以繁其飾；目好五色，爲之黼黻文章①以表其能；耳樂鐘磬，爲之調諧八音以蕩其心；口甘五味，爲之庶羞②酸鹹以致其美；情好珍善，爲之琢磨圭璧以通其意"（《史記・禮書》），此所謂導其欲而合乎道也。故曰："凡語治而待去欲者，無以導欲而困於有欲者也；凡語治而待寡欲者，無以節欲而困於多欲者也。"（《荀子・正名篇》）治亂不在欲之多寡，而在治者之術。荀子以惡爲人性之本然，不必以爲憂；所可憂者，無以矯拂其性耳。

荀子言性惡，既以人生有欲證之矣，又以人之欲善爲人性本惡之證。荀子之意，以爲"人皆可以爲堯舜"，則堯舜與人同耳，何必尊崇之、蘄③慕之？惟堯舜乃積學而聖之聖人，常人無有能與之并

---

① 黼黻（fǔ fú）文章，參楊倞注："黼黻文章，皆色之美者。白與黑謂之黼，黑與青謂之黻，青與赤謂之文，赤與白謂之章。"

② 庶羞，多種佳餚。羞，同"饈"。

③ 蘄，通"祈"。

者，所以尊崇之、蘄慕之也。故曰："薄願厚，惡願美，狹願廣，貧願富，賤願貴，苟無之中，必求之於外。"（《荀子・性惡篇》）人之欲善者，正以見性之中無善也。設性本善，必不求矣，亦不貴矣。惟其非善而惡，故善爲難能可貴；以善爲難能可貴，則人争勸以善矣。所以荀子又曰："性善則去聖王，息禮義矣；性惡則興聖王，貴禮義矣。"（《荀子・性惡篇》）荀子之學，以性惡之説爲根本；去性惡之説，一切學説既無所附麗以立也。

《書》曰："惟天生民有欲，無主乃亂。"（《僞古文尚書・商書・仲虺之誥》）此荀子性惡之説所由出。然荀子之學，言人而不言天，生而有欲者，非天生之也，人之性本如是也。人既與天不相蒙，則"天命之謂性，率性之謂道，修道之謂教"（《禮記・中庸》），此乃模糊影響，爲荀子所否認。荀子可謂儒家之實踐者也。

荀子言性惡，於性善之説闢之極力。孟子謂人性本善，不學則喪其性，學則復其性。荀子謂孟子不知性僞之分：不學喪其性者，非喪其性也，性之本質也；學則復其性者，非復其性也，僞之功效也。禮義者，習而後知者也。不習禮義，則争鬥攘奪而不休；習禮義，則揖讓雍容而有象。此荀子闢孟子性善之説一。

孟子言性善，人人可以爲堯舜。荀子以孟子爲無徵之言。夫何以謂之善？何以謂之惡？於事實上徵之：正理治平，善也；偏險悖亂，惡也。[1] 使人性果善，何以偏險悖亂者多，正理治平者少？豈喪性易而復性難耶？惟其性惡，則偏險惡亂者常，正理治平者異，拂性難而順性易也。此荀子闢孟子性善之説二。

荀子言性惡，亦有矛盾之處。荀子既以人生有欲爲性惡之證，

---

[1] 語本《荀子・性惡篇》："凡古今天下之所謂善者，正理平治也；所謂惡者，偏險悖亂也：是善惡之分也已。"

據荀説當以多欲寡欲爲善惡之標準。生而順其性，則縱欲而惡；生而拂其性，則制欲而善。善者理也，理欲不并立，即學以成理。此荀子立説之根據也。然而荀子又曰："心之所可，苟中理，欲雖多，奚傷治！心之所可，苟失理，欲雖寡，奚止亂！"（《荀子·正名篇》）則是欲之多寡又無與於善惡，惟以心之中理不中理定之。性之欲，心之知，叛爲二物。性之欲，以心治之，不以學去之。此其矛盾者一也。

荀子言性惡，以學爲進善之階。心之本體，無所謂知，必待學而知。荀子嘗云："師者，所以正禮。無師，我安知禮之爲是？"（《荀子·修身篇》）尊師重學，啓發知識，此荀子立説之根據也。然而荀子又曰："治之要在於知道。人何以能知道？曰：心。曰：何以能知？曰：虛壹而靜。"（《荀子·解蔽篇》）"虛壹而靜"者，不以心之臧[1]害心之虛，不以心之滿害心之壹，不以心之動害心之靜。臧滿動之心爲惡，虛壹靜之心爲善。言人不當以惡心害善心，則是認性有自知之能，無待於學。此其矛盾者二也。

（三）貴學説

人性本惡，由惡進善，首在於學，堯舜與桀紂同也，所不同者學耳。故曰："一出焉，一入焉，塗巷之人也。其善者少，不善者多，桀、紂、盜跖也。全之盡之，[2] 然後學者也。"[3] 以學力之淺深，爲人品之高下。不學之人，全然性惡。稍學焉，去一分惡，增一分

---

[1] 臧，同"藏"。
[2] 全之盡之，謂全通倫類，盡心仁義。
[3] 此則及本段、下段引文，均見《荀子·勸學篇》。

荀子學説

胡樸安 撰　潘林 校注

［校注説明］民國時期著名學者胡樸安（學名韞玉）撰有《荀子學説》一文，載於《儉德儲蓄會月刊》第 2 卷第 4－5 期（1920 年印）、《國學週刊》第 27－34 期（1923 年印）、《國學彙編》第 2 集（1924 年印）等期刊，諸本文字有些許出入。此次校注以晚出的《國學彙編》刊文爲底本，并參校了上述前兩種版本。方括號内小字内容爲作者自注，圓括號内小字内容及脚注爲校注者新增。

（一）緒言

荀子之學，出於孔子。其語聖人，必曰孔子、子弓。子弓之事業不傳。或曰"馯臂子弓"①，子弓嘗受《易》於商瞿；或曰"朱張字子弓，荀子以比孔子"②；或曰仲弓。第勿深考，惟其稱聖王曰堯、舜、禹，稱聖人曰孔子、子弓，固儒家之流也。意者子弓係荀子之師，故尊之與孔子相并與。

司馬遷作列傳，論次諸子，獨以孟荀并論。若談天、雕龍、炙轂，及慎子、公孫子、劇子、李悝、尸子、墨子之屬，僅附見於《孟荀傳》。

劉向校書，亦稱公孫龍、處子、[原注：處子即劇子。]李悝之言，皆非先王之法，"惟孟軻、荀卿爲能尊仲尼"。③

自漢以來，孟荀并稱已久。《孟子》有趙氏《章句》，漢亦嘗立博士，故傳習不絕。然觀《韓詩外傳》及《戴禮》所稱，多有見於《荀子》，可知漢時私家習《荀》者頗多，特未立學官，其傳不盛耳。

魏晋六朝，老莊日盛，荀學日微。唐楊氏倞推尊荀子，謂荀子之書"羽翼六經，增光孔氏"，又曰"周公制作之，仲尼祖述之，荀孟贊成之"。(楊倞《荀子注序》)楊之尊荀，可謂極至已。

韓氏愈謂孟子"醇乎醇"、荀子"大醇而小疵"，(《韓愈集·讀荀子》)揚孟抑荀，較然可見，視漢時以孟荀并稱者不同也。蘇氏軾以惡王安石之故惡李斯，以惡李斯之故惡荀卿。謂其父殺人報仇，其子必且行劫；謂李斯之焚書坑儒，由荀子之言性惡。此文人馳騁之筆，非學者平心之論。理學諸儒斤斤於道統之傳，謂孔子之道傳之子思、孟子。荀子則謂子思、孟子"略法先王而不知其統"(《荀子·

---

① 見《史記·仲尼弟子列傳》、《漢書·儒林傳》。弓，《史記》通行本作"弘"，司馬貞《索隱》謂"弘"蓋字之誤耳。

② 見陸德明《經典釋文·論語音義》引王弼注。

③ 見劉向《孫卿書錄》，載於楊倞注本《荀子》二十卷之後。

非十二子篇》)。所以交口攻擊，而以性惡爲攻擊荀子之由。

王氏應麟據《韓詩外傳》引荀子，但非十子，無子思、孟子。①今本爲其徒李斯所增，極力爲荀子出脱。性惡之説終無以執世儒之口。明歸氏有光獨謂荀子之精處雖孟子不能過，可謂卓識。蓋孟子之學説，實不如荀子之有條理也。

有清諸儒於《荀子》一書，考覈精審者頗不乏人，大概於性惡之説皆無精確之見解。謝氏墉謂孟子言性善，蓋勉人爲善也；荀子言性惡，蓋疾人之爲惡。[原注：錢大昕持論亦同。]王氏先謙謂性惡之説非荀子本意。要之，皆非深知荀子者也。

又近儒謂荀子得小康學派，至目荀子爲君學，實則荀子之尊君，非尊繼體之君，尊有學術、能制作禮樂之君。世儒於荀子未能融會全書，尋其條目，宜乎多異辭也。

竊嘗謂荀子之學説全在性惡，因性惡故重學，因重學故尊師，因尊師故大分②，因大分故重禮，因重禮故尊君。有一貫之精神，不難於各篇中尋繹得之。世儒謂荀子之重學重禮爲大純，性惡爲小疵，可謂不通之論矣。

總之，荀子與孟子同爲儒家，而學派不同，孟子爲民權派之代表，荀子爲君權派之代表；[原注：按：《荀子》云："君者群也。"據此，君不過政治上之名詞，不得以李斯助秦專制罪荀。]而根據之差異，由於性善性惡之不同。

蓋孟子言性善，"人皆可以爲堯舜"（《孟子·告子下》），故曰"舜亦人也，我亦人也"，又曰"堯舜與人同耳"（《孟子·離婁下》），則是蒸蒸之民皆有可貴之實。故庶政公諸人民；用賢退不肖、戮有

---

① 見王應麟《困學紀聞》卷十《諸子》。
② 大分，指等級名分上有根本區別。

罪，必徵人民之同意；人民雖或未學，而本然之性固能辨別賢否。此孟子所以重民權也。

荀子言性惡，順其性則攘奪爭國，必有聖王起，以師法導之，以禮義防之，然後智識進而社會寧。故曰人性惡，必將師法而後正，得禮義而後治。是未學之人民，毫無分別賢否之能力，而學又不能普及，故積學而聖之君子，既爲一群之君，即當握絕大之權。此荀子所以重君權也。荀子重形式，尊法律，爲儒家之實驗派，且與進化之公理合，自來未有能闡明荀子之學說而貫通之者。

汪氏中極力尊荀，謂荀子之學"出於孔子，尤有功於諸經"；《詩》《禮》《春秋》，皆荀子之傳。[1] 近世劉師培本之作《荀子與群經大義相通考》，然終未能"若挈裘領，詘[2]五指而頓[3]之，順者不可勝數也"（《荀子·勸學篇》）。爰據《荀子》本文，并采諸家，作《荀子學說》。

（二）性惡説

荀子學説以性惡爲根據，其言性惡也，視孟子言性善較爲有證。孟子言性善，以"孩提之童無不知愛其親"（《孟子·盡心上》），"今人乍見孺子將入於井，皆有怵惕惻隱之心"（《孟子·公孫丑上》）爲證。然而小鳥依人，雞犬隨主，不可謂人之性猶物之性也。怵惕惻隱之心，雖爲人之所共有，然聲色貨利之心，往往能奪其怵惕惻隱之心而有餘。不忍於孺子入井，忍於操刀殺人，究以何者爲性之本

---

[1] 見汪中《述學·補遺·荀卿子通論》。
[2] 詘（qū），屈，彎曲。
[3] 頓，引，用力猛拉。

質，未可知也。荀子言性惡，以不教而自知者謂之性，教而知之者謂之偽。蚩蚩之氓，飢求食，寒求衣，勞求休息，此無待教而自知者，性也；有目知好色，有耳知好聲，有口知好味，此亦無待教而自知者也，性也。以此可見，人性本惡。

順其性則爭奪殘賤，相爭相競，靡所底止①，於是辭讓、忠信、禮義之名以起。辭讓、忠信、禮義者，所以矯拂人之性，而止其爭奪也。譬如有水，然後有禦水之方；有盜，然後有防盜之法。使人性本善，毋用以禮義化之矣，禮義必待教而後知也。飢欲食，寒欲衣，勞欲休息，此人之性。飢而不敢先食，將有所待；寒而不敢自衣，將有所讓；勞而不敢休息，將有所代。此禮義之教，而悖其性，其教愈深，其悖性愈甚。"曾、騫、孝己②，獨厚於孝之實，而全於孝之名"，"綦③於禮義故也"；"秦人不如齊魯之孝敬者"，"以秦人之性恣睢，慢於禮義故也"。(《荀子·性惡篇》)

由是論之，性之本質皆惡。其善者，以禮義化之也。故曰：桀紂爲率性之極，堯舜爲拂性之極。

《正名篇》云：

> 生之所以然者謂之性。生之和所生，[原注：原本"性之和所生"，據王先謙校。] 精合感應，不事而自然謂之性。性之好、惡、喜、怒、哀、樂謂之情。情然而心爲之擇謂之慮。心慮而能爲之動謂之偽。慮積焉、能習焉而後成謂之偽。

---

① 底止，終止。
② 楊倞注："曾、騫，曾參、閔子騫也；孝己，殷高宗之太子：皆有至孝之行也。"
③ 綦(qí)，極也。

荀子言性僞之分極爲明顯：性者，生之所以然也，生之不事而自然者也；僞者，心有所選擇，動而行之者也，積久學習而後成之者也。蓋人性本惡，所以能矯拂其性，以成於善者，由外物相逼而來，不得不矯拂之也。人性感於物而情生，好、惡、喜、怒、哀、樂，緣情而起。順其性，則好者、喜者、樂者不能如願而償，惡者、怒者、哀者不能如願而去。於是常多悲苦之境，而少怡悦之時。由是知率性之不足以處世，心之擇而慮生焉。積慮既久，知矯拂其性，正所以怡悦其情也，而僞尚焉。故曰："桀紂性也，堯舜僞也。"（《蘇軾文集·荀卿論》）性惡而僞，以至於善，此荀子意也。

荀子言性惡，以欲爲人所必不能免。《正名篇》云："性者，天之就也；情者，性之質也；欲者，情之應也。"人不能無欲，貴能導欲而合乎道。"人體安駕乘，爲之金輿錯衡以繁其飾；目好五色，爲之黼黻文章①以表其能；耳樂鐘磬，爲之調諧八音以蕩其心；口甘五味，爲之庶羞②酸鹹以致其美；情好珍善，爲之琢磨圭璧以通其意"（《史記·禮書》），此所謂導其欲而合乎道也。故曰："凡語治而待去欲者，無以導欲而困於有欲者也；凡語治而待寡欲者，無以節欲而困於多欲者也。"（《荀子·正名篇》）治亂不在欲之多寡，而在治者之術。荀子以惡爲人性之本然，不必以爲憂；所可憂者，無以矯拂其性耳。

荀子言性惡，既以人生有欲證之矣，又以人之欲善爲人性本惡之證。荀子之意，以爲"人皆可以爲堯舜"，則堯舜與人同耳，何必尊崇之、蘄③慕之？惟堯舜乃積學而聖之聖人，常人無有能與之并

---

① 黼黻（fǔ fú）文章，參楊倞注："黼黻文章，皆色之美者。白與黑謂之黼，黑與青謂之黻，青與赤謂之文，赤與白謂之章。"

② 庶羞，多種佳餚。羞，同"饈"。

③ 蘄，通"祈"。

者，所以尊崇之、蘄慕之也。故曰："薄願厚，惡願美，狹願廣，貧願富，賤願貴，苟無之中，必求之於外。"（《荀子·性惡篇》）人之欲善者，正以見性之中無善也。設性本善，必不求矣，亦不貴矣。惟其非善而惡，故善爲難能可貴；以善爲難能可貴，則人爭勸以善矣。所以荀子又曰："性善則去聖王，息禮義矣；性惡則興聖王，貴禮義矣。"（《荀子·性惡篇》）荀子之學，以性惡之説爲根本；去性惡之説，一切學説既無所附麗以立也。

《書》曰："惟天生民有欲，無主乃亂。"（《僞古文尚書·商書·仲虺之誥》）此荀子性惡之説所由出。然荀子之學，言人而不言天，生而有欲者，非天生之也，人之性本如是也。人既與天不相蒙，則"天命之謂性，率性之謂道，修道之謂教"（《禮記·中庸》），此乃模糊影響，爲荀子所否認。荀子可謂儒家之實踐者也。

荀子言性惡，於性善之説闢之極力。孟子謂人性本善，不學則喪其性，學則復其性。荀子謂孟子不知性僞之分：不學喪其性者，非喪其性也，性之本質；學則復其性者，非復其性也，僞之功效也。禮義者，習而後知者也。不習禮義，則爭鬥攘奪而不休；習禮義，則揖讓雍容而有象。此荀子闢孟子性善之説一。

孟子言性善，人人可以爲堯舜。荀子以孟子爲無徵之言。夫何以謂之善？何以謂之惡？於事實上徵之：正理治平，善也；偏險悖亂，惡也。① 使人性果善，何以偏險悖亂者多，正理治平者少？豈喪性易而復性難耶？惟其性惡，則偏險惡亂者常，正理治平者異，拂性難而順性易也。此荀子闢孟子性善之説二。

荀子言性惡，亦有矛盾之處。荀子既以人生有欲爲性惡之證，

---

① 語本《荀子·性惡篇》："凡古今天下之所謂善者，正理平治也；所謂惡者，偏險悖亂也：是善惡之分也已。"

據荀説當以多欲寡欲爲善惡之標準。生而順其性，則縱欲而惡；生而拂其性，則制欲而善。善者理也，理欲不并立，即學以成理。此荀子立説之根據也。然而荀子又曰："心之所可，苟中理，欲雖多，奚傷治！心之所可，苟失理，欲雖寡，奚止亂！"（《荀子·正名篇》）則是欲之多寡又無與於善惡，惟以心之中理不中理定之。性之欲，心之知，叛爲二物。性之欲，以心治之，不以學去之。此其矛盾者一也。

荀子言性惡，以學爲進善之階。心之本體，無所謂知，必待學而知。荀子嘗云："師者，所以正禮。無師，我安知禮之爲是？"（《荀子·修身篇》）尊師重學，啓發知識，此荀子立説之根據也。然而荀子又曰："治之要在於知道。人何以能知道？曰：心。曰：何以能知？曰：虛壹而靜。"（《荀子·解蔽篇》）"虛壹而靜"者，不以心之臧①害心之虛，不以心之滿害心之壹，不以心之動害心之靜。臧滿動之心爲惡，虛壹靜之心爲善。言人不當以惡心害善心，則是認性有自知之能，無待於學。此其矛盾者二也。

（三）貴學説

人性本惡，由惡進善，首在於學，堯舜與桀紂同也，所不同者學耳。故曰："一出焉，一入焉，塗巷之人也。其善者少，不善者多，桀、紂、盜跖也。全之盡之，②然後學者也。"③ 以學力之淺深，爲人品之高下。不學之人，全然性惡。稍學焉，去一分惡，增一分

---

① 臧，同"藏"。
② 全之盡之，謂全通倫類，盡心仁義。
③ 此則及本段、下段引文，均見《荀子·勸學篇》。

善矣。又學焉，惡愈去，善愈增矣。學者，所以積善也。故曰："積土成山"，"積水成淵"，"積善成德"。又曰："聖人者，人之所積也。人積耨耕而爲農夫，積斲削而爲工匠，積販貨而爲商賈，積禮義而爲君子。聖人之所以爲聖人，君子之所以爲君子，生非有異於人也，善假於道也。"

荀子爲學方法，區分爲二：一曰數，一曰義。數者屬於智識，義者屬於道德。智識之學有盡，道德之學無窮。故曰："數有終而義不可須臾舍。"《詩》《書》六藝，人皆習之，不能悉進於善者，誦其數，未玩其義也。所以"君子之學，入乎耳，箸乎心，布乎四體，形乎動靜"。心體力行，不在口耳之間，置積力久，而無作輟之事，至於歿世而止，學之義庶乎盡矣。

荀子分人品爲三等：曰士，曰君子，曰聖人。"好法而行謂之士，篤志而體謂之君子，齊明不竭謂之聖人。"① 學始乎爲士，終乎爲聖人，學必至於聖人而後止。故曰："倫類不通，仁義不一，不足爲善學。"（《荀子·勸學篇》）學者，所以學爲人也；善學者，所以學爲成人也。夫人之生，自其初而觀之："飢欲食，寒欲暖，勞欲息，好利而惡害"（《荀子·榮辱篇》），君子、小人之所同也；"目辨白黑美惡，耳辨音聲清濁，口辨酸鹹甘苦，鼻辨芬芳腥臊，骨體膚理辨寒暑疾養"（《荀子·榮辱篇》），君子、小人之所同也。自其後而觀之：君子橫行天下，莫不貴之任之；小人橫行天下，莫不賤之棄之。蓋學之修不修，所以成之異也。由此以言，性同而學異，學愈修則所成愈異，士與庸人異，君子與士異，聖人與君子異。故曰："堯禹者，非生而具者也，起於變故，成乎修爲，待盡而後備者也。"（《荀子·榮辱篇》）

---

① 見《荀子·修身篇》，與原文略異。

"多聞曰博，少聞曰淺，多見曰閑，少見曰陋。"（《荀子·修身篇》）無學之人爲淺陋之人。淺陋之人，不能興禮樂而道仁義，圖事功而録程役。不僅此也，學以變化氣質。好學之人，"容貌、態度、進退、趨行"，温文爾雅；不好學之人，"夷固①僻違，庸衆鄙野"。②故曰："君子寬而不慢，廉而不劌，③辨而不爭，察有不激，寡立而不勝，④堅强而不暴，柔從而不流，恭敏敬慎而容。"（《荀子·不苟篇》）君子非生而知也，盛德之備如此，學之效也。

爲學之法貴於一，爲學之道貴於全。目一視而明，耳一聽而聰，⑤聰明生於一。此《大學》所謂"知止而後能⑥定，定而後能静，静而後能安，安而後能慮，慮而後能得"是也。射百發，不失一；路千里，爭跬步。全之盡之，然後謂學。不全不粹，不足爲美。⑦此孔子所謂"爲山九仞，功虧一簣"⑧是也。"目非是無欲見，耳非是無欲聞，口非是無欲言，心非是無欲慮"（《荀子·勸學篇》），一之道也；"誦數以貫之，思索以通之，爲其人以處之，除其害者以持養之"（《荀子·勸學篇》），全之道也。

世宇之變無窮，古今之理無盡。事事物物，逐一思之，窮年莫

---

① 夷固，猶倨傲。
② 見《荀子·修身篇》。鄙，《荀子》原文作"而"。
③ 廉，棱角。劌（guì），割傷。
④ 寡立，猶直立。勝，欺凌。
⑤ "目一視"以下，語本《荀子·勸學篇》："目不能兩視而明，耳不能兩聽而聰。"
⑥ 能，《大學》通行本作"有"。
⑦ "射百發"至"不足爲美"，語本《荀子·勸學篇》："百發失一，不足謂善射；千里蹞步不至，不足謂善御。……全之盡之，然後學者也。君子知夫不全不粹之不足以爲美也……"
⑧ 見《尚書·周書·旅獒》。《論語·子罕》云："子曰：'譬如爲山，未成一簣，止，吾止也。譬如平地，雖覆一簣，進，吾往也。'"

殫，累世莫究。是有執簡御繁之術，"五寸之矩，盡天下之方"，"操彌約而事彌大"（《荀子·不苟篇》），學之效也。世之自是其知者，以學爲古人之糟粕，不如自私其心。荀子貴學不貴思，故曰"吾嘗終日而思矣，不如須臾之所學也"（《荀子·不苟篇》）。登高見遠，順風聲疾，輿馬致千里，舟楫絕江河，假於物而用神，① 假於學而知聖。故曰："君子不下室堂，而海内之情舉積此者，操術然也。"（《荀子·不苟篇》）《詩》《書》《易》《禮》《春秋》，此學之數，數者術也，人人得而習之也。士、君子、聖人，此學之義，義者道也，誦之於口，行之於身，能者少也。爲學之義，在於修身，須臾不可舍者，非誦讀之謂，治養既深，惡性盡拂。《詩》《書》《易》《禮》《春秋》之文，端言蝡動②，一一見之於身。始於勉強，進於自然，終則確乎不可拔。好之致，信之深，不傾於權利，不移於群衆，操持有定，然後可以因應變化，而爲全德之人矣。

　　荀子以修身爲爲學之要，德操然後能定，能定然後能應，亦猶《大學》格物、致知、誠意、正心、修身、齊家、治國、平天下之旨。惟荀子於修身之法，思之彌周，言之綦詳，使學者得因人而施鞭策之方，此其長也。人之氣質，各有不同，一以教之，或者圓鑿方枘③，扞格不入，或者如塗塗附④，名目益多。荀子則因其偏而矯

---

① 語本《荀子·勸學篇》："登高而招，臂非加長也，而見者遠；順風而呼，聲非加疾也，而聞者彰。假輿馬者，非利足也，而致千里；假舟楫者，非能水也，而絕江河。君子生非異也，善假於物也。"
② 語本《荀子·勸學篇》："君子之學也……端而言，蝡而動，一可以爲法則。"端，通"喘"。蝡，同"蠕"。
③ 圓鑿方枘（ruì），典出《楚辭·九辯》："圜鑿而方枘兮，吾固知其鉏鋙而難入。"謂圓卯眼，方榫頭，不相配合，比喻彼此不能相合。
④ 如塗塗附，如同污泥一樣塗附。語出《詩·小雅·角弓》："毋教猱升木，如塗塗附。"

之，因其弊而救之。其曰"血氣剛強，則柔之以調和；知慮漸深，則一之以易良；勇膽猛戾，則輔之以道順；齊給便利，則節之以動止；狹隘褊小，則廓之以廣大；卑濕、重遲、貪利，則抗之以高志；庸衆駑散，則劫之以師友；怠慢僄①棄，則炤②之以禍災；愚款端愨③，則合之以禮樂，通之以思索"（《荀子·修身篇》），高者抑之，卑者抗之，狹者廣之，猛者和之，怠慢者鞭策之，愚魯者開導之，"治氣養心之術"（《荀子·修身篇》），可謂備矣。

（四）尊師說

言性善者不必尊師，良知良能，無事他求，孟子所謂"子歸求之，有餘師"（《孟子·告子下》）是也。言性惡者不然。飲食聲色，人之本性。矯其本性，進之以禮，必有人督率之，鞭策之，而始能也。"木受繩則正④，金就礪則利"（《荀子·勸學篇》），木不得自繩也，金不得自礪也。有繩之礪之者，然後木則受焉，金則就焉。人亦猶是也。或曰木金之性本無知，人之性有知，無知者繩礪不能自爲，有知者修爲可以自主。惟荀子所謂性之知，所知者非禮也，飲食聲色也。祇知飲食聲色，不知禮，任其自主，"水流濕"，"火就燥"，⑤則修爲其飲食聲色之欲，惡者愈惡焉。故必導之以師，去其所知之惡，益其所不知之禮。禮日益，則惡自去。迨惡去盡，而禮益多，

---

① 僄（piào），輕薄。
② 炤，同"照"，明示。
③ 愨（què），忠厚。
④ 正，《荀子》原文作"直"。
⑤ 見《荀子·大略篇》："道不同，何以相有也？均薪施火，火就燥；平地注水，水流濕。"

師人者又可爲人之師。蓋人之初生，不知何者爲惡，焉能去之？不知何者爲善，焉能益之？去惡益善，師道尚焉。荀子曰："師者，所以正禮。無師，吾安知禮之爲是？"（《荀子·修身篇》）言無師則不知禮爲是，惡爲非。是非不明，所學謬誤，則何益哉？此師之所以當尊也。

初學之時，賴有師，非師不能正學之是；既學之後，尤賴有師，非師不能得學之全。人之生也，茫昧事理，必待師教以學之數。學數既明，學義是尚。義也者，會之於心，體之於身，非如學數可以執卷求之也。"《禮》《樂》法而不說，《詩》《書》故而不切，《春秋》約而不速。"（《荀子·勸學篇》）僅執《禮》《樂》《詩》《書》《春秋》之文，以求學之義，則末世窮年而不能究，不過多識往事，終無益於身心也。得其人而師之，手指口畫，以身作則，然後"《禮》之敬文，《樂》之中和，《詩》《書》之博，《春秋》之微"，"入乎耳，箸乎心，布乎四體，形乎動靜"（《荀子·勸學篇》），則"不說""不切""不速"者，皆可得其精微之理。故曰："學莫便乎近其人"，"學之經①莫速乎好其人"（《荀子·勸學篇》）。好而不能近其人，近而不能好其人，師道不尊，則學業不固。七十子之服孔子，近之至、好之至也。

唐韓氏愈謂"古之學必有師"，"師者，所以傳道、受業、解惑者也"（《韓愈集·師說》）。荀子之所謂師，其義較廣。人生而無知，學以進知，無師則學無所授，知無所進。親生之，師教之，"禮然而然"，"師云而云"（《荀子·修身篇》），然後學之數可盡，學之義可全。學之義尤貴師，無師而爲之，是猶"以盲辨色，以聾辨聲"（《荀子·修身篇》），鮮不妄亂。即能求之《詩》《書》《春秋》，亦不

---

① 經，通"徑"。

過學雜識志，順其文而悦之，不能得其禮而體之。雖末世窮年，孜孜不已，終不免爲陋儒之歸。① "一鬨之市，必立之平；一卷之書，必立之師"，"師者，人之模範"，故"務學不如求師"也。（見揚雄《法言·學行》）

"儒家者流"（《漢書·藝文志》），孟子不爲尊師之説，曰"求其放心"（《孟子·告子上》），曰"擴而充之"（《孟子·公孫丑上》）。良知良能，② 人自有之，無待乎師也。荀子而外，爲尊師之説者，莫過於吕氏。其言曰："君子之學也，説義必稱師以語道，聽從必盡力以光明。聽從不盡力，命之曰背；説義不獨師，命之曰叛。"（《吕氏春秋·孟夏紀·尊師》）又歷舉神農氏以來之師，以明古帝王之必尊師。《吕氏春秋》非成於一人，或者荀子之徒爲之與。秦漢之際，學必言師。子雲著《法言》，稱"孔子鑄顔淵"，極言師之不可少也。漢代學説，大概祖述荀子。〔原注：《荀子》雖未立博士，私家傳者頗多。〕漢人説經，守一先生之書，服之於身，傳之於後，故各家之學，皆有源流可尋，尊師之遺教也。

（五）大分説

三代以前，法即學也，政即教也，官即師也。荀子主官師合一之説，積學而聖之聖人，爲之君，即爲之師。君師之道，不可不尊，

---

① "亦不過學雜識志"至"陋儒之歸"，語本《荀子·勸學篇》："上不能好其人，下不能隆禮，安特將學雜識志，順《詩》《書》而已耳，則末世窮年，不免爲陋儒而已。"

② 見《孟子·盡心上》："孟子曰：'人之所不學而能者，其良能也；所不慮而知者，其良知也。'"

而大分尚焉。"兩貴不能相事，兩賤不能相使",① 分②不嚴則師道不立。於是有貴賤之等，有尊卑之序，以辨上下而定民志，③ 才而賢者常貴而尊，愚而不肖者常賤而卑。故曰："雖王公、士大夫之子孫，不能屬於禮義，則歸之庶人；雖庶人之子孫，積文學，正身行，能屬於禮義，則歸之卿相大夫。"(《荀子·王制篇》) 不以世族區分貴賤尊卑，而以學術區分貴賤尊卑，此荀子大分之精意，而能收尊師之效也。

分既辨，則貴賤尊卑之序嚴，序嚴則師尊。才且賢者，對於愚不肖者，常負教導之責任。蓋師道即君道，無所謂"自行束脩以上"(《論語·述而》)，及"禮聞來學，不聞往教"(《禮記·曲禮上》)之説。故曰："姦言、姦説、姦學、姦能、遁逃反側之民，職而教之，須而待之"，"安職則留④，不安職則棄"。(《荀子·王制篇》) 强迫教之者，分定故也。設分不定，才且賢者，無所施其教，愚不肖者，亦不肯受其教。上無所施，下無所受，學不能進，性不能拂，率其耳目口鼻之欲，則爭鬥攘奪，不悉天下之人民盡爲盜跖不止。惟分既定，握教權兼握政權。其率教者，"勉之以慶賞"；不率教者，"懲之以刑罰"。(《荀子·王制篇》) 慶賞、刑罰，加乎人民之身，勉於善者相率而勸，安於惡者相率而懼。有勸者，有懼者，人民自日進於學而遷於善矣。大分之有益於師道如是，荀子所以重之也。

荀子之大分也，不僅以尊師而進善，亦所以止爭而遏惡。人生而有欲，有目欲色，有耳欲聲，有口欲味，有鼻欲臭，人之欲無窮，

---

① 見《荀子·王制篇》，又見《意林》卷二引《慎子》。
② 分，等級名分。
③ "以辨上下而定民志"，語本《易·履·大象傳》："君子以辯上下，定民志。"
④ 留，《荀子》原文作"畜"。

物之生有盡，無貴賤、尊卑之分，勢不能人人遍給，則貴者之所有，賤者爭之，尊者之所有，卑者爭之。惟分既定，各有等差，故雕琢刻鏤、黼黻文章之飾，鐘鼓管磬、琴瑟竽笙之數，芻豢稻粱、椒蘭芬苾之繁，疏房、檖貌①、越席、床笫②、几筵之辨，"貴賤有等，長幼有差"，③各安其分，不相爭奪。上有禮儀之度，下無覬覦之心，於是百貨萬物，各如其人之分而給，尊且貴者多物不爲侈，卑且賤者少物不爲嗇。故曰："勢位齊而欲惡同，物不能澹〔原注：同"贍"〕則必爭，爭則必亂，亂則窮矣。先王惡其亂也，故制禮義以分之，使有貧富貴賤之等，足以相兼臨者，是養天下之本也。"（《荀子·王制篇》）據此以觀，荀子之大分，止爭之術也。

　　孟子言性善，人皆平等；荀子言性惡，人有尊卑。學以去惡進善，未學之人民，其卑固無論矣。已學者有士、君子、聖人之別，學愈全則人愈聖，人愈聖則位當愈尊。於是政治上之階級，不能不有辨別也。天尊地卑，乾坤定矣；卑高以陳，貴賤位矣。此天地自然之數，荀子大分本此矣。

　　《富國篇》云："人之生，不能無群，群而無分則爭，爭則亂，亂則窮矣。故無分者，人之大害也；有分者，天下之大利也。"荀子之政治學說，以群爲重，能群然後有政治，有分然後能群。此其理嘗見之於《王制篇》矣，其言曰：

　　　　人有氣、有生、有知，亦且有義，故最爲天下貴也。力不若牛，走不若馬，而牛馬爲用何也？曰：人能群，彼不能群也。人何以能群？曰：分。分何以能行？曰：義。故義以分則和，

---

① 檖貌（suì mào），深邃的宮室。檖，通"邃"。貌同"貌"，宮廟。
② 笫（zǐ），床簀。
③ "雕琢刻鏤"至"長幼有差"，語本《荀子·禮論篇》。

和則一，一則多力，多力則強，強則勝物，故宮室可得而居也。故序四時，裁萬物，兼利天下，無他物焉，得分之義也。

由是言之，分之正所以群之。人而不群，無以立於天地之間；群而不分，則無以鞏固一群之衆。"強脅弱，知懼愚，下違上，少陵長"（《荀子·富國篇》），不分故也。職業無分，則有爭功之禍；婚姻無分，則有爭色之禍；貨殖無分，則有爭財之禍；爵位無分，則有爭祿之禍。故曰："離居不相待則窮，群而無分則爭。窮者患也，爭者禍也，救患除禍，則莫若明分使群矣。"（《荀子·富國篇》）

（六）重禮説

群定於分，分將何由定乎？定之以武力，武力不足恃也；定之以智謀，智謀亦不足恃也。明分使群，莫若由禮。

《禮論篇》云：

人生而有欲，欲而不得，則不能無求；求而無度量分界，則不能不爭；爭則亂，亂則窮。先王惡其亂也，故制禮以分之，以養人之欲，給人之求。使欲必不窮乎物，物必不屈乎欲，兩者相持而長，是禮之所起也。

由是言之，分所以止爭，禮所以定分。貴賤之位，尊卑之等，非禮無以別也。於是君臣朝廷以及黎庶，車輿、衣服、宮室、飲食、嫁娶、喪祭之分，皆制禮以爲之節，尊貴者不能不備，卑賤者不敢或越，有一定之度數，莫可假借。"禮儀三百，威儀三千"（《禮記·中庸》），至纖至備，非好爲是勞費也，誠以背禮則人不得其養。爭鬥攘奪之禍，更甚於升降拜跪之勞；廢時傷財之患，更甚於黼黻文章之費。

　　上古之時，婚姻無別也，因婚姻而爭，而莫能安也，則爲之制婚姻之禮。飲食無節也，因飲食而爭，而莫能安也，則爲之制飲食之禮。喪祭無度也，薄其親而絶仁愛之心，忍其親致長殘酷之念。仁愛心絶，殘酷念張，相爭相鬥，相攘相奪，莫之閼①止，爲之制喪祭之禮。車輿、衣服、宮室無等也，勇者有之，尤勇者得而奪之矣；智者有之，尤智者得而攘之矣。奪而不得，攘而不有，勇者奮其力，智者速其謀，則戰爭興矣，爲之制車輿、衣服、宮室之禮。禮興則分定，分定則志安，志安則亂已，亂已則財省，財省則民逸，民逸則得所養。故曰："孰②知夫出死要節之所以養生也！孰知夫出費用之所以養財也！孰知夫恭敬辭讓之所以養安也！孰知夫禮義文理之所以養情也！"（《荀子·禮論篇》）誠以升降拜跪雖勞，而爭鬥攘奪可以已也；黼黻文章雖費，而廢時傷財可以免也。此禮之爲用大也。

　　禮意之本起於養，故曰"禮者養也"。禮文之本起於天地、先祖、君師，故曰"禮有三本：天地者，生之本也；先祖者，類之本也；君師者，治之本也"（《荀子·禮論篇》）。禮義，所以止爭；禮文，止爭之具也。人生自天地，因之制事天地之禮，祭祀之禮由是繁焉；人出自先祖，因以制尊先祖之禮，婚喪之禮由是備焉；人治自君師，因以制隆君之禮，朝聘之禮由是嚴焉。祭祀之禮繁，則筋骸固而志氣凝，放僻邪侈之心無由作；婚喪之禮備，則父子親而夫婦別，暴戾淫亂之事無由興；朝聘之禮嚴，則上下之分辨而民志定，覬覦僥倖之意無由萌。所謂"六經之道同歸，禮樂之用爲急。治身者斯須忘禮，則暴嫚入之；爲國者一朝失禮，則荒亂及之"（《漢書·禮樂

---

① 閼（è），遏也。
② 孰，同"誰"。

志》)。荀子推本禮義而備具禮文，誠以知爭鬥攘奪之事，惟禮可以已也。《修身篇》云："人無禮則不生，事無禮則不成，國家無禮則不寧。"《王霸篇》云："國無禮則不正。禮所以正國也，譬之猶衡之於輕重也，猶繩墨之於曲直也，猶規矩之於方圓也。"《天道篇》云："在天者莫明於日月，在地者莫明於水火，在物者莫明於珠玉，在人者莫明於禮義。"《強國篇》云："人之命在天，國之命在禮。"不辭言之再三者，誠重之也。

王者制作之謂禮，士子講習之謂學，學者所以爲禮也。故曰"始乎誦經，終乎讀禮"，又曰"學至乎《禮》而止矣"。(《荀子·勸學篇》)荀子之學，以禮爲歸。習《詩》《書》《易》《春秋》而不習《禮》，縱博極群書，内不可修之於己，外不可見之於用。惟此周旋揖讓之敬，車服等級之文，既足以固筋骸而強志氣，又可以辨度數而定民爭。小習之小效，大習之大效，有百利而無弊者，其惟禮乎！故曰："隆禮雖未明，法士也；不隆禮雖察辨，散儒也。"(《荀子·勸學篇》)無禮之察辨，不如有禮之未明。荀子重禮，可謂至矣。

荀子不僅以禮爲學之全，且以禮爲學之準，群書雖多，折中於禮。故曰："將原先王，本仁義，則禮正其經緯蹊徑也。不道禮憲，以《詩》《書》爲之，譬之猶以指測河也，以戈舂黍也，以錐飡壺①也，不可得之矣。"(《荀子·勸學篇》)極言不以禮求先王之仁義，僅能見其偏，不得見其全也。至於修身，尤重以禮。《修身篇》云："凡用血氣、知慮，由禮則治通，不由禮則勃亂提僈②；飲食、衣服、居處、動静，由禮則和節，不由禮則觸陷生疾；容貌、態度、進退、趨行，由禮則雅，不由禮則夷固僻違，庸衆而野。"極言以禮

---

① 飡，通"餐"。壺，通"瓠"(鍾泰説)。
② 勃，悖也。僈，通"慢"。提僈，怠慢。

修身，行止語默，無不容容有度也。荀子事事實踐，其言爲學也，不在誦讀之《詩》《書》《易》《春秋》，而在躬行之禮；其言修身也，亦不在冥冥不可見之心，而在昭昭可見之禮。"見其禮而知其政，聞其樂而知其德"（《孟子·公孫丑上》），求先王仁義之道也。"非禮弗視，非禮弗聽，非禮弗言，非禮弗動"，[①] 修身之道也。荀子得之矣。

禮以止爭，禮以爲學，禮以修身，禮之爲用甚大，人不可須臾離者也。然則未制禮之先，禮將何自起？荀子曰："凡禮義者，是生於聖人之僞，非故生於人之性也。"（《荀子·性惡篇》）荀子推本禮之所由生，乃聖人之制作，非天地自然之數。獨是聖人無禮不能成爲聖人，何以積學而至於聖，聖而能制禮，此人之所急欲知者也。荀子則有説以解之矣，其言曰："陶人埏埴[②]而爲器，器生於陶人之僞"，"工人斲木而爲器，器生於工人之僞"，"聖人積思慮、習僞故，以生禮義而起法度"。（《荀子·性惡篇》）荀子之意，聖人制禮，非一蹴而幾，猶之陶人埏埴、工人斲木，其始必粗，其卒必精；然無粗者爲之導，則精者無由出矣。禮之制作，亦猶是也。周監於二代，或損或益，周之禮遂郁郁乎有文可觀。夏商之禮不如周者，其始粗也；周之禮勝於夏商者，其卒精也。然無夏商之禮，周公亦不能成爲聖，且亦不能制周禮矣。荀子曰積僞而化謂之聖，聖人者，僞之極也。又曰"性僞合"，然後謂之聖人。（見《荀子·禮論篇》）聖人制禮，禮亦制聖人。禮益精而人愈聖，人愈聖而禮愈精，互相進境。《詩》曰："如切如磋，如琢如磨。"（《詩·衛風·淇奥》）此之謂矣。

---

① 見《論語·顏淵》。弗，《論語》原文均作"勿"。
② 埏（shān），揉和。埴（zhí），黏土。

人習之爲禮，國用之爲法，荀子之言禮，兼法言之也。故曰："禮者，治辨之極也，強國之本也，威行之道也，功名之總也。"（《荀子·議兵篇》）又曰："堅甲利兵，不足以爲勝；高城深池，不足以爲固；嚴令繁刑，不足以爲威。由其道則行，不由其道則廢。"（《荀子·議兵篇》）國家治亂之本，悉由禮矣。然而與禮并行相益者，則有樂焉；與禮并行不悖者，則有刑焉。荀子亦不廢也，其言曰："夫音①樂入人也深，而化人也速，故先王謹爲之文。樂中平則民和而不流，樂肅莊則民齊而不亂，民和齊則兵勁而城固。"（《荀子·樂論篇》）則是禮之所不易齊者，以樂化之也。又曰："聽政之大分：以善至者，待之以禮；以不善至者，待之以刑。"（《荀子·王制篇》）又曰："凡刑人者，所以禁暴惡，且懲其未也。"（《荀子·正論篇》）則是禮之所不能齊者，以刑威之也。禮齊、樂化、刑威，治國之道乃備，惟荀子終以禮爲重耳。

（七）尊君說

《非相篇》云："人道莫不有辨，辨莫大於分，分莫大於禮，禮莫大於聖王。"荀子之所謂"聖王"，乃積學而聖，能制作禮樂之謂。若夫未拂乎性，無異常人，雖王也不謂之王，雖君也不謂之君。王者，天下之歸往也。王而無學，天下誰往？天下不往，即不王矣。君者，善群也，君而無學，人誰肯群？人不群即不君矣。故曰："凡兼人者有三術：有以德兼人者，有以力兼人者，有以富兼人者"，"以德兼人者爲王，以力兼人者弱，以富兼人者貧"。（《荀子·議兵篇》）則是德不足以兼人，以力富爲之，貧弱而不能王也必矣。貧弱

---

① 音，《荀子》原文作"聲"。

不能王，荀子又何以大之哉？吾故曰荀子之所謂王，以德不以位也。

人不能無群，群不能無主。君者，一群之主，所以養一群，而非以一群自養者也。人之相鬥相争，攘奪不已，紛亂而不能相養，分以定之，禮以節之。定以分，節以禮，必有人焉，君之謂也。故曰："禮莫大於聖王。"聖王者，以禮養人者也。禮者，養也。五味以養口，五色以養目，五聲以養耳，非聖王制之，則人不得其養，非聖王治之，則人不安其養。荀子言聖王之制，在於"六畜育""草木殖""百姓一""賢良服"；聖王之用，在於"五穀不絕，百姓有餘食""魚鱉優多，百姓有餘用""山林不童，百姓有餘材"。（《荀子·王制篇》）聖王者，以養民爲職志者也，能養民者民尊之，不能養民者民賤之。荀子之尊君，其意可知矣。

孟子言性善，人人有自治之能力。自治即能自養，不必聖王也。荀子則不然。未學之人民，本然之性，祇知争鬥攘奪而已。故必有人齊之以禮，導之以樂，然後其争鬥攘奪始能已。由哲學一方面言之，孟子之說，理論甚高；由政治一方面言之，荀子之說，乃事實上不得不然。不可徒以荀子有尊君之說，遂謂荀學無足取也。

《王制篇》云："全道德，致隆高，綦文理，一天下，振毫末。使天下莫不順比從服，此天王之事也。"夫繼位之君，焉能人人而聖哉？故荀子所尊之君，乃理想之君，決非指時君言之也。嘗讀《儒效篇》而知之矣。周公制禮作樂，荀子之所謂聖人，即荀子之所謂聖王也。其曰"履天下①之籍，聽天下之斷，偃然如固有之，而天下不稱貪焉"（《荀子·儒效篇》），此言周公有王天下之德，而有王天下之望也。其意若曰：武王既殁，天下當屬之周公，不當屬之成王。成王雖有其位，而無其德，居其位則天下離矣。周公有其德者也，

---

① 據王念孫《讀書雜志》，"天下"當作"天子"，涉下文"天下"而誤。

位雖不屬，乃迫於事變，不能不屬之周公者，勢也，亦理也。故曰："天子者，不可以少當也，不可以攝爲也。能則天下歸之，不能則天下棄①之。是以周公屛成王而及武王，以屬天下，惡天下之離周也。"(《荀子·儒效篇》)由是以觀，以成王之賢，荀子尚不認其聖君，而可以一天下，必以周公當之。世儒則曰，荀子尊君，以致李斯佐秦專制，豈通論哉？

《儒效篇》以一天下爲大儒，儒之效，則是一國之大儒，即一國之大君。雖荀子有"大儒，天子三公"之說，乃不得已之曲言，非本意也。荀子之所謂聖人君子大儒，皆理想之君。《王制篇》云："天地者，生之始也；禮義者，治之始也；君子者，禮義之始也。"又曰："君子者，天地之參②也，萬物之總也，民之父母也。"非以君子即君之明證乎？夫聖人君子大儒，不能禁人之爲，則君位之非固定又可知矣。其曰"欲賤而貴，貧而富，其爲學乎！學者，行之士也；敦慕③焉，君子也；知之，聖人也。上爲聖人，下爲士君子，孰禁我哉？"(《荀子·儒效篇》)既不禁人之學爲聖人君子，即不能禁人之爲君。其曰"鄉④也，混然塗之人也，俄而并乎堯舜，豈不賤而貴矣哉？……鄉也，胥靡⑤之人，俄而治天下之大器舉在此，豈不貧而富矣哉！"(《荀子·儒效篇》)此即有其德有其位之說也，特荀子未明言耳。

主法治者，未必盡爲尊民之說；而爲尊君之說者，則無不主人治。法治者守一定恒軌，賢者不敢過，不肖不敢不及，納上下貴賤

---

① 棄，《荀子》通行本作"去"。
② 楊倞注："參謂與之相參，共成化育也。"
③ 敦，原誤作"敬"，據《荀子》原文改。敦、慕，皆勉也。
④ 鄉，同"嚮"，從前。
⑤ 胥靡，空無所有。

於法之中，相與共守之。荀子則謂"法不能獨立，類不能自行"（《荀子·君道篇》），言法治不言人治，則賢者逸其身，不爲禮樂之研究，不肖者亦逸其身，日有暴亂之行爲。虞、夏、商、周之盛，治天下之法，非不粲然大備也，所以荀子曰：

> 羿之法非亡也，而羿不世中①；禹之法猶存，而夏不世王。……得其人則存，失其人則亡。法者，治之端也；君子者，治之原也。故有君子，則法雖省，足以遍矣；無君子，則法雖具，失先後之施，不能應事之變，足以亂矣。（《荀子·君道篇》）

君子者，即君也。遵守其法而謀萬衆之安，謂之君子，即謂之君；廢弛其法而貽斯民之禍，不得謂之君子，即不得謂之君。故與其言法治而不能守，不如言人治，必得積學而聖之君子爲君之爲愈也。

尊君者言人治，言人治者其君必聖，非聖即不足以爲治也。《君道篇》云："君者何也？曰：能群也。能群也者何也？曰：善生養人者也，善班治②人者也，善顯設③人者也，善繁飾人者也。"據此以論，不僅暴虐之君不足以當之，即中材之君亦不足以當之。然荀子之意，必如是始得謂之君，反是非君也。何以證之？《君道篇》又云：

> 善生養人者，人親之；善班治人者，人安之；善顯設人者，

---

① 羿不世中，謂不會世代皆有如羿一樣中的者（王天海説）。
② 班治，分職而治。
③ 設，任用。

人樂之；善繁飾人者，人榮之。四者統俱，①而天下歸之矣，夫是之謂能群。不能生養人者，人不親也；不能班治人者，人不安也；不能顯設人者，人不樂也；不能繁飾人者，人不榮也。四者統亡，而天下去之，夫是謂之匹夫。

如是謂能群，不如是謂匹夫，荀子之尊君，非尊匹夫，可斷言也。

孟子稱賢君必曰堯舜，荀子雖稱堯舜而不法堯舜。堯舜雖賢，其迹已往，其事已陳。"《詩》《書》故而不切"，方策之政，必不足以爲治也。"故曰：文久而息，節族②久而絕，守法數之有司，極③禮而褫④。故曰：欲觀聖王之迹，則於其粲然者矣，後王是也。"（《荀子·非相篇》）法後王不法前王，與儒家則古昔稱先生之旨相連背，此荀子之獨異者也。然就荀子之學說而推演之，非法後王不足以暢其尊君之旨。理想之君，非繼位也，惟有德者當之，故後王必可法也。若法前王而不法後王，是前王之聖足爲萬世楷式。後王雖不長爲人民儀表，當無傷於治也。果而有禹之聖，桀不至於亡；有湯之聖，紂不至於亡。然而桀紂終亡者，後王其要也。故曰："君者儀⑤也，儀正而景正；君者槃⑥也，槃圓而水圓；君者盂也，盂方而水方。"（《荀子·君道篇》）民必法王，王者必思所以爲民法之道，而勉爲可尊之實也。若荀子尊繼位之君，則所謂法後王者，在夏當法

---

① 四者統，《荀子》通行本作"四統者"。下同。王先謙《荀子集解》云："統，猶言總要也。"俱，具備。
② 族，通"奏"。
③ 極，疲也。
④ 褫，廢弛。
⑤ 儀，指日晷儀器。
⑥ 槃，通"盤"。

桀，在商當法紂，豈荀子意哉？

（八）結論

荀子之論學也，言人不言天，言今不言古，言禮樂不言仁義，言修爲不言性道。荀子以前，天人感應之故，立論者終莫脱其範圍。荀子獨劃絶天人之關係，以人事無與於天道，治亂興衰之故，皆人爲之。世之學者，祇求之可見之人，不必求之不可見之天，則亂也治矣，衰也興矣。儒者言必則古昔，稱先王。荀子以古昔之時，不切於今，先王之事，皆爲陳迹，年遠代湮，聞見異詞，時殊事別，亦難强附；後王之迹，粲然可觀，是是非非，莫可假借。言古而渺茫，不如言今而切實也。孟子言仁義，不廢禮樂，而以仁義爲本；荀子言禮樂，不廢仁義，而以禮樂爲基。仁義不可見，見之於禮樂。聖人制禮以教敬，作樂以教和，敬以直外，和以養内，"有物有則"（《詩·大雅·烝民》），有度有數，顯而可見，平易而可階也。"天命謂性，率性爲道"（《禮記·中庸》），性道爲學術之總，儒者之公言，荀子獨不以爲然。假於物而能，假於學而聖，學在於積，修爲之功也。柔木爲輪，鑄金就利，不有修爲，器不自成。堯紂同惡，修爲則堯，不修爲則桀。修爲切近於人身，君子、小人之所以分也。人也，今也，禮樂也，修爲也，荀子則斤斤道之；天也，古也，仁義也，性道也，荀子則漠然置之。荀子蓋儒之實踐者也。

自"仲尼没而微言絶，七十子喪而大義乖"（《漢書·藝文志》）。戰國以還，異説并起，儒術分裂。降及秦漢，是非淆亂，各阿其師。八家之儒，今不可稽。稱及荀孟，往往對峙；荀孟兩家，各爲宗儒。

孟子雖立學官，而傳不盛。漢儒議論，多與荀子相出入。曲臺①之傳《禮》，韓嬰之傳《詩》，其書具在，粲然可見者也。不僅此也，《經典叙録》《毛詩》傳授云："子夏傳曾申，申傳李克，克傳孟仲子，孟仲子傳根牟子，根牟子傳孫卿子，孫卿子傳大毛公。"由是言之，《毛詩》，荀子之傳也。《鹽鐵論》云："包丘子與李斯俱事荀卿。"〔原注：包丘子即浮丘伯。〕劉向叙云："浮丘伯受業爲名儒。"（劉向《孫卿書録》）《漢書·儒林傳》："申公，魯人也。少與楚元王交，俱事齊人浮丘伯受《詩》。"又曰："申公卒以《詩》《春秋》授，而瑕丘江公盡能傳之。"由是言之，《魯詩》，荀子之傳也。《經典叙録》云："左丘明作《傳》，以授曾申，申傳吴起，起傳其子期，期傳鐸椒，椒傳虞卿，虞卿傳同郡荀卿名况，况傳張蒼，張蒼傳賈誼。"由是言之，《左氏春秋》，荀子之傳也。《儒林傳》云："瑕②丘江公受《穀梁春秋》及《詩》於魯申公，傳子至孫爲博士。"申公之學，出自浮丘伯，乃荀子門人。由是言之，《穀梁春秋》，荀子之傳也。〔原注：本汪氏中説。〕漢儒學問，多出自荀子。荀子之學，宜乎大昌，而性惡之説，卒見屏於儒者之口。理想之君，亦無人能言及之者。此乃政治之故，而非學問之過也。荀子之學，出自子夏、仲弓，〔原注：本汪氏中説。〕傳於漢代諸儒，淵源傳授，各有可觀。抑荀尊孟，盛於宋儒耳食③，群起附之，荀學遂日湮也。

---

① 曲臺，漢時作天子射宫，又立爲署，置太常博士弟子，爲校書著記之處。《漢書·孟卿傳》云："（后）倉説《禮》數萬言，號曰《后氏曲臺記》。"
② 瑕，原文脱，據《漢書》及上文補。
③ 耳食，比喻對事物不加省察，徒信傳聞。

评　论

评《战争的语言——尼采对虚无主义的克服》

布鲁克斯（Shilo Brooks）撰

刘靖凡 译

Lise van Boxel,《战争的语言——尼采对虚无主义的克服》(*Warspeak: Nietzsche's Victory over Nihilism*)，Toronto：Political Animal，2020。

尼采的《论道德的谱系》是一本论战之书，它的副标题为 *Eine Streitschrift*，即"一篇争论或战斗的作品"。尼采在《瞧这个人》中回顾这本书时，曾经评价说，只有在炮弹的"绝对恐怖的爆炸"炸裂为战场上的"浓烟"之后，这本书中包含的那些"极其令人不快的真理"才能显现出来（《瞧这个人》，"为什么我写出这些好书"，"《论道德的谱系》"）。

按照尼采的自述，这是一本有着这般精神性暴力的书，理解这样的书自然很艰难。《瞧这个人》告诉读者，《论道德的谱系》"是迄今以来最令人惊异的作品"，并且"蓄意进行误导"。这本书所使用的战争式的语言，常常是误导性与鼓动性的言论所必需。

范·博克塞尔（Lise van Boxel）的近期作品《战争的语言》，在理解尼采那以其自身与其难度而著称的论题上，为他那些好战的读者们提供了宝贵的支持。这是一本独具特色的书，博克塞尔通过仔细的阅读，将《论道德的谱系》中极具精神敏锐性的第三章——《禁欲主义的理念意味着什么？》——中提出的那些问题，与尼采那众所周知的对学者、学术写作和教授式的自命不凡的厌恶联系起来。《战争的语言》采用了一种不同于学术习惯的、充满激情的写作风格（《善恶的彼岸》："我们学者们"）。这本书的独特之处在于，它不使用任何脚注，也没有参考书目，仅有五十二个尾注。《战争的语言》在形式上毫无疑问是尼采式的，因为它没有"以学术写作的方式去理解"尼采。相反，它让读者直接对话哲人本人。

《战争的语言》认为，在《论道德的谱系》的第三章中，针对现代人的虚无主义倾向，尼采制定了一个作战计划。这些虚无主义倾向的起因，可以在谱系上追溯到尼采所说的"禁欲主义的理念"的建立。在数千年里，这一理念对人类的文化和精神产生了巨大影响，并在各种各样的人身上表现出来——艺术家、哲人、学者、科学家、妇女、牧师、圣徒、畸人等等。在那种由犹太－基督教传统所提炼与代表的、憎恶自我和厌恶生命的受难道德中，禁欲主义理念的每一个实例都有着自身的独特性。每个实例都将我们所生活的这个不断变化和永恒发生的世界，与那个被认为更加真实的、在绝对存在与真理之后的世界相比较，并把前者看作是一个没有价值的世界。

禁欲主义这种憎恶自我的道德和它对此在世界的拒斥，共同迫使人类精疲力竭地消耗自我。根据博克塞尔的观点，尼采在《论道德的谱系》中所面对的虚无主义，并非那种坚称一切都非真实的虚无主义。那禁欲的牧师声称拥有接近真理的特权。相反，尼采所面对的虚无主义是一种更深刻也更恐怖的变体，这一变体具体表现为：厌倦人类生活、贬低人类世界，并对人类这一物种的未来前景和可能性感到绝望（页87）。禁欲-虚无主义的道德已经耗尽了人类，以至于哪怕并未完全放弃希望，我们也已被系统地培养成了对事物、自我和世界都不抱有任何希望的人。

博克塞尔认为，几千年以来，禁欲主义理念的内在化对人类的内在生命产生了如此深的影响，以至于它使得人类在生理和心理上都发生了改变。这一改变之所以能够发生，是因为，在人类的身体和以身体为基础的灵魂承受着来自内外的双重压力时，所谓的人类"存在"会发生新的变化。这一变化的历史就是人类谱系学的历史。一代又一代禁欲主义的精神压力已经阻碍甚至逆转了人类这一物种的成长和发展。

博克塞尔认为，我们必须认识到，对于尼采而言，哲学即谱系学，而谱系学即心理学。只有认识到这一点，我们才能够清晰认知到人类的下降。也正是因此，在《战争的语言》中，博克塞尔将作为全文基础的第一章命名为"哲学是谱系学是心理学"。在这一章中，博克塞尔追寻着尼采那种微妙的自传式、哲学式的线索，她试图论证，人之"存在"（以及就此而言的其他所有"存在"）并非一种"存在"，而是一种成长和发展着的发生。博克塞尔写道："以尼采的眼光看待'存在'，就是去看待它的历史和谱系。"（页1）每个活的"存在"都有自己的历史，这一历史能够告诉我们它的过去、现在和不久的将来。人类的存在就是人类的发生。

在我们不断变化的生理-心理学领域，人类物种发生着历史性的成长和变化。我们可以断言，希腊战士的内在生命和身体与基督的绝不相同。根据尼采的观察，在人类生理和心理的演化中，关于人类"存在"的知识（哲学的任务）与关于人类历史发展的知识（谱系学的任务）是同一种知识。这一历史知识在人类的身体与头脑（生理－心理学）的不断变化之中展现其自身。

在第一章余下的大部分内容中，博克塞尔都在致力于展示，或试图展示，尼采的谱系心理学如何克服禁欲主义的"道德神学偏见"，或是那种认为存在一个纯善的上帝，而这个上帝持有着一种善恶对立的道德评价的偏见。如果禁欲主义道德的权威依赖于一个纯善的永恒上帝的存在，那么，尼采这种以战胜禁欲主义道德所造成的虚无主义为己任的思想家，必然会拒斥这个上帝。这一拒斥的一个困难之处在于，人们无法以任何具有权威性的方式，使用对立的价值自身和从其中产生的思考与言语的理性模式，去反驳这一对立的价值本身的权威。博克塞尔和她的尼采在拆解道德神学的偏见上的努力是否成功，仍然具有争议。但是，她处理这一问题的严谨仔细的方式，为尼采对这一问题的分析增添了新的层次，即使是最具有经验的尼采读者也能够从中受益。

《战争的语言》的第二章和第三章分别为"道德谱系的开始"与"道德上的奴隶革命"。这两章论述了《论道德的谱系》的早期篇章的主旨，为博克塞尔在第三章中的深入分析做了准备。正如道德一直塑造着人类的生理和心理，人类的生理和心理也反过来一直塑造着道德。善的观念诞生于构想它们的身体之中。因此，对人类的善的理解是生理－心理学的任务，因而也是谱系学的任务。不同的生理与心理之所以产生不同的道德价值，是因为思考自我是一种"生命的运动形式"。最初的善的观念，自主地诞生于那些持有人类形体所能够提供的最高水平精力的人类创造者。用博克塞尔的话来说，这些道德的创造者是持有"极度充沛的生命力"的战士类型。凡是他们所具备的，他们就称之为"正确"。博克塞尔认为：

> 这些生命力极度充沛的人们，从他们的生理-心理观念中创造出了每一个善的观念。这些善的观念，清楚地表达出了，在人类演化的某个特定时代中，那些最具生命力的人类形式之成长的部分内容。

同样，恶的观念也起源于人类的生理-心理观念。但是，它并不是从自主的、生命力极度充沛的身体和头脑中产生，而是从那些在生理和心理上衰弱的病态身体和心灵中被动地诞生。与教士们相反，那些战士们生机勃勃，有着极度丰沛的生命力，这使得病态的教士们感到嫉妒，并且最终憎恨他们。这一嫉妒是重要的，它表明了，在极度充沛的生命力之善的观念上，以及对于这一生命力的欲求上，教士们同意那些生命力极度充沛的战士们的观点（页108-109）。这一同意迫使教士们建立一种新的道德秩序，将生命力的来源和标准（在他们那里，无朽生命取代了生机勃勃的有朽生命）转移到一个处于我们正在发生的世界之外的、超越性的存在世界中来，而这个世界受到一个永恒的理性上帝的监督。这一被博克塞尔非常谨慎地对待的辩证运动，就是尼采所说的道德上的"奴隶革命"。这一奴隶革命标志了理性和审慎成为人类事务中的力量的重要时刻。这两者都诞生于教士们的极度无能之中，他们不能够即刻地或公开地在他们与战士们的道德战争中运用自己的意志。教士们权力意志的向内转移（由于缺乏在强力面前运用它的能力）形成了"败坏的良知"，这是教士们最伟大的创造。一旦教士们的"良知败坏"的道德观念潜入人类的谱系，禁欲主义和虚无主义将会从人类对自己的残忍中诞生。

《战争的语言》的核心章节名为"战争的语言",它揭示了在《论道德的谱系》中尼采反击禁欲主义道德的多种方法。这一禁欲主义道德借助处于实体与我们所生活的这个世界之外的坐标,重新定位了人类。"这一奴隶革命是如此成功,"博克塞尔说,"以至于人类现在处在可能是不可逆转的衰落的危险之中。"(页83)她认为,现代性尚未完全认知到这一危机的全貌和紧急程度。尼采发动的针对这一奴隶革命的战争是战争的顶峰,也是人类能够发动的最深刻的战争。虽然在关于奴隶革命和其禁欲主义理念的陈述中,博克塞尔至少四次使用"反击"一词,但是,她并没有在此明确指出,这一反击的被动特质和它所要推翻的那一道德的被动特质是否有所不同,又不同在何处。我们不得不说,对于禁欲主义,尼采有一种败坏的良知,而《战争的语言》中所描述的这场战争是一场被动的战争,其意图在于重建主动性的统治权。他不仅仅攻击《论道德的谱系》中的禁欲主义理念,还将其中的元素融入了他通过战争塑造的未来之中。

为了克服禁欲主义理念和它所导致的人类的衰弱,尼采认为,人类必须演化出一种认可生活的、坚实地扎根于此世的积极理念。我们的无所求必须转变为一种与之对立的理念,这一理念会引发人类对生命的希求和潜力的最大化。与禁欲主义的理念不同,这一对立理念将包含人类经验的全部财富,而不是阉割其中的部分元素。尼采之所以成为这一理念的战士,一部分是出于他对人类的非利己的爱,一部分是出于他的自利的担忧,担忧人类的堕落的普遍观念和其所产生的影响,将使他自己面临成为虚无主义者的危险(页83)。博克塞尔认为,尼采也在试图通过创造一种能够促进生命提升、增强人类物种的对立理念,将他自己极度充沛的生命力表达出来。在博克塞尔的叙述中,这一加强的限度尚未显现出来,因此,人类"天性"的限度还是未知数。我们的谱系"像丝带一般将我们捆绑在过去之上",并在某些方面决定着我们的未来可能性,然而,"未来本身是未知的和无限的"(页95)。人类自身曾是一个不可预测的未来。

《战争的语言》的第五章和第六章分别是"思想的问题"和"战士的谜题"。在这两章中,博克塞尔向读者论述了尼采是如何决定他的对立理念的内容的。尼采在他的谱系学实验室中将人类的诸种最高类型的特质加以混合,因而,这一理念具有多种形式。最初,这一对立理念展现为以叔本华为代表的"战士-哲人"类型。尼采认为,在与禁欲主义理念的斗争中,叔本华表现得足够强悍,然而,他所代表的这一类型并不是这一对立理念的最终形式,因为战士-哲人仍在各种方面受到他与之斗争的禁欲主义的折磨。但是,战士-哲人仍然是一个充满希望的开端,因为,与摈弃身体的禁欲主义哲人不同,战士-哲人具有审美的眼光和体会美的能力,能够以充满活力与激情的人类生活的眼光去看待这个世界。事实上,这位战士-哲人的审美感觉是如此强烈,以至于他常常试图寻求一种超越的因而也是禁欲主义的宽慰,就像叔本华在康德的形而上学中所做的那样(页155)。战士-哲人也具有一种精神上的、近乎对此世之人的处境感到失望的沉重的倾向,这使他需要通过独处和独立来进行自我恢复。这一气质诱使战士-哲人走向他本与之交战的禁欲主义,并因此失去了作为对立理念之范式的资格。

就像幼虫一步一步化茧成蝶,战士-哲人转变为"艺术家-哲人"。艺术家-哲人是尼采的谱系学实验室中的第二种对立理念的表现形式,他仍然有缺陷。我们可以将这位"艺术家-哲人"理解为一位理想化的、哲学的瓦格纳。他结合了艺术家和知识分子的生理和心理特点,从而能够接近人类有史以来的最高能力和生命力水平

（页159）。哲学的对立理念的这一表现形式也被证明是有缺陷的，因为艺术家们有一种成为禁欲主义世界的镜子的倾向，并且，就像瓦格纳所做的一样，他们常常将自己置于某种禁欲主义理念的仆从地位（页174-175）。尼采的对立理念并不是要反映已经存在的禁欲主义精神世界。相反，这一对立理念必须创造出一个新的精神世界，必须成为一个讲述者，它能够通过一个欢乐而无历史的世界，把我们正在发生的世界从它的禁欲主义的过去中解救出来。

正因如此，"诗人-哲人"成为第三种也是最后一种尼采的对立理念的表现形式。诗人-哲人是历史的创造者，是一个具有荷马般的能力和哲学战士的灵魂的人（页175）。第七章可能是《战争的语言》中内容最为丰富的一章，它被命名为"空中的心智"。在这一章中，博克塞尔通过对诗人-哲人类型的详尽论述，将尼采对禁欲主义理念的反对展现出来。与战士-哲人不同，诗人-哲人不再受始终伴随着道德神学偏见的沉重感的束缚。与艺术家-哲人不同，诗人-哲人作为讲述者，在创造世界时更像一个游戏的孩童，他肯定着人类生活中的轻松与欢乐。诗人-哲人在生理和心理上继承了前人极高水平的动力和能力，并克服了前人的缺陷。他的任务是重新定位人类的"败坏的良知"，从而使人类在生理和心理上不再渴望超越、诽谤实体与世界。诗人-哲人的出现带来了好消息，他预示着一个非形而上的未来，同时也表明了，人类仍然是一种未定的动物，但其未来已经成熟。在增强生命和克服自我这两方面，人类具有即使并非无限也无限接近无限的可能性。

博克塞尔认为，《论道德的谱系》的最终目的，是通过为尼采的诗史《扎拉图斯特拉如是说》铺平道路的方式，为诗人-哲人铺路（页197）。范·博克塞尔总结道：

现在，这一内容丰富的目标，这一历史性的善，将权力的个体——扎拉图斯特拉，或诗人-哲人的特征更为充分地展现出来。

扎拉图斯特拉是禁欲主义理念的对立理念，也是"极度丰沛的生命力的最大形态"（页206）。这个人已经完全认识到了人类可以成为什么，因此，他近乎超越了我们如今所知晓的人的能力、力量、生理与心理。扎拉图斯特拉孕育了谱系上的飞跃。如果某一天，人类达到了他所代表的理念的高度，那么，在那之后，扎拉图斯特拉也必须被克服。对于博克塞尔和她的尼采而言，想要成就自我，必须克服自身。

图书在版编目（CIP）数据

亚当·斯密：商业生活的立法者/娄林主编.--北京：华夏出版社有限公司，2023.6
（经典与解释）
ISBN 978-7-5222-0505-2

Ⅰ.①亚… Ⅱ.①娄… Ⅲ.①亚当·斯密(Adam Smith 1723-1790)－经济思想 Ⅳ.①F091.33

中国国家版本馆CIP数据核字(2023)第070791号

亚当·斯密：商业生活的立法者

主　编　娄　林
责任编辑　王霄翎
助理编辑　程　瑜
责任印制　刘　洋

出版发行　华夏出版社有限公司
经　销　新华书店
印　刷　三河市少明印务有限公司
装　订　三河市少明印务有限公司
版　次　2023年6月北京第1版
　　　　2023年6月北京第1次印刷
开　本　880×1230　1/32开
印　张　8.75
字　数　215千字
定　价　59.00元

华夏出版社有限公司　　地址：北京市东直门外香河园北里4号
邮编：100028　电话：(010)64663331（转）　网址：www.hxph.com.cn
若发现本版图书有印装质量问题，请与我社营销中心联系调换。

经典与解释辑刊

1 柏拉图的哲学戏剧
2 经典与解释的张力
3 康德与启蒙
4 荷尔德林的新神话
5 古典传统与自由教育
6 卢梭的苏格拉底主义
7 赫尔墨斯的计谋
8 苏格拉底问题
9 美德可教吗
10 马基雅维利的喜剧
11 回想托克维尔
12 阅读的德性
13 色诺芬的品味
14 政治哲学中的摩西
15 诗学解诂
16 柏拉图的真伪
17 修昔底德的春秋笔法
18 血气与政治
19 索福克勒斯与雅典启蒙
20 犹太教中的柏拉图门徒
21 莎士比亚笔下的王者
22 政治哲学中的莎士比亚
23 政治生活的限度与满足
24 雅典民主的谐剧
25 维柯与古今之争
26 霍布斯的修辞
27 埃斯库罗斯的神义论
28 施莱尔马赫的柏拉图
29 奥林匹亚的荣耀
30 笛卡尔的精灵
31 柏拉图与天人政治
32 海德格尔的政治时刻
33 荷马笔下的伦理
34 格劳秀斯与国际正义
35 西塞罗的苏格拉底
36 基尔克果的苏格拉底
37 《理想国》的内与外
38 诗艺与政治
39 律法与政治哲学
40 古今之间的但丁
41 拉伯雷与赫尔墨斯秘学
42 柏拉图与古典乐教
43 孟德斯鸠论政制衰败
44 博丹论主权
45 道伯与比较古典学
46 伊索寓言中的伦理
47 斯威夫特与启蒙
48 赫西俄德的世界
49 洛克的自然法辩难
50 斯宾格勒与西方的没落
51 地缘政治学的历史片段
52 施米特论战争与政治
53 普鲁塔克与罗马政治
54 罗马的建国叙述
55 亚历山大与西方的大一统
56 马西利乌斯的帝国
57 全球化在东亚的开端
58 弥尔顿与现代政治
59 拉采尔与政治地理学
60 斯威夫特的鹅毛笔与墨水谜语
61 欧洲历史上的永久和平愿想
62 亚当·斯密：商业生活的立法者